中国
医疗器械产业
发展报告

现状及"十四五"展望

国家药品监督管理局南方医药经济研究所　著

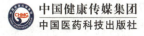

中国健康传媒集团
中国医药科技出版社

图书在版编目（CIP）数据

中国医疗器械产业发展报告：现状及"十四五"展望 / 国家药品监督管理局南方医药经济研究所著 . — 北京：中国医药科技出版社，2022.5
ISBN 978-7-5214-3136-0

Ⅰ . ①中… Ⅱ . ①国… Ⅲ . ①医疗器械—产业发展—研究报告—中国— 2021-2025 Ⅳ . ① F426.46

中国版本图书馆 CIP 数据核字（2022）第 061416 号

责任编辑 于海平
美术编辑 陈君杞
版式设计 也 在

出版 **中国健康传媒集团** ｜ 中国医药科技出版社
地址 北京市海淀区文慧园北路甲 22 号
邮编 100082
电话 发行：010-62227427 邮购：010-62236938
网址 www.cmstp.com
规格 $710 \times 1000\,\text{mm}\ ^1/_{16}$
印张 $27\,^1/_2$
字数 356 千字
版次 2022 年 5 月第 1 版
印次 2022 年 5 月第 1 次印刷
印刷 三河市万龙印装有限公司
经销 全国各地新华书店
书号 ISBN 978-7-5214-3136-0
定价 **188.00 元**

获取新书信息、投稿、为图书纠错，请扫码联系我们。

序

　　医疗器械产业是关系国计民生、经济发展和国家安全的重要产业，是现代产业体系中具有较强成长性、关联性和带动性的战略性新兴产业。人民健康是"国之大者"，高端医疗器械是"国之重器"。"十三五"以来，在习近平新时代中国特色社会主义思想指导下，党中央、国务院高度重视药品医疗器械科技创新驱动、体制机制创新、产业高质量发展。近年来国家密集出台相关支持性政策，多项鼓励科技创新政策实施，推进健康中国战略，深化药品医疗器械审评审批制度改革，各地积极落实"放管服"改革，大力促进医疗器械新技术的推广和应用，创新医疗器械产品层出不穷，医疗器械产业创新发展的活力得到极大释放，医疗器械产品的安全性、有效性、可及性不断提升。医疗器械在服务保障新型冠状病毒肺炎疫情防控，打赢防控疫情阻击战中有力有效，功不可没。

　　我国医疗器械产业发展迅猛，连续多年产值保持两位数增长，已经成为全球第二大医疗器械市场。一批具有核心技术的本土医疗器械生产企业快速涌现，一批跨国医疗器械巨头在我国落地生根开花结果，产业国际化和贸易全球化机遇凸显，一大批跨界企业加速布局医疗器械，我国医疗器械产业异军突起、方兴未艾。《"健康中国 2030"规划纲要》提出，要大力发展高性能医疗器械，加快医疗器械转型升级，提高具有自主知识产权的医学诊疗设备、医用材料的国际竞争力。《中华人民共和国国民经济和社会发展第十四个五年规划和 2035 年远景目标纲要》提出：发展高端医疗设备。完善创新医疗器械快速审评审批机制，加快临床急需和罕见病治疗器械审评审批，促进临床急需境外已上市器械尽快在境内上市。《"十四五"医疗装备产业发展规划》提出：到 2025 年，医疗装备产业基础高级化、产业链现代化水平明显提升，主流医疗装备基本实现有效供给，高端医疗装备产品性能和质量水平明显提升，初步形成对公共卫生和医疗健康需求的全面支撑能力。到 2035 年，医疗装备的研发、制造、应用提升至世界先进水平。我国将进入医疗装备创新型国家前列，为保障人民全方位、全生命周期健康服务提供有力支撑。可以预见，"十四五"乃至更长时期，我国医疗器械产业发展仍将继续处于"黄金发展期"。

国家药品监督管理局南方医药经济研究所（以下简称"南方所"）作为国家药品监督管理局直属单位，承担着医疗器械监管政策法规与产业经济研究职责，秉承以人民为中心的发展理念，坚守保护和促进公众健康的崇高使命，认真贯彻落实国务院办公厅《关于全面加强药品监管能力建设的实施意见》，在进一步提升医疗器械监管工作科学化、法治化、国际化、现代化水平上主动作为，组织专门研究力量，对我国"十三五"医疗器械产业经济进行科学分析，开展系统、专业、深入的研究，并对"十四五"医疗器械产业发展趋势进行展望。通过编写《中国医疗器械产业发展报告（现状及"十四五"展望）》，发布研究成果，力图首次全面、科学、专业地分析评价我国医疗器械产业发展现状及未来发展趋势，为医疗器械产业经济规划、企业健康发展、政策法规制定提供系统理论和翔实数据支持，助力政府相关部门、产业各界深度了解医疗器械产业发展基本情况，促进我国医疗器械产业高质量发展。

南方所积累了 40 多年深厚的医药产业经济研究经验，通过对中国医疗器械产业发展进行专业系统分析，首次发布了中国医疗器械产业整体经济数据：2020 年，我国医疗器械产业营业收入（规上＋规下数据）首次突破 1 万亿元大关。从 2015 年的 6297 亿元增长到 2020 年的

10392 亿元，5 年年均复合增长率为 10.54%，高于我国制造业总体增长水平。我们从多个维度为中国医疗器械产业精准画像，通过本书，将全面呈现我国医疗器械产业目前已成为一个产品门类比较齐全、创新能力不断增强、市场需求较强的朝阳产业的基本图景。

中国医疗器械产业处于内生动力强与外部环境优的黄金发展期，2020 年起的产业爆发式增长除了新型冠状病毒肺炎疫情带来的逆势获利增长外，更多与我国在"十三五"期间推进健康中国战略，高度重视医疗器械产业发展，密集出台相关支持性政策，促进医疗器械新技术的推广和应用，推动医疗器械产业高质量发展直接相关。"十三五"以来，《国务院关于改革药品医疗器械审评审批制度的意见》《中共中央办公厅 国务院办公厅关于深化审评审批制度改革鼓励药品医疗器械创新的意见》等政策先后发布实施，新修订的《医疗器械监督管理条例》明确提出鼓励医疗器械研究与创新，持续优化完善审评审批机制，坚持临床价值导向，全面实施医疗器械注册人制度，开展医疗器械唯一标识实施工作，持续推进真实世界研究数据作为临床评价辅助证据的创新医疗器械上市，不断提升医疗器械注册审评审批的质量与效率等。强大的产业发展为科学监管提供坚实的基础，科学监管也促进强大产业的健康发展。

在本书编写过程中，我们一方面注重全面评估"十三五"期间中国医疗器械产业发展现状，分析产业发展趋势。通过规模效益、创新能力、产业生态、国际竞争四个维度对医疗器械产业发展情况进行了全面分析总结。彰显产业发展优势，向社会展示中国医疗器械产业发展成果，提振人民对美好生活追求的信心。洞察产业发展不足，为国家合理制定产业发展政策，有效进行宏观调控、动态管理和政策引导提供参考依据。另一方面，在"十四五"展望部分，我们从产业发展形势、问题挑战与建议、产业发展趋势三个方面，为已经取得良好开局的"十四五"中国医疗器械产业发展做出建设性和指导性的产业前瞻，这也是政产学研用等界别中前期参与调研和编写各方代表的共同期待。在产业发展定量化研究层面，我们首次发布了中国医疗器械产业综合发展指数（南方所指数，NFI），在数字化的发展大潮中，为医疗器械产业建立一套定量化的衡量产业发展程度的数据标准，方便今后各方可以更加清晰地了解医疗器械产业存在的问题和未来发展。在"分报告一"中，特别选取了近年因为抗击新型冠状病毒肺炎疫情所需，迅速发展的体外诊断试剂行业专题详述，这是一个在当前新型冠状病毒肺炎疫情防控形势下，仍然备受政府相关部门、资本界、产业界等多方关注的板块，也仍然时刻处在快速发展变化之中。

做好中国医疗器械产业这样一个年营业收入万亿体量同时又高速发展的高科技产业经济的发展研究，需要的不仅是在医药健康产业经济研究领域的专业沉淀，更需要与时俱进紧跟科技前沿动态不断进行新的探索。《中国医疗器械产业发展报告（现状及"十四五"展望）》只是南方所在医疗器械产业经济研究领域的一个阶段性研究成果，今后我们仍将继续加强对中国医疗器械产业发展相关政策法规、产业经济、数据应用等相关领域的研究，将按年度、区域、学科等分类别并系统地形成相关报告，及时发布研究成果。

希望本书能够帮助从事医疗器械研究开发、生产、经营、临床使用、投融资、进出口、行业管理等工作的企业、高等院校、科研单位、医疗机构、行业协会（学会）的各方面人士，政府相关产业规划、行政管理、监督管理、技术审评、检验检测、标准管理、审核查验、安全评价、技术支撑等部门的各方面人士，全面而专业地了解中国医疗器械产业发展现状及趋势，把握今后发展方向，顺势而为，一起创造更加美好的未来！

国家药品监督管理局南方医药经济研究所

2022 年 2 月

引 言

　　医疗器械产品是关系人民群众身体健康和生命安全的特殊商品，在人类疾病预防、诊断、治疗、监护、康复中发挥着重要作用，是现代临床医疗、疾病防控、公共卫生和健康保障体系的重要物质基础，具有明显的合规性、公益性和多学科性特点。我国与世界大部分国家均普遍遵循世界公认的"安全性和性能有效性"原则对其市场准入进行技术和行政审查，以确保人民用械的安全。医疗器械产品涉及学科众多，有物理（声、光、电、磁）、化学、机械、材料学等基础科学，也有纳米技术、高能聚焦、超声及核物理等新技术领域，更有各学科的交叉和综合应用。行业应用学科多、跨度大、技术含量高，其产品聚集和融入了大量现代科学技术的最新成就，许多现代化产品是医学与多种学科相结合的高新技术产物。随着科学技术、医疗卫生经济的发展和人民健康需求的不断扩大，医疗器械依靠和采用当代高新技术的情况越来越多。

　　医疗器械产业是关系国计民生、经济发展和国家安全的重要产业，是现代产业体系中具有较强成长性、关联性和带动性的战略性新兴产业，具有弱周期性、高集中度、多品类高壁垒的产业特征。

　　一是产业持续稳定增长。医疗器械市场常年需求较为稳定，受经济周期性波动和季节因素的影响较小，不存在明显的周期性波动和季节性特征。受益于需求端驱动，全球医疗器械行业持续保持稳定增长，很少受经济增长周期影响，其抗风险能力非常强。

二是市场集中度不断提高。虽然全球各地区的医疗器械发展阶段各异，但无论从地理、企业还是从产品的分布来看，均呈现明显集中度提升趋势。欧美等发达国家主导着全球医疗器械市场，以 2020 年为例，全球医疗器械十强企业中，美国有 6 家，欧盟有 4 家。产品领域分布呈碎片化，但从具体细分领域看，依然是领先厂商占据垄断优势，市场集中度高。

三是产品门类繁多，行业细分市场极为复杂。以美国为例，美国医疗器械工业涉及 50 个以上的临床专业，其 FDA 医疗器械产品目录已超 2000 种。就中国而言，医疗器械种类繁多，每类有成百上千个不同厂家和不同型号的品种，不同厂家、种类、规格型号的产品超过 10 万种。随着医疗技术日新月异的发展，医疗器械产品更新极快，产品不断向精细化、智能化和高效化等方向发展。

四是资本技术及政策壁垒较高。医疗器械是资本密集型和技术密集型的高新技术产业，具有典型的规模经济效应特征。同时医疗器械是多学科交叉领域，具有高技术特征，研发投入高，开发周期长，产品上市周期一般在三年左右，是一个高投入高产出的行业。医疗器械产品市场监管准入严格，具有行业政策壁垒。

五是战略性意义明显。医疗器械产业的发展对国家的经济建设具有重要意义，是重要的战略新兴产业。作为一个多学科交叉、知识密集、资金密集型的高技术产业，医疗器械产业的发展对现代科技的应用有着重要的推动作用，带动电子信息、精密机械、高端材料、现代服务业等多个相关产业的发展。同时医疗器械产业的发展水平在很大程度上代表了一个国家和地区卫生健康产业的水平，是对国家整体医疗能力有重大影响的特殊行业。从大型的 CT、X 线诊断系统、B 超等医用电子仪器设备，到小型的医用口罩、防护服；从高价值的心脏起搏器、血管支架、骨科植入物，到低价值的一次性注射器、输液器，都使疾病的诊断和治疗发生了革命性的变化。医疗器械产业连接着医药工业、医疗服务和大健康产业，其核心技术涵盖医用高分子材料、检验医学、血液学和生命科学等多个学科，是我国医药卫生系统中保障临床治疗活动有效、安全的核心环节。

回顾"十三五"，跨进新时代

一、产业发展规模迈上新台阶

一是我国医疗器械产业规模突破 1 万亿元。 2020 年，中国医疗器械产业营业收入（规上 + 规下数据）首次突破 1 万亿元大关。从 2015 年 6297 亿元增长到 2020 年 10392 亿元，五年年均复合增长率为 10.54%，高于我国总体制造业增长水平。其中，我国医疗器械规模以上生产企业营业收入从 2015 年 4000 亿元水平增长至 2020 年 6000 亿元以上，5 年复合增长率为 8.81%。规模以上营业收入占整体营业收入比重超过 60%。中国医疗器械产业发展保持着良好态势，预计未来五年将实现约 12.5% 的年均复合增长率。新型冠状病毒肺炎疫情下，防护用品、新冠病毒检测试盒和生命支持设备等医疗器械需求大增，拉动了近两年营业收入快速增长。

二是我国医疗器械生产企业数量突破 2 万家。 近两年，由于新型冠状病毒肺炎疫情，中国医疗器械生产企业数量增长较快，2020 年首次突破 2 万家。从生产医疗器械产品类别来看，可生产第一类医疗器械的企业增长较多，可生产第二类医疗器械的企业平稳增长，可生产第三类医疗器械的企业数基本保持稳定。由于新型冠状病毒肺炎疫情，新增了生产口罩、隔离衣和隔离眼罩的生产企业，2020 年生产企业数量大幅增长至超 2.6 万家，较新型冠状病毒肺炎疫情前增加约 1 万家。

三是我国医疗器械产品备案/首次注册数量接近 5 万件。 深化医疗器械审评审批制度改革，鼓励医疗器械创新，不断提升医疗器械注册审评审批的质量与效率取得成效。第三类医疗器械产品首次注册数量基本保持平稳，近年来每年新注册第三类医疗器械数量约 1000 件。第二类医疗器械首次注册数量呈现起伏攀升发展，2020 年受抗击新型冠状病毒肺炎疫情需求影响，叠加"放管服"政策实现快速增长，首次注册数量 2020 年首次突破 1 万件，达到 13636 件。第一类医疗器械产品备案数量，因新型冠状病毒肺炎疫情增长迅猛，2020 年新增备案数量超过 3.5 万件。

二、产业盈利水平稳步提高

一是产业利润总额不断攀升。规模以上医疗器械生产企业利润总额近年来保持 10% 左右增幅发展，2020 年超过 1000 亿元。

二是产业利润率保持高水平。规模以上医疗器械生产企业利润率（利润总额 ÷ 营业收入）近年来逐步提高，从 2016 年的 10.44% 增长到 2019 年的 12.80%，2020 年达到 17.45%，高于近年来医药制造业利润率水平（约 13%）。规模以上医疗器械生产企业利润率仍低于发达国家水平，未来还有很大提升空间。

三、产业结构持续优化

一是医疗器械产业集中度逐步提高。从中国医疗器械上市企业营业收入前 20 家合计占总体比重来看，由 2016 年的 5.81% 逐年升至 2020 年的 14.15%，行业集中度逐年提升。

二是高新技术企业占比逐步提高。医疗器械高新技术企业数量稳步增长。我国医疗器械高新技术企业数量从 2016 年的 777 家逐渐增长至 2020 年的 2299 家，约占 8.7%，与"十三五"开局的 2016 年（5.1%）相比提高了 3.6 个百分点。

三是创新医疗器械获批数量逐年增加。国家级创新医疗器械产品每年上市数量由 2016 年的 10 件增长至 2021 年的 35 件。

四是我国医疗器械产业保持高度集聚。经过各级政府和部门认定的各级医疗器械产业园共有 51 家，其中国家级医疗器械产业园 28 个，省级医疗器械产业园 18 个，市级医疗器械产业园 5 个。按照医疗器械生产企业 5 家和 5 家以上即可构成一个产业园区以及园区名称包含医疗器械的主题园区（主要通过生产企业地址与园区地址范围的匹配）进行数量分析，我国医疗器械产业园区数量从 2016 年的 162 个增长到 2020 年的 307 个。

四、国际竞争力逐步提升

一是外贸稳中有升，防疫物资带动明显。近年来，我国医疗器械进出口贸易较为稳定，新型冠状病毒肺炎疫情暴发后，防疫产品呈现爆发式增长，拉动我国医疗器械进出口额增长。2019 年，我国医疗器械进出口额 5911.04 亿元，其中出口额 3119.52 亿元，进口额 2791.52 亿元。到了 2020 年，进出口额 11555 亿元，其中出口额 8622.85 亿元，进口额 2932.15 亿元。

二是出口以低端产品为主、中高端产品逐步渗透。当前国产医疗器械出口仍以低端产品为主，医用耗材出口占比约 68%。随着国外新型冠状病毒肺炎疫情的不稳定性增加，国内诊疗设备、IVD 试剂等出口额有所增加，试剂出口未来或将带动 IVD 企业的中高端产品率先实现国际化。

三是国内企业海外布局进程不断加快。中国医疗器械产品在美国、加拿大、新加坡、澳大利亚四国的产品注册数存量，2018 年为 5484 件，2019 年为 6345 件，2020 年大幅增长至 8644 件。

展望"十四五"，发展高质量

随着《"健康中国 2030"规划纲要》《中华人民共和国国民经济和社会发展第十四个五年规划和 2035 年远景目标纲要》《"十四五"医疗装备产业发展规划》《"十四五"医药工业发展规划》等政策规划的相继发布实施，为我国即将进入医疗器械创新型国家前列，为保障人民全方位、全生命周期健康服务提供了有力支撑。《国务院关于改革药品医疗器械审评审批制度的意见》《关于深化审评审批制度改革鼓励药品医疗器械创新的意见》等政策发布实施，新修订的《医疗器械监督管理条例》明确鼓励医疗器械研究与创新，持续优化完善审评审批机制等举措落地。可以预见，"十四五"乃至更长时期，我国医疗器械产业发展仍将继续处于"黄金发展期"。

一是中国医疗器械市场规模保持高速发展。中国医疗器械市场目前占据全球医疗器械市场近 20% 的份额，随着国民经济的发展，人民生活水平的逐步提高，新型城镇化的深入推进，社会老龄化的进一步加剧，以及在新型冠状病毒肺炎疫情的影响下，人们健康意识和健康消费意愿将持续提升，医疗需求持续释放，我国医疗器械产业将进一步加速发展，全球占比还将持续提高。此外，在科学技术不断进步以及我国实施创新战略的背景下，我国对医疗器械的研发投入得到空前重视，技术变革刺激新的消费需求出现，医疗器械市场容量不断扩充，市场规模持续性增长。

二是产业聚集和产业转移并行。"十四五"时期，国家会继续着力打造产业链优势企业，建立大中小微企业融通发展的良好生态，围绕产品领域形成产业群，激发行业创新活力。我国目前医疗器械产业的分布，主要集中在三大产业聚集区：以北京为中心的环渤海湾聚集区、以上海及江浙为主的长江三角洲聚集区以及珠江三角洲聚集区。这些区域国际技术和贸易往来便利，人才密度较高，工业基础水平较好，产业链配套发达，具备医疗器械产业发展的良好条件，未来产业发展优势将得到进一步强化。

三是带量采购重塑市场格局。产品同质化情况得到极大缓解，进一步推动产品创新研发。在我国，医疗器械行业存在产品同质化严重，市场竞争力不足，生产供给过剩，资源浪费等情况。带量采购的实施极大地缓解产品同质化的情况，消除产品重复建设的问题，行业集中度进一步提升。同时，政策的实施倒逼企业开展产品创新研发，专注技术含量高、市场门槛高、利润空间高的非带量采购品种，进一步激发产业创新活力。

四是跨界融合推动产业创新。新型冠状病毒肺炎疫情的冲击正在重塑全球医疗器械产业格局，未来行业将发生改变，供应链更加弹性协同，越来越多跨行业企业加入医疗器械行业中。众所周知，中国是世界最大的口罩生产和出口国，产量占世界一半，然而在 2020 年初，面对突发新型冠状病毒肺炎疫情，依然在短时间内出现"一罩难求"的局面。生产供给不足，导致供不应求是口罩短期内产生供需矛盾的主要原因。为解决这一矛盾，各地政府出台多项鼓励政策支持企业转产，扩大供给企业范围，进行资源再调配，应对产品短缺问题。

五是产品创新专注解决用户痛点。产品创新更加关注用户痛点和刚需。从政策演变可以看出，为积极有效应对人口老龄化，政府将聚焦当前和今后一段时期内影响人民健康的重大疾病和突出的健康问题，完善社会保障制度，在预防、医疗、护理、保健等方面提高对老年人的服务能力，实施疾病预防和健康促进的中长期行动，健全全社会落实预防为主的制度体系。

六是个人使用医疗器械市场呈爆发式增长。当前，我国正在加速步入"中度老龄化"阶段，慢病管理、老年医疗服务需求不断增加，亚健康状态的人群比例也随着生活节奏的加快在不断地提高，越来越多的患病群体需要使用各种家用医疗设备进行持续性治疗及健康管理。随着"健康中国"战略实施以及全民健康意识的提升、消费观念的转变，个人使用医疗器械和医疗服务市场将迎来爆发式增长，这为企业的发展提供了良好的发展机遇和外部环境。

七是医疗数字化成未来发展趋势。数字化正在持续颠覆传统的医疗健康体系，随着数字化时代的到来，医疗设备的数字化是大势所趋。"十四五"期间，我国将聚焦教育、医疗、养老、抚幼、就业、文体、助残等重点领域，推动数字化服务普惠应用，持续提升群众获得感。未来，通过构建基于5G的应用场景和产业生态，完善电子健康档案和病历、电子处方等数据库，加快医疗卫生机构数据共享，将进一步推广远程医疗，推进医学影像辅助判读、临床辅助诊断等应用，并提升对医疗机构和医疗行为的监管能力。此外，医疗数字化也为那些致力于医疗设备资产管理和设备维修的第三方服务机构带来了发展机遇。

当今世界正经历百年未有之大变局，国际经济环境日益复杂，新型冠状病毒肺炎疫情加速全球医疗器械产业链格局的变革，国家对医疗器械的转型和升级进行了重要部署，中国医疗器械产业正迎来前所未有的发展机遇。过去的积淀和努力为中国医疗器械产业带来了应对挑战和把握机遇的能力。未来医疗器械产业仍将继续保持快速发展的步伐，更多的中国医疗器械企业融入全球市场，行业研发投入接近国际平均水平进一步激发产品和技术创新，国产医疗器械将在高端医疗器械核心技术和自主知识产权方面迎来突破，中国医疗器械价值链分布将产生变革，展望"十四五"，中国医疗器械产业将实现高质量发展的美好前景。

目 录

"十三五"分析篇

主要指标解释说明

全国医疗器械规模以下生产企业总营收测算

分报告一　体外诊断产业分报告

分报告二　中国医疗器械产业综合发展指数

编后语

"十三五" 分析篇

"十三五"期间，在总体经济正处在新旧动能转换的艰难进程中，作为国家战略性新兴产业的重要构成部分，医疗器械成为中国生物医药健康大产业中发展速度较为迅猛超前的新动能板块，整体发展水平迈上更大新台阶，产业创新取得较为明显的新突破，保障可及性取得新进展，特别在新型冠状病毒肺炎疫情防控中贡献突出，国际化拓展陆续开辟新市场，产业阶段性发展取得了明显的进步。

　　从规模效益来看，产业规模以上企业营业收入持续增长，规模以上生产企业利润总额拉升快速，注册产品数量（增量）发展迅猛，盈利水平得到提升，产业呈现良好发展态势。到"十三五"期末，中国医疗器械产业呈现出较为明显的上行发展趋势。

　　从创新发展来看，药品监督管理部门持续深化审评审批制度改革，积极推进医疗器械监管科学研究，创新医疗器械和临床急需医疗器械注册上市速度明显加快，中国医疗器械产业创新发展能力和水平快速提高。医疗器械产业研发投入和发明专利数量增长明显，高新技术企业数量和创新医疗器械产品上市数量，均呈现出阶梯向上的发展特征。

　　从产业生态来看，利好政策不断发布、研究资源逐渐丰富、检验检测机构专业服务逐步完善、供应链保障措施持续加强、医疗器械投资热情高涨、医疗服务市场需求持续旺盛、网络销售新业态蓬勃发展，不断完善的业态环境助推医疗器械产业高质量发展。

　　从国际贸易来看，中国医疗器械市场已成为全球第二大市场，出口医疗器械产品从中低端逐步向中高端突破，国内市场进口替代潜力逐步释放，企业积极拓展海外市场。2020年医疗器械出口快速增长，成为中国对外贸易中的亮点。

第一章　规模效益

"十三五"期间，中国医疗器械产业快速发展，医疗器械营业收入、营业利润率、注册产品数量、生产企业数量、上市企业数量以及产业集中度等都呈现快速上升趋势。2016 年 12 月，国务院发布《"十三五"国家战略性新兴产业发展规划》；2017 年 10 月，中共中央办公厅 国务院办公厅印发《关于深化审评审批制度改革鼓励药品医疗器械创新的意见》；2020 年 12 月 21 日国务院第 119 次常务会议审议修订通过的《医疗器械监督管理条例》，表明国家对医疗器械产业高质量发展的高度重视。

一、发展规模

"十三五"期间，中国医疗器械产业保持了高速发展势头，在 2020 年新型冠状病毒肺炎疫情防控期间实现了爆发式增长，营业收入、注册产品数量、生产经营企业数量、上市企业规模都实现了快速增长，2020 年医疗器械生产企业营业收入首次突破 1 万亿元。医疗器械产业作为医疗健康发展的一部分，有力推动了国家整体卫生健康发展。

（一）生产企业营业收入

"十三五"期间，中国医疗器械生产企业整体营业收入首次突破 1 万亿元，从 2015 年 6297 亿元增长到 2020 年的 10392 亿元，五年年均复合增长率为 10.54%，高于我国制造业总体增长水平，呈现良好发展态势。

1. 生产企业营业收入稳中向上

"十三五"期间，中国医疗器械生产企业营业收入整体稳步向上，从 2015 年 6297 亿元增长到 2020 年的 10392 亿元。其中 2020 年新型冠状病毒肺炎疫情促进防护用品、新型冠状病毒肺炎检测试剂盒和生命支持设备等医疗器械需求大增，企业营业收入规模首次突破 1 万亿元，相比 2019 年增速高达 44.3%。（图 1）

图 1　中国医疗器械生产企业营业收入及发展趋势

数据来源：国家统计局、工信部、南方医药经济研究所

2. 规模以上生产企业营业收入增速稳定

"十三五"期间，中国医疗器械规模以上生产企业营业收入保持稳定增长，从 2015 年 4000 亿元增长至 2020 年 6000 亿元以上，5 年复合增长率为 8.81%。2020 年，规模以上生产企业营业收入占全行业整体营业收入比重超过 60%。（图 2）

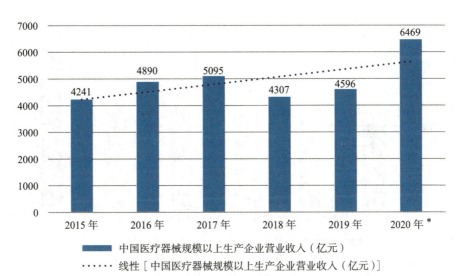

图2　中国医疗器械规模以上生产企业营业收入及发展趋势

数据来源：国家统计局、工信部

*2020年未披露，南方医药经济研究所测算

3. 2020年规模以下生产企业营业收入大幅增长

"十三五"期间，中国医疗器械规模以下生产企业营业收入在2016—2019年稳定小幅增长，维持在2000多亿元的规模；2020年快速增长，接近4000亿元。主要是2020年由于新型冠状病毒肺炎疫情增加了大量生产医用口罩、隔离服、防护服、护目镜、面罩、采样拭子等抗疫防护医疗器械企业。（图3）

（二）国产注册备案产品

"十三五"期间，第二类、第三类医疗器械产品每年首次注册数量起伏攀升，于2020年突破1万件，达到14656件。主要是由于《医疗器械监督管理条例》（2017年修订）的实施，加强了对医疗器械企业创新的引导，医疗器械产业经历了转型升级和结构性调整，在2020年由于新型冠状病毒肺炎疫情实现了爆发式增长。

图3　中国医疗器械规模以下生产企业营业收入及发展趋势

数据来源：南方医药经济研究所测算

1.第二类、第三类医疗器械产品注册数量起伏攀升

从第二类医疗器械产品首次注册数量来看，整体变化趋势呈现起伏攀升发展。2016—2017年首次注册数量平稳发展，2018年短暂下降，随后2019年出现反弹，2020年受新型冠状病毒肺炎疫情影响实现爆发式增长，首次注册数量第一次突破1万件，达到13636件。从第三类医疗器械产品首次注册来看，注册数量基本保持平稳，在2018年出现一定幅度的下降。（图4）

第二类、第三类医疗器械产品首次注册数量整体变化趋势，主要是由于医疗器械行业监管政策变化带来的产品结构调整，以及新型冠状病毒肺炎疫情带来爆发式增长。导致首次注册数量变化的主要因素有：

（1）《医疗器械监督管理条例》（2017年修订）实施，医疗器械监管模式开始从分段式管理过渡到全生命周期管理模式，要求企业全面贯彻落实企业主体责任，医疗器械生产质量管理规范全面实施，飞行检查力度和日常监督检查力度持续加大，新进入医疗器械行业的企业数量在

2017 年有所减少。

图 4　2016—2020 年中国第二类、第三类医疗器械产品首次注册数量

数据来源：国家药监局药品监督管理统计年度报告

（2）2017 年 3 月 1 日开始实施注册收费，医疗器械企业为规避收费提前申报注册，或者新注册产品更加慎重。

（3）医疗器械流通领域"两票制"、耗材集中采购等政策实施，推动产业集中度提升，部分同质化严重、竞争激烈的品种减少了注册。2017 年 10 月，中共中央办公厅　国务院办公厅印发《关于深化审评审批制度改革鼓励药品医疗器械创新的意见》，持续深化医疗器械审评审批制度改革，鼓励医疗器械创新，不断提升医疗器械注册审评审批质量与效率。随后 2019 年首次注册数量恢复增长，2020 年受疫情影响实现爆发式增长。（图 5）

2. 第一类医疗器械产品备案数量快速增长

中国第一类医疗器械产品备案数量在 2017—2020 年呈现快速增长态势，特别是 2020 年因新型冠状病毒肺炎疫情影响，新增 3.5 万件，总数量超过 10 万件。自国家推出《深化商事制度改革行动方案》以来，各地深化"放管服"和"证照分离"改革，持续提升第一类医疗器械产品备案效率，促进了第一类医疗器械产品备案数量的快速增长。（图 6）

图 5　2016—2020 年中国第二类、第三类医疗器械产品首次注册数量增速

数据来源：国家药监局药品监督管理统计年度报告

图 6　2016—2020 年中国第一类医疗器械产品备案数量（存量）及增速

数据来源：国家药监局药品监督管理统计年度报告

3.注册或备案上市产品区域分布集聚效应明显

医疗器械注册或备案上市产品主要分布于经济发达地区，这些地区营商环境好适合产业发展，主要表现在：地方医疗器械审批效率较高、产业政策环境良好、科教资源丰富、产业配套齐全。

截至 2020 年底，江苏、广东、浙江、北京、河南、山东、上海、湖南八个省市第二类医疗器械产品注册数量皆超过 3000 件，八个省市数量之和占全国总数的 70.82%，集聚效应明显。其中，江苏和广东第二类医疗器械产品注册数量在 1 万件上下，分别占比 17.07% 和14.06%，遥遥领先于全国其他省份。（图 7）

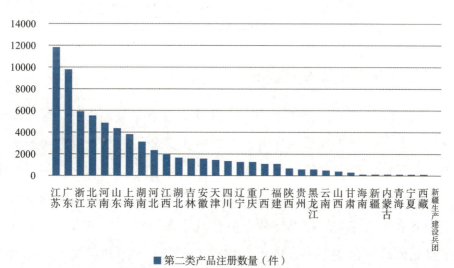

■ 第二类产品注册数量（件）

图 7 2020 年中国各省第二类医疗器械产品注册数量分布

数据来源：国家药监局药品监督管理统计年度报告

截至 2020 年底，江苏、广东、浙江、山东、上海、湖北和河北七个省市第一类医疗器械产品备案数量超过 5000 件，5 个省市数量之和占全国总数的 70.72%，集聚效应明显。其中，江苏和广东第一类医疗器械产品备案数量均超过 1.5 万件，分别占比 20.87% 和 15.20%，尤为

突出。（图 8）

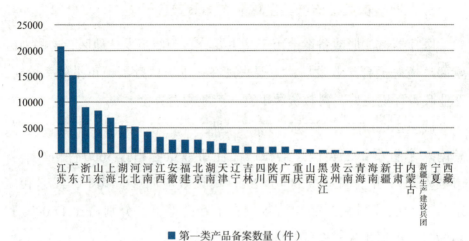

图 8　2020 年中国各省第一类医疗器械产品备案数量分布

数据来源：国家药监局药品监督管理统计年度报告

（三）生产企业发展水平

"十三五"期间，国内医疗器械生产企业数量逐渐增加，医疗器械规模以上生产企业数量稳步增长，2020 年受新型冠状病毒肺炎疫情影响，生产企业数量大幅增长至 26465 家，增速高达 46.46%。可生产第一类医疗器械的企业增长较多，可生产第二类医疗器械的企业平稳增长，可生产第三类医疗器械的企业数基本保持稳定。可生产第三类医疗器械产品的企业主要集中于京津冀（北京、天津和河北）和江浙沪（江苏、浙江和上海）两个经济圈。生产企业注册资本总规模平稳增长，2020 年增速大幅上升，注册资本规模较大的生产企业数量及占比上升明显。

1. 生产企业数量稳步增加

2016—2020 年间，医疗器械生产企业数量保持 5 年连续增长，其中 2016—2019 年生产企业数量每年稳步增长，从 2016 年的 15343 家增加到 2019 年的 18070 家，增速保持在 4.8%—8.4% 以内小幅变化。2020 年，因新型冠状病毒肺炎疫情，新增了大量生产医用口罩、隔离衣和隔离眼罩等抗疫防护类医疗器械产品的企业，生产企业数量大幅增长至 26465 家。（图 9）

图 9　2016—2020 年中国医疗器械生产企业数量及增速

数据来源：国家药监局药品监督管理统计年度报告

2. 规模以上生产企业数量平稳增长

从医疗器械规模以上生产企业数量来看，2016—2019 年基本保持平稳，2020 年规模以上生产企业数量较大幅地增加到 3128 家。从规模以上生产企业数量占比来看，规模以上生产企业在 2016—2019 年间占比基本保持稳定，在 13.7%—15.9% 之间小幅变化。2020 年，由于新型冠状病毒肺炎疫情影响，增加大量生产医用口罩等防护用品的规模以下生产企业，规模以上生产企业数量占比下滑至 11.82%。（图 10）

图10　2016—2020年中国医疗器械规模以上生产企业数量及占比

数据来源：南方医药经济研究所根据国家药监局和国家统计局数据测算

3. 不同类别生产企业数量增长分化

从生产医疗器械产品类别来看，可生产第一类医疗器械的企业增长较多，2020年突破15000家至15536家；可生产第二类医疗器械的企业平稳增长，从2016年的8957家增长至2020年的13011家；可生产第三类医疗器械的企业数基本保持稳定。（图11）

由于2017年新修订的《医疗器械分类目录》将部分第三类医疗器械调整到第二类医疗器械，部分第二类医疗器械调整到第一类医疗器械，集中招标采购政策和国家加强高风险医疗器械监管，这些因素叠加导致了2016—2019年可生产第三类医疗器械的企业数量略有减少。但是，近两年国家从政策层面鼓励医疗器械产品创新和国产替代，加之2020年新型冠状病毒肺炎疫情暴发催生了资本对医疗器械产品的关注和投资，使得可生产第一类、第二类和第三类医疗器械产品的生产企业整体数量有较大幅度的提升。

图11 2016—2020年中国医疗器械各类别生产企业数量

数据来源：国家药监局药品监督管理统计年度报告

4. 第三类医疗器械生产企业区域分布较为集中

从医疗器械生产企业在全国的区域分布来看，2020年可生产第三类医疗器械产品的企业主要集中于江浙沪（江苏、浙江和上海）和京津冀（北京、天津和河北）两个经济圈，分别占比38.97%和20.31%。华中地区三省（湖北、湖南和河南）合计占比约为9.22%。从省份分布来看，可生产三类医疗器械产品的企业数量超过200家的包括江苏（457家）、北京（282家）、广东（226家）、上海（214家）；可生产三类医疗器械产品的企业数量超过100家的包括浙江（179家）、山东（142家）、天津（120家）、河南（102家）。以上数据显示，技术要求较高的第三类医疗器械主要分布于改革开放较早的沿海省市，这些区域工业基础配套较好、制造业发达，国际技术和贸易往来便利，人才密度较高，具备产业发展的良好条件。（图12）

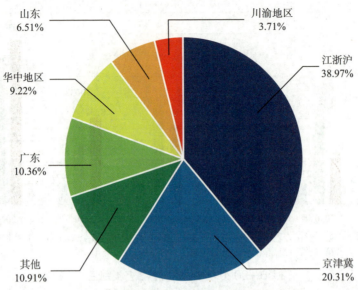

图12 2020年中国第三类医疗器械生产企业数量区域分布

数据来源：国家药监局药品监督管理统计年度报告

5. 生产企业注册资本总规模大幅上升

中国医疗器械生产企业注册资本规模从2016年的2921.43亿元增长至2020年的5867.75亿元。2016、2017和2019年三个年份注册资本规模增速在11.1%—17.3%的小范围波动，而2018年增速降至4.0%左右，主要受到全球经济下行和中美贸易摩擦的影响。2020年，由于新型冠状病毒肺炎疫情需求推动医疗器械产业的投资生产，注册资本总规模达到5867.75亿元，增速达55.5%。（图13）

从中国医疗器械生产企业注册资本分布数量看，整体趋势上注册资本相对小的生产企业占比逐年降低，而注册资本相对较大的生产企业数占比不断提升。具体来看，100万元以内的注册资本占比从2016年的21.33%降至2020年的14.34%；100万—500万元注册资本的占比维持在27%—30%小幅变化；500万元以上的注册资本的占比从2016年的50.79%增长至2020年的56.89%，其中5000万元以上注册资本的占比到 2020 年已近 10%。这主要是由于近年市场竞争机制下，缺乏竞争力的低端中小型企业生存艰难，部分小企业退出市场，部分企业兼并重组加速，行业集中度提升。（图 14）

图 13　2016—2020 年中国医疗器械生产企业注册资本规模

数据来源：南方医药经济研究所根据工商信息数据整理

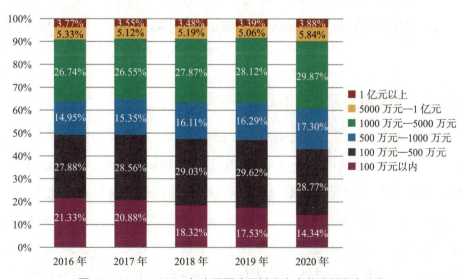

图 14　2016—2020 年中国医疗器械生产企业注册资本分布

数据来源：南方医药经济研究所根据工商信息数据整理

15

（四）经营企业发展水平

"十三五"期间，医疗器械经营企业数量保持平稳增长势头，2020年新型冠状病毒肺炎疫情影响，经营企业大幅增长，首次突破89万家，其中经营第二类医疗器械产品企业增长迅速。医疗器械商品零售额增长保持强劲势头，2020年中国医疗器械商品零售额增速达37.29%。

1. 经营企业数量整体快速增长

医疗器械经营企业作为生产商和使用者的纽带，在医疗器械产业链中占据着十分重要的地位。从医疗器械经营企业数量来看，"十三五"期间保持不低于16%的两位数的快速增长，2016年更是呈现35.82%的大幅增长。主要是由于2016年3月，财政部、国家税务总局发布《关于全面推开营业税改征增值税试点的通知》，全国新注册企业出现了快速增长的势头，包括医疗器械经营领域的很多企业进行分拆减税操作。2020年器械经营企业数较2019年大幅增长51.4%，达到898591家，我们认为在新型冠状病毒肺炎疫情影响下，2020年医疗防护用品、新型冠状病毒检测试剂盒等抗疫类医疗器械经营企业数量大幅增加。（图15）

2. 不同类别经营企业增长趋势不同

"十三五"期间，不同类别医疗器械经营企业增长趋势不同。仅经营第二类医疗器械产品企业数从2016年的164634家增长至2020年的583198家，企业数量增长超过250%，其中2017—2019年间增速保持在19.1%—37%，2020年由于新型冠状病毒肺炎疫情，更是大幅增长68%。仅经营第三类医疗器械产品企业数小幅增长，显著低于经营第二类医疗器械产品企业增速，趋势也明显不同。主要是由于"十三五"期间，经营第三类高风险医疗器械产品的监管政策趋严，标准要求提高。（图16）

图 15   2016—2020 年中国医疗器械经营企业数量及增速

数据来源：国家药监局药品监督管理统计年度报告

图 16   2016—2020 年中国医疗器械各类别经营企业数量

数据来源：国家药监局药品监督管理统计年度报告

从医疗器械经营企业在全国的区域分布来看，2020 年可同时从事第二类、第三类医疗器械产品经营的企业分布集中，主要分布在山东和东北等地，其中超过 2 万家的省份仅有山东（21248 家）；超过 1 万

17

家的省份有 8 个，包括黑龙江（17811 家）、辽宁（16076 家）、云南（15606 家）、广东（14070 家）、江西（13120 家）、上海（12674 家）、山西（10985 家）、江苏（10082 家）。

3. 医疗器械商品零售额保持强劲增长势头

医疗器械商品零售额增速是指当年全国药品批发、零售企业和零售单体药店医疗器械销售额同比增长率。"十三五"期间，医疗器械商品零售额增速呈现大幅波动，主要受到医保控费、零售终端资质监管松紧程度等政策的影响。（图 17）

图 17　2016—2020 年中国医疗器械商品零售额增速

数据来源：商务部

（五）上市企业规模

"十三五"期间，随着市场需求的扩大和政策利好的双重推动，社会资本进入医疗服务领域热度逐渐增加，医疗器械企业上市势头迅猛，共有 62 家中国医疗器械企业上市，较"十二五"期间增长 158.33%。

截至 2020 年底，已有 104 家医疗器械企业成功上市。2020 年新型冠状病毒肺炎疫情暴发推动中国医疗器械上市企业营收规模以 49.71% 的高速增长，展示了头部企业强大的产业韧性。

1. 企业上市势头迅猛

"十三五"期间，除因 2018 年年底科创板开市，医疗器械企业调整上市节奏，上市企业增速暂时减缓至 6.67% 外，上市企业数量每年增长保持在 10% 以上，2020 年增长高达 30%。（图 18）

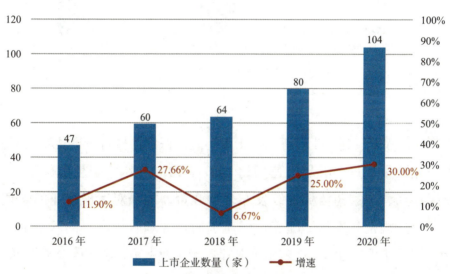

图 18 "十三五"期间中国医疗器械上市企业数量
数据来源：南方医药经济研究所根据公开数据整理

我们认为，中国医疗器械企业上市情况可以分成 3 个阶段：第一阶段为 1993—2009 年，以平均每年新增 1 家的数量上市；2009 年 10 月创业板设立。第二阶段为 2010—2018 年，以平均每年新增 6 家的数量上市；2018 年，港交所修改《上市规则》，引入 18A 章，允许不符合主板财务资格的未有收入的生物科技公司在香港上市。2018 年 11 月，科创板设立，医疗器械企业上市双倍提速。2019 年开启第三阶段，

2019—2020 年均新增上市医疗器械企业达 20 家。（图 19）

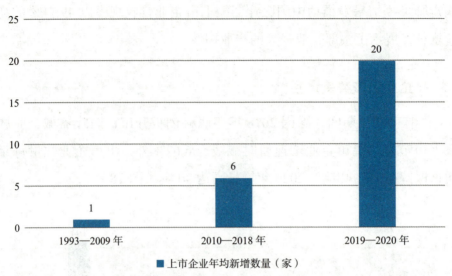

图 19　中国医疗器械上市企业年均新增数量
数据来源：南方医药经济研究所根据公开数据整理

　　从"八五"到"十三五"，"十五"之后医疗器械行业迅猛发展，上市企业数量在每个五年增速均超 100%。2019 年国家卫生健康委、国家医保局、国家药监局连续发布多项政策，加强对医械行业的管理，促进行业规范化发展。随着市场需求的扩大和政策利好的双重推动，"十三五"期间，共有 62 家中国医疗器械企业上市，较"十二五"期间 24 家增长 158.33%。（图 20）

2. 上市企业规模快速增长

　　2016—2020 年，中国医疗器械上市企业营业收入规模分别为 928.09 亿元、1155.23 亿元、1434.51 亿元、1685.57 亿元、2523.45 亿元，以 28.41% 的年复合增长率增长。2019 年由于中美贸易摩擦因素，高端产品包括核磁共振、CT、超声、直线加速器、心脏起搏器等科技含量高的先进医疗设备，以及后期加征关税涉及的低端医用耗材、康复产品等对美出口受到一定影响，总体增速放缓至 17.50%。2020 年新型冠状病毒肺炎疫情暴发之初，中国医疗器械上市企业营收规模以 49.71% 的增速展示了头部企业韧性。（图 21）

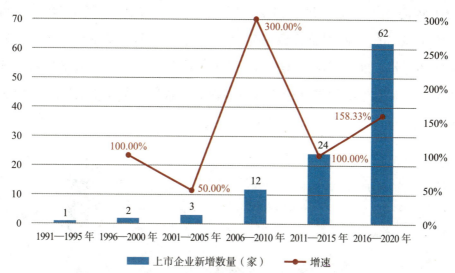

图 20 "八五"到"十三五"各阶段中国医疗器械上市企业新增数量

数据来源：南方医药经济研究所根据公开数据整理

图 21 2016—2020 年中国医疗器械上市企业营收规模及增速

数据来源：东方财富（choice）

3. 上市企业前 20 强合计营收占比不断提高

从中国医疗器械上市前二十名企业的合计营收来看，合计营收从 2016 年的 413.19 亿元增长到 2020 年的 1470.53 亿元。其中 2018 年同比增长 50.30%，原因是迈瑞医疗上市且其当年营收为 137.53 亿元，为主要的增量。2020 年同比增长 68.28%，其中稳健医疗、达安基因、圣湘生物、东方生物凭借其相关产品在新型冠状病毒肺炎疫情期间暴增的销量，跻身营收前 20 名。（图 22）

图 22　2016—2020 年中国医疗器械上市企业前 20 强合计营收及增速

数据来源：东方财富（choice）

从中国医疗器械上市公司营业收入前 20 名占行业比重来看，从 2016 年的 5.81% 逐年升至[①]2020 年的 14.15%，上市企业前 20 强企业合计营收占比不断提高，说明行业集中度也呈现逐年提升的态势。相较于医药行业，医疗器械行业技术壁垒较高，行业准入门槛较高。因此，医疗器械企业一旦占据市场，市场地位往往不容易被撼动，行业集中度也

———————————
①MUSD：计量单位，百万美元

呈现逐年提升的态势。（图 23）

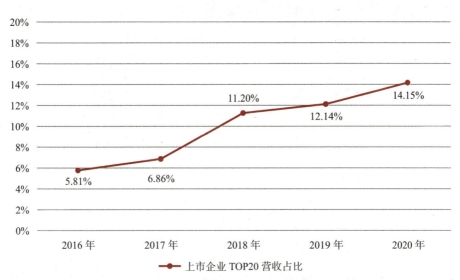

图 23　2016—2020 年中国医疗器械上市企业前 20 强合计营收占行业比重

数据来源：东方财富（choice）

（六）中国医疗器械全球百强

根据国外权威的医疗器械第三方网站 Medical Design and Outsourcing 发布的 2020 年《全球医疗器械 100 强》以及全球十大医疗器械公司名单，美敦力以 289.13 亿美元的营业收入位列榜首，强生以 229.59 亿美元的营业收入排名第二，雅培以 225.92 亿美元的营业收入排名第三。2020 年全球十强企业较 2019 年排名差距不大。（表 1）

表 1　2020 年全球医疗器械企业十强营收及增长情况

2020 年排名	公司名称	国别	2020 年营收（MUSD[①]）	增长率	2019 年排名
1	美敦力	爱尔兰	28913	−5.38%	1
2	强生	美国	22959	−11.57%	2
3	雅培	美国	22592	13.23%	5

续表

2020 年排名	公司名称	国别	2020 年营收（MUSD①）	增长率	2019 年排名
4	飞利浦	荷兰	22303	2.28%	3
5	GE 医疗	美国	18312	−10.00%	4
6	费森尤斯	德国	17859	2.19%	6
7	碧迪	美国	17117	−1.00%	7
8	西门子医疗	德国	16509	1.59%	8
9	嘉德诺	美国	15292	5.08%	10
10	史赛克	美国	14351	−3.58%	9

① MUSD：计量单位，百万美元

数据来源：深圳市医疗器械行业协会根据公开数据整理

在本次的全球百强榜单中，迈瑞医疗、英科医疗、稳健医疗、迪安诊断、振德医疗、威高股份、新华医疗、华大基因、金域医学、乐普医疗、蓝帆医疗、环球医疗、润达医疗、鱼跃医疗 14 家中国医疗器械企业均榜上有名。其中，迈瑞医疗、英科医疗、稳健医疗营收超 18 亿美元，进入榜单排名前 50 名。英科医疗、振德医疗，相比 2019 年，闯入百强大关，营收增长率在 500% 左右。（表 2）

表 2　2020 年中国医疗器械企业全球百强排名

2020 年排名	公司名称	2020 年营收（KUSD①）	增长率	2019 年排名
32	迈瑞医疗	3,048,748	27.17%	42
48	英科医疗	2,006,324	565.21%	109
50	稳健医疗	1,817,422	174.37%	89
53	迪安诊断	1,544,128	26.15%	60
56	振德医疗	1,507,789	457.52%	112
58	威高股份	1,462,403	10.58%	55

续表

2020 年排名	公司名称	2020 年营收（KUSD①）	增长率	2019 年排名
60	新华医疗	1,326,889	4.53%	56
63	华大基因	1,217,598	200.27%	100
64	金域医学	1,195,346	56.67%	82
65	乐普医疗	1,165,607	3.26%	63
68	蓝帆医疗	1,141,067	126.73%	93
69	环球医疗	1,098,388	26.30%	77
73	润达医疗	1,025,028	0.38%	65
78	鱼跃医疗	975,225	45.28%	88

① KUSD：计量单位，千美元

数据来源：深圳市医疗器械行业协会根据公开数据整理

2021 年，对照 QMED 发布的《2020 年全球医疗器械企业百强榜单》，结合国内上市公司公开数据，根据汇率换算，将会有更多的中国医疗器械企业进入全球医疗器械企业百强。可以骄傲地说，国产医疗器械企业正在崛起。

二、发展效益

"十三五"期间，中国医疗器械规模以上生产企业利润总额稳步增长，2020 年快速增长突破 1000 亿元。中国医疗器械规模以上生产企业营业利润率超过 10%，2020 年大幅上升至 17.45%，远超历年规模以上工业企业营业收入利润率（约 6%）。上市医疗器械企业创新能力和规模效应明显，企业盈利能力进一步增强。国内医疗器械企业盈利水平显著提升，反映出中国医疗器械行业在向高质量发展水平前进。

（一）利润总额

从医疗器械规模以上生产企业利润总额来看，2016—2019 年稳定在 500 亿元以上，2020 年快速增长，超过 1000 亿元。根据国家工信部发布的《中国医药工业经济运行报告》数据，2016—2020 年医疗器械规模以上工业企业利润总额增速除了 2019 年略低于 10%，其余均维持在 10% 以上[①]。（图 24）

图 24　2016—2020 年中国医疗器械规模以上生产企业利润总额及趋势

数据来源：国家统计局、工信部

*2020 年未披露，南方医药经济研究所测算

（二）利润率

随着国内医疗器械行业创新能力的提升，盈利能力也随之增强；另外，行业集中度的提高使得规模效应也逐渐明显，企业盈利水平显著提升。医疗器械规模以上生产企业营业利润率（规模以上企业利润总

① 数据说明：医疗器械规模以上生产企业利润总额的增速均按可比口径计算

额/规模以上企业总的营业收入）从 2016 年的 10.44% 稳步上升至 2019 年的 12.80%，2020 年大幅上升至 17.45%。但医疗器械规模以上生产企业营业利润率还低于 20%，相对于发达国家水平，仍有很大提升空间。（图 25 ）

图25　2016—2020 年中国医疗器械规模以上生产企业营业利润率

数据来源：国家统计局、工信部

*2020 年未披露，南方医药经济研究所测算

（三）上市企业利润率

中国医疗器械上市企业营业利润率在 2016—2019 年均稳定在 14%—17% 的范围，2020 年突破 20%，达到 26.17%。上市企业的盈利能力逐渐增强。（图 26 ）

图 26　2016—2020 年中国医疗器械上市企业营业利润率

数据来源：医疗器械上市企业年报

三、产业集中度

中国医疗器械产业园区数量每年保持稳定增长，其中环渤海、长三角、珠三角三大产业集聚区医疗器械上市企业贡献全国近九成以上的营收规模，上市企业合计营收占比不断提高，行业集中度逐年提升。

（一）医疗器械产业园区数量

经过各级政府和部门认定的各级医疗器械产业园共有 51 家，其中国家级医疗器械产业园 28 个，省级医疗器械产业园 18 个，市级医疗器械产业园 5 个。

按照医疗器械生产企业 5 家和 5 家以上即可构成一个产业园区以及园区名称包含医疗器械的主题园区（主要通过生产企业地址与园区地址范围的匹配）进行数量分析，我国医疗器械产业园区数量从 2016 年的 162 个增长至 2020 年的 307 个，增速稳定在 14%—30%，医疗器械产

业园区数量每年保持稳定快速增长。（图 27）

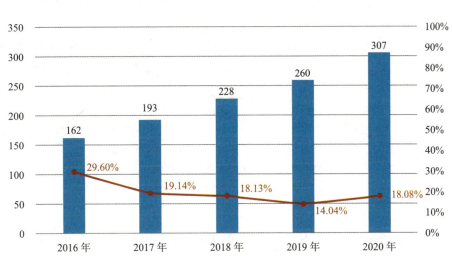

图 27　2016—2020 年中国医疗器械产业园区数量及增速

数据来源：南方医药经济研究所产业园区数据库

医疗器械产业具有高技术、高投入、高风险、高附加值、长周期、多学科交叉的特点，以园区的形式聚集，可帮助医疗器械企业快速获取技术、资金、人才等资源，促进其成长。医疗器械产业园因其在产业聚集方面的独特优势，在汇聚技术、资本、人才资源、促进成果转移转化等方面发挥着重要作用，并逐步成为中国医疗器械产业发展的重要依托。近年来，中国园区经济逐步崛起，全国各地掀起了医疗器械产业园建设热潮。其中，2020 年新增的医疗器械产业园区包括上海临港新片区生命科技产业园、云南省医疗器械及应急产业园等。

（二）医疗器械产业园区集聚度

中国医疗器械产业园区集聚度从 2016 年的 72.82% 上升至 2019 年的 90.23%，2020 年下降至 73.97%，主要是 2020 年本部在医疗器械产业园区的大量企业跨界进入医疗器械领域，开始生产防疫用品，导致中

国医疗器械产业园区集聚度下降。（图28）

图28　2016—2020年中国医疗器械产业园区集聚度

数据来源：南方医药经济研究所产业园区数据库

（三）上市企业集聚度

科创板、创业板成为医疗器械企业上市首选。上市企业营收规模主要集中在广东、山东、浙江、上海、北京、江苏六省市。体外诊断营收规模比重最高，各细分领域波动趋势不一。从中国医疗器械上市企业前20合计营收占行业比重来看，"十三五"期间，上市企业合计营收占比不断提高，行业集中度逐年提升。

1. 科创板、创业板成为医疗器械企业上市首选

截至2020年12月31日，104家中国医疗器械上市企业中，创业板39家，占比37.50%；A股主板26家，占比25.00%；科创板23家，占比22.12%；中小板2家，占比1.92%；港股11家，占比10.58%；美股3家，占比2.88%。（图29）

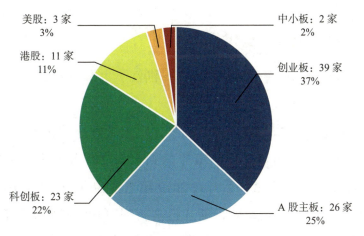

图 29　中国医疗器械各板块上市企业数量分布（截至 2020 年 12 月 31 日）

数据来源：南方医药经济研究所根据公开数据整理

　　"十三五"期间，国内医疗器械企业共上市 62 家，其中 2020 年达 24 家，创历史新高。尤其以科创板的医疗器械板块最为繁荣，2018 年开设的科创板已上市医疗器械企业 23 家，占 37.10%。其次是创业板，17 家占比 27.42%。（图 30）

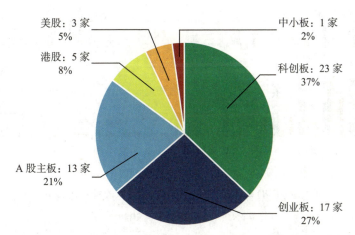

图 30　2016—2020 年中国医疗器械各板块新上市企业数量分布

数据来源：南方医药经济研究所根据公开数据整理

2. 上市企业营收区域分布

（1）广东位居各省市第一，山东、浙江、上海、北京、江苏位居第二至第六

从所在地域来看，2016—2020 年，广东省医疗器械上市企业营收规模一直位居各省市第一，2020 年达到 828.72 亿元。山东位居第二，2020 年达到 479.32 亿元，上海在 2019 年之前位居第三，2020 年由于新型冠状病毒肺炎疫情影响，浙江抗击新型冠状病毒肺炎疫情相关产品产出增速较快，上升至第三位，规模达 290.23 亿元。上海 2020 年以 253.46 亿元位居第四。北京、江苏 2020 年分别以 185.89 亿元和 145.05 亿元位居第五、第六。（图 31）

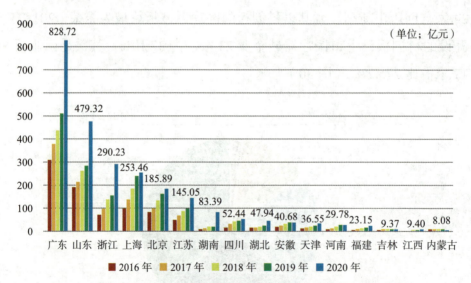

图 31　2016—2020 年中国医疗器械上市企业营收规模各省市分布排名

数据来源：东方财富（choice）

（2）三大产业集聚区上市企业营收规模占行业营收规模近九成

2020 年，珠三角、长三角、环渤海三大产业集聚区医疗器械上市企业的营收规模，占比全国营收 88.11%。其中，珠三角以 828.72 亿元

占比 32.84% 位居第一，长三角以 729.42 亿元占比 28.91% 位居第二，环渤海以 665.21 亿元占比 26.36% 位居第三。（图 32）

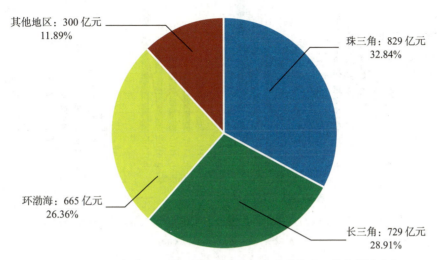

其他地区：300 亿元
11.89%

珠三角：829 亿元
32.84%

环渤海：665 亿元
26.36%

长三角：729 亿元
28.91%

图 32　2020 年中国医疗器械上市企业三大产业集聚区营收规模分布

数据来源：东方财富（choice）

三大集聚区中，2019 年均因为贸易摩擦导致增速放缓。2016—2020 年，长三角发展速度最快，除 2019 年外，其余年份均保持在 30% 以上。珠三角 2019 年受影响较大，营收规模 511.18 亿元，降至第二位，低于长三角的 535.43 亿元。2020 年，三大集聚区增速都在 35% 以上，尤其珠三角增速最高，达 62.12%，规模达 828.72 亿元。（图 33）

3. 细分领域体外诊断规模比重最高

上市企业体外诊断领域营收规模比重最高，占比约 1/3。2020 年由于新型冠状病毒肺炎疫情对核酸检测、免疫检测等体外诊断的巨大需求，体外诊断领域营收规模比重上升到 38.32%。

2020 年，中国医疗器械制造业全球率先企稳，担负了全球主要的个人防护产品输出责任。包括个人防护产品和治疗需求在内的药物注输、医用敷料等耗材领域规模及比重超速增长，由 2016 年的 18.18%

图 33　2016—2020 年中国医疗器械上市企业三大集聚区营收规模及增速

数据来源：东方财富（choice）

大幅提升到 2020 年的 26.43%。（图 34）

其他医用诊断、监护及治疗设备营收规模相对较高，占比 20% 左右。受中美贸易摩擦影响，医学影像和其他医疗诊断、监护和治疗设备营收规模下降；2020 年由于新型冠状病毒肺炎疫情影响，尤其对呼吸机、监护、CT 和 DR 的需求巨增，营收规模比重稳定在 15% 左右。（图 34）

植（介）入、人工器官领域 2019 年前保持 10% 以上的比重。2020 年受到较大影响，比重下滑至 9.46%。新型冠状病毒肺炎疫情暴发初期大量非急需非必要的植介入择期手术被迫推迟或取消；此外，受冠脉支架集中带量采购政策的影响，2020 年心血管产品市场规模下滑。（图 34）

医学影像领域比重保持在 5% 左右。物理治疗和病房设备领域规模增速稳定，规模比重逐年下降。智慧医疗领域虽然需求增大，但总体规模在上市企业中依然较小。（图 34）

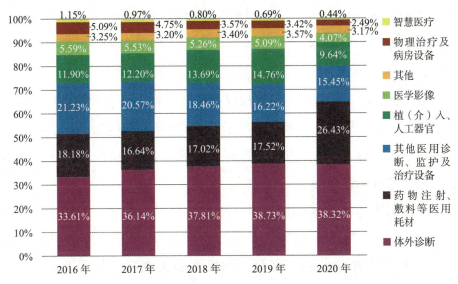

图34 2016—2020年中国医疗器械上市企业细分领域营收规模占比分布

数据来源：东方财富（choice）

四、小结

中国具有庞大的医疗器械消费群体，市场发展空间广阔；同时，良好的政治经济环境和医疗保障政策，多项鼓励科技创新政策的实施都为医疗器械行业的健康发展提供了有利条件，促进中国医疗器械产业高质量发展。"十三五"期间，中国医疗器械产业继续快速发展，规模效益呈现稳步上行发展趋势，产业规模扩大，规模以上企业营业收入持续增长，规模以上生产企业利润总额拉升快速，注册产品数量（增量）发展迅猛，盈利水平得到提升，产业呈现良好发展态势。到"十三五"期末，出现较为明显的上升，2020年受新型冠状病毒肺炎疫情的影响，产业进入高质量发展新阶段。

（一）规模稳步增长

1."十三五"期间，中国医疗器械生产企业整体营业收入首次突破

1万亿元，从2015年6297亿元增长到2020年10392亿元，五年年均复合增长率为10.54%，高于我国制造业总体增长水平，保持良好发展态势。

2. "十三五"期间，中国规模以上医疗器械生产企业营业收入保持稳定增长，从2015年4000亿元增长至2020年6000亿元以上，5年复合增长率为8.81%。2020年，规模以上生产企业营业收入占全行业整体营业收入比重超过60%。

3. 根据中国医疗器械规模以下生产企业营业收入，2016—2019年稳定小幅增长，维持在2000多亿元规模，2020年快速增长，接近4000亿元。主要是2020年由于新型冠状病毒肺炎疫情增加了大量生产医用口罩、隔离服、防护服、隔离眼罩、采样拭子等抗疫防护医疗器械企业。

4. "十三五"期间，国内医疗器械生产企业数量逐渐增加，医疗器械规模以上生产企业数量稳步增长，2020年受新型冠状病毒肺炎疫情的影响，生产企业数量大幅增长至26465家，增速高达46.46%。可生产第一类医疗器械的企业增长较多，可生产第二类医疗器械的企业平稳增长，可生产第三类医疗器械的企业数基本保持稳定。从生产医疗器械产品类别来看，可生产第一类医疗器械的企业增长较多，2020年突破15000家至15536家；可生产第二类医疗器械的企业平稳增长，从2016年的8957家增长至2020年的13011家；可生产第三类医疗器械的企业数基本保持稳定。第一类医疗器械生产企业数量首次超过第二类医疗器械生产企业数量。

5. 中国医疗器械生产企业注册资本规模从2016年的2921.43亿元增长至2020年的5867.75亿元。注册资本规模增速在2016、2017和2019年三个年份在11.1%—17.3%的小范围波动，而2018年增速降至4%左右，主要受到全球经济下行和中美贸易摩擦影响。2020年，由于新型冠状病毒肺炎疫情需求推动医疗器械产业的投资生产，注册资本总规模达到 5867.75 亿元，增速达 55.50%。

6. "十三五"期间，医疗器械经营企业数量保持平稳增长势头，2020 年受新型冠状病毒肺炎疫情的影响，经营企业大幅增长，首次突破 89 万家。不同类别医疗器械经营企业增长趋势不同，其中第二类医疗器械经营企业增长迅速。医疗器械商品零售额增长保持强劲势头，2020 年中国医疗器械商品零售额增速达 37.29%。

7. 在 2020 年的全球百强榜单中，迈瑞医疗、英科医疗、稳健医疗、迪安诊断、振德医疗、威高股份、新华医疗、华大基因、金域医学、乐普医疗、蓝帆医疗、环球医疗、润达医疗、鱼跃医疗 14 家中国医疗器械企业均榜上有名。

（二）效益明显提升

1. "十三五"期间，中国医疗器械规模以上生产企业利润总额稳步增长，2020 年快速增长突破 1000 亿元。中国医疗器械规模以上生产企业营业利润率超过 10%，2020 年大幅上升至 17.45%，远超历年规模以上工业企业营业收入利润率（约 6%）。上市医疗器械企业创新能力和规模效应明显，企业盈利能力进一步增强。国内医疗器械企业盈利水平显著提升，反映出中国医疗器械行业在向高质量发展水平前进。

2. 医疗器械规模以上生产企业营业利润率（规模以上企业利润总额/规模以上企业总的营业收入）从 2016 年的 10.44% 稳步上升至 2019 年的 12.80%，2020 年大幅上升至 17.45%。但医疗器械规模以上生产企业营业利润率还低于 20%，相对于发达国家水平，仍有很大提升空间。

3. 中国医疗器械产业园区数量每年保持稳定增长，其中环渤海、长三角、珠三角三大产业集聚区医疗器械上市企业贡献全国近九成的营收规模,上市企业合计营收占比不断提高,行业集中度逐年提升。

4. 从所在地域来看,2016—2020 年,广东省医疗器械上市企业营收规模一直位居各省市第一,2020 年达到 828.72 亿元。山东位居第二,2020 年达到 479.32 亿元,上海在 2019 年之前位居第三,2020 年由于新型冠状病毒肺炎疫情的影响,浙江抗击新型冠状病毒肺炎疫情相关产品增速较快,上升至第三位,规模达 290.23 亿元。

第二章 创新发展

创新是引领发展的第一动力。党中央、国务院高度重视科技创新，实施创新驱动发展战略，加快推进以科技创新为核心的全面创新。"十三五"期间，高新技术企业数量、企业研发投入、产品创新、发明专利的数量质量和上市企业创新竞争力等稳步增长，企业创新发展高度活跃，产业创新能力不断提升。

一、高新技术企业

医疗器械高新技术企业是产业创新的主力军，是衡量地区之间科技和经济发展水平的重要指标，在中国经济发展中占有十分重要的战略地位。"十三五"期间，医疗器械高新技术企业数量、研发投入规模、研发投入占比、研发人员占比和新产品开发项目数保持高速增长。

（一）企业数量

"十三五"期间，中国医疗器械高新技术企业数量保持高速增长，从 2016 年的 777 家增长至 2020 年的 2299 家，一举突破 2000 家的关口。从数量占比看，从 2016 年的 5.06% 增长至 2019 年的 10.78%，2020 年增长放缓至 8.69%。（图 35）

（二）研发投入

"十三五"期间，中国医疗器械高新技术企业研发投入规模、研发投入占比、研发人员占比和新产品开发项目数保持快速增长趋势。

图35　2016—2020 年中国医疗器械高新技术企业数量及占比

数据来源：科技部火炬中心企业上报数据

1. 研发投入规模逐步加大

根据中国高技术产业统计年鉴统计，中国医疗器械高技术企业研发投入规模从 2016 年的 72.70 亿元增长至 2019 年的 108.85 亿元。其中 2018 年受政策和国际环境影响，增幅陡升。（图 36）

图36　2016—2019 年中国医疗器械高技术企业研发投入规模及增速

数据来源：中国高技术产业统计年鉴

2. 研发投入占比和研发人员占比平稳增加

根据中国高技术产业统计年鉴统计，中国医疗器械高技术企业研发投入占比从 2016 年的 2.53% 增长至 2019 年的 3.76%；研发人员占比从 2016 年的 6.25% 增长至 2019 年的 7.79%。（图 37）

图 37　2016—2019 年中国医疗器械高技术企业研发投入占比及研发人员占比

数据来源：中国高技术产业统计年鉴

3. 新产品开发项目数量大幅增加

根据中国高技术产业统计年鉴统计，"十三五"期间，中国医疗器械高技术企业新产品开发项目数保持强劲增长势头，从 2016 年的 4515 件增长至 2019 年的 9240 件，其中 2019 年同比增速重回 30%，达到 30.14%。（图 38）

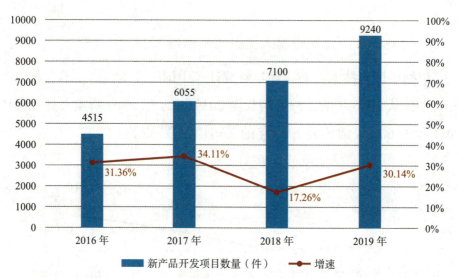

图38 2016—2019年中国医疗器械高技术企业新产品开发项目数量及增速

数据来源：中国高技术产业统计年鉴

二、上市企业创新竞争力 [①]

持续健康的研发投入是中国医疗器械上市企业创新竞争力提升的重要途径。"十三五"期间，中国医疗器械上市企业研发投入规模高速增长，上市企业创新竞争力日益增强。体外诊断细分领域研发投入规模最大，植（介）入、人工器官领域研发投入规模位居第二；广东省研发投入规模居全国首位，浙江、山东位居第二、三位。

（一）研发投入规模高速增长

2018—2020年，中国医疗器械上市企业研发投入规模以每年近30%的速度高速增长。从研发强度来看，2018—2020年三年分别为：6.34%、6.85%、6.21%，保持在一个相对稳定的水平。目前全球排名前十医疗器

---

① 数据说明：本部分医疗器械上市企业研发投入统计根据数据采集较为完整的三个年份：2018、2019、2020年来统计测算

械生产企业的研发投入占比多年来稳定在 6%—6.7%[①]。（图 39）

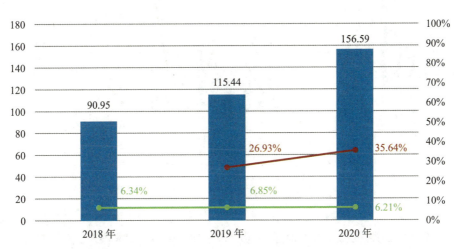

图 39　2018—2020 年中国医疗器械上市企业研发投入规模及研发强度

数据来源：东方财富（choice）

（二）细分领域研发投入规模和研发强度不一

2018—2020 年，医疗器械上市企业在体外诊断领域的研发投入规模最大，2019、2020 年增长速度分别为 24.44%、41.25%，2020 年研发投入达 52.86 亿元。

植（介）入、人工器官领域研发投入规模位居第二，2020 年达 33.71 亿元。受新型冠状病毒肺炎疫情和集采对营业收入的影响，2020 年研发投入增速放缓，2019、2020 年增速分别为 45.43%、21.49%。

其他在 2020 年研发投入增长提速的领域还有其他医用诊断、监护、治疗设备，物理治疗及病房设备、药物注输及医用敷料等耗材。尤其是包括个人防护用品在内的疫情期间大量产出的药物注输及医用敷料等耗材领域，2020 年研发投入增长达 80.73%，投入总额达 20.69 亿元。（图 40）

① 数据来源：KALORAMA 信息公司 2019 年度报告

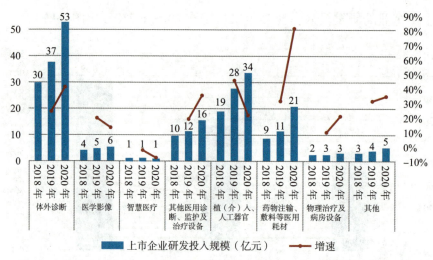

图40 2018—2020年中国医疗器械上市企业各细分领域研发投入规模及增速

数据来源：东方财富（choice）

2018—2020年，植（介）入、人工器官和智慧医疗领域的研发强度最高，约在10%左右。植（介）入、人工器官领域2020年营收规模虽然受到新型冠状病毒肺炎疫情和集采的影响，但基于对行业未来的预期，2020年研发强度仍升至13.86%。（图41）

图41 2018—2020年中国医疗器械上市企业各细分领域研发强度

数据来源：东方财富（choice）

医学影像领域的研发强度保持在 5.5% 左右。其余领域研发强度在 5% 左右。其中药物注输及医用敷料等耗材领域研发强度最低，2018—2020 年分别为 3.57%、3.88%、3.10%。（图 41）

（三）各省（市、区）研发投入规模和研发强度分析

2018—2020 年，广东研发投入规模保持第一，2020 年达 57.22 亿元，浙江、山东位居第二、第三，分别为 20.69 亿元、19.59 亿元。（图 42）

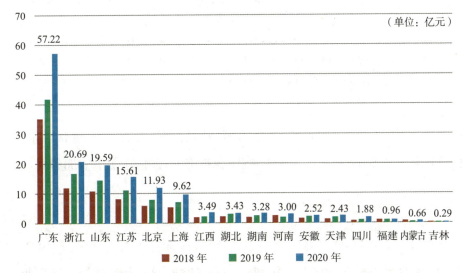

图 42 2018—2020 年中国医疗器械上市企业各省（市、区）研发投入规模分布

数据来源：东方财富（choice）

从研发强度上看，江西由于近年医疗器械产业发展迅速，上市企业大力投入，连续 3 年保持 30% 以上的研发强度。（图 43）

浙江的研发强度也在持续提高，2018、2019、2020 年三年分别为 8.65%、10.62%、13.22%。

三、产品创新

2014 年以来，国家药监局通过构建创新医疗器械优先审评审批绿

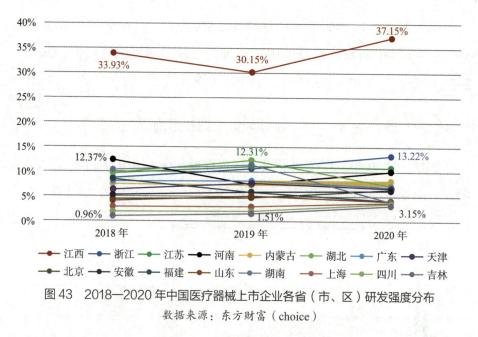

图 43　2018—2020 年中国医疗器械上市企业各省（市、区）研发强度分布

数据来源：东方财富（choice）

色通道等措施，助力创新医疗器械和临床急需医疗器械快速获准上市。企业创新积极性高涨，创新医疗器械获批数量基本呈逐年增加趋势。

（一）第三类创新产品

"十三五"期间，第三类创新医疗器械产品每年上市数量由 2016 年的 10 件增长至 2020 年的 26 件，已经有 88 个国家级创新医疗器械产品获批上市。

1. 心血管类产品独占鳌头

"十三五"期间，88 个创新产品获批上市，国产产品 84 个，进口产品 4 个。其中，2020 年进入国家级创新器械审批程序的产品中，超过 1/3 为心血管类医疗器械，国产产品约占 90%。在全球医疗器械市场中，心血管领域是仅次于 IVD 的细分领域，其市场规模预计将从 2017 年的 526 亿美元增长至 2024 年的 796 亿美元，市场份额相应从 11.6%

增长至 12.2%。当前跨国企业在心血管介入器械市场仍占据主导的市场份额。在创新推动下，目前这一领域正成为国产器械创新主阵地之一。在细分领域心血管支架上，目前国产产品市场份额已超过 80%，是高端医疗器械领域进口替代进展最快的细分领域之一。其他细分领域如心脏瓣膜、射频消融、球囊类等也陆续涌现优质的国产创新产品。

2. 每年进入创新审批通道产品数量稳定

"十三五"期间，每年进入国家级创新审批通道产品数量，2016—2017 年快速增长，2018—2019 年增速回落，2020 年增速反弹。（图 44）

图 44   2016—2020 年中国医疗器械进入创新审批通道的国家级第三类产品数量及增速

数据来源：国家药品监督管理局上报统计数据

3. 创新产品新增上市数量保持持续增长

每年新增国家级创新产品上市数量由 2016 年的 10 件增长至 2020 年的 26 件，其中，2018 年增长迅猛，2019 年增速回落，2020 年增速反弹。（图 45）

图45　2016—2020年中国医疗器械国家级第三类创新产品上市数量及增速

数据来源：国家药品监督管理局上报统计数据

（二）第二类创新产品

"十三五"期间，每年进入省级创新审批通道产品数量呈现爆发式增长，主要集中在浙江省、广东省、北京市三个省市，第二类创新产品发展能力快速成长。

1. 每年进入创新审批通道的第二类产品数量呈现爆发式增长

每年进入省级创新审批通道产品数量由2016年的13件增长至2020年的160件，年复合增速达87.30%，其中2017—2018年快速增长，2019—2020年稳定在35%左右的增速。（图46）

从2020年各省进入创新审批通道第二类产品数量来看，主要集中在浙江省、广东省、北京市三个省市，合计进入创新审批通道第二类产品数量为123件，占2020年的76.88%。（图47）

图 46 2016—2020 年中国医疗器械进入创新审批通道的省级第二类产品数量及增速

数据来源：南方医药经济研究所整理

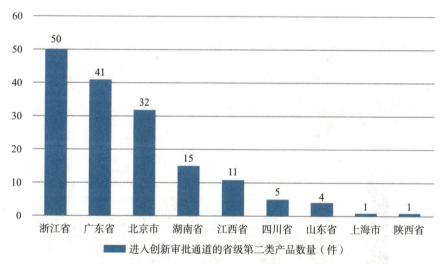

图 47 2020 年中国医疗器械进入创新审批通道的省级第二类产品数量分布

数据来源：南方医药经济研究所整理

2. 省级创新产品上市数量大幅增长

省级创新产品数量由 2017 年的 5 件增长至 2020 年的 64 件，创新能力快速成长。（图 48）

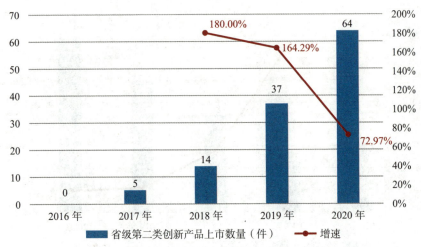

图48 2016—2020 年中国医疗器械省级第二类创新产品上市数量及增速

数据来源：南方医药经济研究所整理

3.创新第二类产品分布区域集中

从 2020 年各省创新第二类产品上市数量来看，浙江省、广东省、北京市三个省市医疗器械优势区域上市数量最多，分别为 18、13 和 12 件，均为医疗器械优势大省。（图 49）

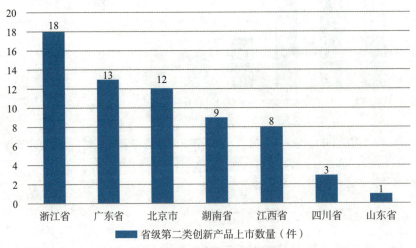

图49 2020 年中国医疗器械省级第二类创新产品上市数量分布

数据来源：南方医药经济研究所整理

四、技术创新

专利是衡量国家技术创新与进步的指标之一，专利分为发明专利、实用新型专利和外观设计专利三类。其中发明专利是技术价值最高、难度最大的专利类型；实用新型专利是申请最多、涉及领域最广泛的专利类型。两者是专利分类中重要的类别，其数量真实反映企业的技术创新能力。"十三五"期间，中国医疗器械专利申请高度活跃，申请数量一直保持稳定增长，表明中国医疗器械创新能力在稳步提升。

（一）每年新增实用新型专利

从企业新增实用新型专利数量来看，2016—2017年每年增长稳定在1.4万件左右，2018年起每年新增实用新型专利数量开始加速增长，2020年增长至35480件。从增速看，2016—2019年增速不断提高至45.59%，经过两年的高速增长，2020年增速回落至20.66%。（图50）

图50　2016—2020年中国医疗器械企业当年新增实用新型专利数量及增速

数据来源：万方数据

统计口径：当年新增实用新型专利数量为当年新增授权和申请的实用新型专利数量总和

（二）每年新增发明专利

从企业新增发明专利数量来看，每年新增从 2016 年的 1.2 万件增长至 2018 年的 2 万件水平，随后年均增长稳定在 2 万件左右的水平。从增速看，2017 年增速提高至 28.56%，在 2018—2020 年增速逐年回落，2020 年首次出现负增长（-8.29%）。（图 51）

图 51　2016—2020 年中国医疗器械企业当年新增发明专利数量及增速

数据来源：万方数据（基于医疗器械生产企业名单，匹配对应的累计实用新型专利汇总）

统计口径：当年新增发明专利数量为当年新增授权和申请的发明专利数量总和

（三）高技术企业发明专利申请和有效发明专利

中国医疗器械高技术企业发明专利申请数量从 2016 年的 3106 件增长至 2019 年 5928 件，其中增速不断提高，但在 2019 年回落至 17.32%。（图 52）

中国医疗器械高技术企业有效发明专利数量从 2016 年的 10860 件增长至 2019 年 17427 件。（图 53）

图 52　2016—2019 年中国医疗器械高技术企业发明专利申请数量及增速

数据来源：《中国高技术产业统计年鉴》

统计口径：发明专利申请数量指对产品、方法或者其改进所提出的新的技术方案申请数量

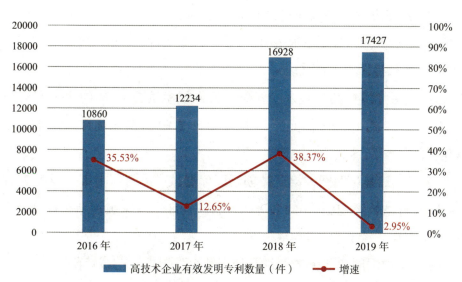

图 53　2016—2019 年中国医疗器械高技术企业有效发明专利数量及增速

数据来源：《中国高技术产业统计年鉴》

统计口径：有效发明专利数量指经国家知识产权局审批已经授权的专利的数量

五、小结

"十三五"期间，中国医疗器械的创新发展已经迎来前所未有的重大机遇。中共中央办公厅 国务院办公厅印发《关于深化审评审批制度改革鼓励药品医疗器械创新的意见》以来，国家药品监督管理部门持续深化审评审批制度改革，有力推进医疗器械监管科学研究，着重提高国产医疗器械的创新能力和产业化水平，加快创新医疗器械和临床急需医疗器械注册上市。中国医疗器械产业创新发展指数（见分报告二）进入快速上升区间。

（一）医疗器械高新技术企业数量和创新医疗器械产品上市数量，在"十三五"期间增长最快，均呈现出阶梯向上的发展特征。

1. "十三五"期间，中国医疗器械高新技术企业数量保持高速增长，从 2016 年的 777 家增长至 2020 年的 2299 家，一举突破 2000 家的关口。从数量占比看，从 2016 年的 5.06% 增长至 2019 年的 10.78%，2020 年增长放缓至 8.69%。

中国医疗器械高新技术企业研发投入规模从 2016 年的 72.7 亿元增长至 2019 年的 108.85 亿元。其中 2018 年受政策和国际环境影响，增幅陡升。

2. "十三五"期间，第三类创新医疗器械产品每年上市数量由 2016 年的 10 件增长至 2020 年的 26 件，已经有 88 个国家级创新医疗器械产品获批上市。

（二）中国医疗器械产业创新处于黄金发展期，前景广阔。

1. 企业新增实用新型专利数量发展明显提高；2016—2017 年每年增长稳定在 1.4 万件左右，2018 年起每年新增实用新型专利数量开始加速增长，2020 年突破 35480 件。从增速看，2016—2019 年增速不断提高至 45.59%，经过两年的高速增长，2020 年增速回落至 20.66%。

2. 从企业新增发明专利数量来看，每年新增从 2016 年的 1.2 万件增长至 2018 年的 2 万件水平，随后年均稳定在 2 万件左右的水平。从增速看，2017 年增速提高至 28.56%，在 2018—2020 年增速逐年回落，其中到 2020 年首次出现负增长（-8.29%）。

3. 高新技术企业研发投入规模、高技术企业研发投入占比、高技术企业研发人员占比、企业新增发明专利数在 2016—2017 年发展平缓，2018—2020 年有了一定程度的提高。中国医疗器械高新技术企业研发投入占比从 2016 年的 2.53% 增长至 2019 年的 3.76%；研发人员占比从 2016 年的 6.25% 增长至 2019 年的 7.79%。

第三章　产业生态

一、产业政策

自 2009 年 3 月提出缓解百姓看病难、看病贵的目标以来，中国新一轮医药卫生体制改革已走过第一个十年。最初从药品领域开始，"两票制"、取消药价加成、国家带量采购、医保谈判、一致性评价、"两病"管理、追溯体系建设、合理用药等方面的政策陆续出台，政策体系趋于完善和成熟。近年来，医疗器械参照药品领域，改革依次向前推进，如取消耗材加成、价格联动、"两票制"、高值耗材带量采购、医疗机构使用规范化管理等。

总体来看，2016—2020 年医疗器械产业政策主要体现在"监管＋鼓励"两方面，助力医疗器械行业健康有序发展。

在医疗器械监管政策方面，2018—2020 年，国务院连续三年发布深化医药卫生体制改革重点工作任务，体现国家层面对医疗行业改革的关注。2019 年 8 月，国家药品监督管理局发布《关于扩大医疗器械注册人制度试点工作的通知》，其中提到"探索创新医疗器械监管方式"及"探索释放医疗器械注册人制度红利"。此外，2019 年，国家药品监督管理局出台《医疗器械唯一标识系统规则》，旨在加强医疗器械全生命周期管理。在医疗器械安全方面，国家市场监督管理总局、国家卫生健康委员会颁布的《医疗器械不良事件监测和再评价管理办法》于 2019 年正式实施，明确了医疗器械上市许可持有人的主体责任，并强化药品监管部门的监督检查，加大对违法违规行为的惩处力度。

在医疗器械扶持政策方面，近年来国家大力支持医疗器械创新，先后出台《中国制造 2025》《"健康中国 2030"规划纲要》《"十三五"医疗器械科技创新专项规划》《关于深化审评审批制度改革鼓励药品医疗器械创新的意见》等政策，明确指出要推进医疗器械国产化，促进创新产品应用推广。

在医保政策方面，2019 年国家医保局出台了《关于印发疾病诊断相关分组（DRG）付费国家试点技术规范和分组方案的通知》，其中对 DRG 分组的基本原理、适用范围、名词定义以及数据要求、数据质控、标准化上传规范、分组策略与原则、权重与费率确定方法等进行了规范。该政策的出台表明了疾病诊断相关分组（DRG）是中国医保支付未来的发展方向。此外，带量采购也是医保政策的重点。2018 年起，相继出台的《关于巩固破除以药补医成果持续深化公立医院综合改革的通知》《关于印发致力高值医用耗材改革方案的通知》《关于印发第一批国家高值医用耗材重点治理清单的通知》等政策，明确高值耗材带量采购的方案、公布第一批国家高值医用耗材重点治理清单。（表 3）

表 3　2016—2020 年医疗器械相关产业政策

时间	发布单位	政策名称	简要内容
2016 年 3 月	国务院	《关于促进医药产业健康发展的指导意见》	加快医疗器械转型升级。重点开发数字化探测器、超导磁体、高热容量 X 射线管等关键部件，手术精准定位与导航、数据采集处理和分析、生物三维（3D）打印等技术。研制核医学影像设备 PET-CT 及 PET-MRI、超导磁共振成像系统（MRI）、多排螺旋 CT、彩色超声诊断、图像引导放射治疗、质子/重离子肿瘤治疗、医用机器人、健康监测、远程医疗等高性能诊疗设备。推动全自动生化分析仪、化学发光免疫分析仪、高通量基因测序仪、五分类血细胞分析仪等体外诊断设备和配套试剂产业化。发展心脏瓣膜、心脏起搏器、全降解血管支架、人工关节和脊柱、人工耳蜗等高端植介入产品，以及康复辅助器具中高端产品。积极探索基于中医学理论的医疗器械研发

续表

时间	发布单位	政策名称	简要内容
2016 年 4 月	原国家食品药品监督管理总局	《关于征求医疗器械临床试验现场检查程序和检查要点意见的通知》	为加强医疗器械临床试验管理，原国家食品药品监督管理总局将适时组织开展临床试验监督抽查工作
2016 年 9 月	原国家食品药品监督管理总局	《医疗器械冷链（运输、贮存）管理指南》	加强需要冷藏、冷冻医疗器械的运输与贮存过程的质量管理，保障医疗器械在生产、经营、使用各个环节始终处于符合医疗器械说明书和标签标示的温度要求
2016 年 10 月	国务院	《"健康中国 2030"规划纲要》	明确需加强高端医疗器械等创新能力建设，加快医疗器械转型升级，提高具有自主知识产权的医学诊疗设备、医用材料的国际竞争力，并提出到 2030 年，实现医疗器械质量标准全面与国际接轨的目标
2016 年 11 月	工业和信息化部等 6 部门	《医药工业发展规划指南》	大力推动"互联网＋医药"，发展智慧医疗产品。开发应用具备云服务和人工智能功能的移动医疗产品、可穿戴设备，各种类型的基于移动互联网的健康管理软件（APP），可实现远程监护、咨询的远程医疗系统。加强对健康医疗大数据的开发和利用，发展电子健康档案、电子病历、电子处方等数据库，实现数据资源互联互通和共享，指导疾病诊治、药物评价和新药开发，发展基于大数据的医疗决策支持系统。重点推进医学影像设备、体外诊断产品、治疗设备、植入介入产品和医用材料及移动医疗产品领域
2016 年 11 月	国务院	《国务院深化医药卫生体制改革领导小组关于进一步推广深化医药卫生体制改革经验的若干意见》	逐步减少按项目付费，完善医保付费总额控制，推行以按病种付费为主，按人头付费、按床日付费、总额预付等多种付费方式相结合的复合型付费方式，鼓励实行按疾病诊断相关分组付费（DRGs）方式，逐步将医保支付方式改革覆盖所有医疗机构和医疗服务
2016 年 12 月	国务院	《"十三五"国家战略性新兴产业发展规划》	发展高品质医学影像、先进放射治疗设备、高通量低成本基因测序仪等，加快组织器官修复和替代材料及植介入医疗器械产品创新和产业化

续表

时间	发布单位	政策名称	简要内容
2017 年 1 月	国务院	《关于印发"十三五"深化医药卫生体制改革规划的通知》	建立科学合理的分级诊疗制度。坚持居民自愿、基层首诊、政策引导、创新机制,以家庭医生签约服务为重要手段,鼓励各地结合实际推行多种形式的分级诊疗模式,推动形成基层首诊、双向转诊、急慢分治、上下联动的就医新秩序。到 2017 年,分级诊疗政策体系逐步完善,85% 以上的地市开展试点。到 2020 年,分级诊疗模式逐步形成,基本建立符合国情的分级诊疗制度
2017 年 1 月	国家发改委	《战略性新型产业重点产品和服务指导目录》2016 版	重点发展生物医学工程产业,包括医学影像设备及其核心部件,医学影像服务,肿瘤治疗设备,手术治疗设备,康复治疗设备,专科治疗设备,生命支持设备,康复治疗服务,医用检查仪器,体外诊断检测仪器分子诊断检测仪器,医用检查检测服务,生物医用植介入体,生物医用材料,生物医用材料服务
2017 年 5 月	国务院	《关于支持社会力量提供多层次多样化医疗服务的意见》	支持社会力量举办独立设置的医学检验、病理诊断、医学影像、消毒供应、血液净化、安宁疗护等专业机构,面向区域提供相关服务
2017 年 5 月	原国家食品药品监督管理总局	《医疗器械召回管理办法》	一是落实医疗器械召回的责任主体。二是明确存在缺陷的医疗器械产品范围。三是强化医疗器械召回信息公开的要求。四是进一步强化食品药品监管部门的监管责任
2017 年 6 月	国家科技部	《"十三五"医疗器械科技创新专项规划》	明确了医疗器械行业发展面临的新的战略机遇及目标,提出了医疗器械前沿技术和重大产品的发展重点。研发 10—20 项前沿创新产品,引领筛查预警、早期诊断、微/无创治疗、个体化诊疗、人工智能诊断、术中精准成像、智慧医疗、中医治未病等新型医疗产品与健康服务技术发展。重点培育 8—10 家在国内、国际市场具备较强竞争力的大型医疗器械企业集团。建立 8—10 个医疗器械科技产业集聚区,80—100 家具有自主核心知识产权且具备一定规模的创新型高技术企业

续表

时间	发布单位	政策名称	简要内容
2017 年 10 月	中共中央办公厅 国务院办公厅	《关于深化审评审批制度改革鼓励药品医疗器械创新的意见》	明确提出要"推进医疗器械国产化，促进创新产品应用推广"。在医疗器械采购方面，国家卫健委提出要严格执行政府采购法，确保财政资金优先采购国产医疗设备
2017 年 11 月	原国家食品药品监督管理总局	《医疗器械经营监督管理办法》	对 2014 版进行修正
2017 年 11 月	原国家食品药品监督管理总局	《医疗器械生产监督管理办法》	对 2014 版进行修正
2018 年 3 月	国家卫生计生委等 6 部门	《关于巩固破除以药补医成果持续深化公立医院综合改革的通知》	实行高值医用耗材分类集中采购，逐步推行高值医用耗材购销"两票制"。建立健全短缺药品供应保障体系和机制，更好满足临床合理用药需求
2018 年 4 月	国家发改委等 8 部门	《关于促进首台（套）重大技术装备示范应用的意见》	"首台套"是指国内实现重大技术突破、拥有知识产权、尚未取得市场业绩的装备产品，包括前三台（套）或批（次）成套设备、整机设备及核心部件、控制系统、基础材料、软件系统等。23 种医疗设备可享受"首台套"推广应用政策的扶持，其中包括 DR、MRI、CT、PET-CT、PET/MR、DSA、彩超和电子内窥镜等医用影像设备
2018 年 8 月	国务院	《深化医药卫生体制改革 2018 年下半年重点工作任务》	制定治理高值医用耗材和过度医疗检查的改革方案。制定医疗器械编码规则，探索实施高值医用耗材注册、采购、使用等环节规范编码的衔接应用。推进医疗器械国产化，促进创新产品应用推广
2018 年 8 月	国家市场监督管理总局、国家卫健委	《医疗器械不良事件监测和再评价管理办法》	明确了医疗器械上市许可持有人的主体责任，按基本要求、个例不良事件、群体不良事件、定期风险评价报告，分别规定了报告与评价的时限、流程和工作要求，细化持有人风险控制要求，规定持有人应当主动开展再评价，并强化药品监管部门的监督检查，加大对违法违规行为的惩处力度

续表

时间	发布单位	政策名称	简要内容
2018 年 10 月	国家卫健委	《2018—2020 年大型医用设备配置规划》	明确大型医用设备配置要根据医院的功能定位，临床服务需求来定。二级及以下医院和非临床急救型的医院科室，要引导优先配置国产医疗设备
2018 年 12 月	国家药品监督管理局	《国家药监局关于发布药品医疗器械境外检查管理规定的公告》	国家局负责药品、医疗器械境外检查管理工作，国家药品监督管理局食品药品审核查验中心负责具体组织实施药品、医疗器械境外检查工作。药品、医疗器械的检验、审评、评价等相关部门协助开展境外检查工作
2019 年 6 月	国务院	《深化医药卫生体制改革 2019 年重点工作任务》	制定医疗器械唯一标识系统规则。逐步统一全国医保高值医用耗材分类与编码。对单价和资源消耗占比相对较高的高值医用耗材开展重点治理。改革完善医用耗材采购政策。取消公立医疗机构医用耗材加成，完善对公立医疗机构的补偿政策，妥善解决公立医疗机构取消医用耗材加成减少的合理收入的补偿问题
2019 年 7 月	国务院	《关于印发治理高值医用耗材改革方案的通知》	高值耗材带量采购的明确方案
2019 年 7 月	国家药品监督管理局、国家卫健委	《定制式医疗器械监督管理规定》	明确当定制式医疗器械临床使用病例数及前期研究能够达到上市前审批要求时，应当按照《医疗器械注册管理办法》《体外诊断试剂注册管理办法》规定，申报注册或者办理备案。符合伦理准则且真实、准确、完整、可溯源的临床使用数据，可以作为临床评价资料用于注册申报
2019 年 8 月	国家药品监督管理局	《关于扩大医疗器械注册人制度试点工作的通知》	探索创新医疗器械监管方式，有效落实"监管工作一定要跟上"的要求，完善事中事后监管体系，厘清跨区域监管责任，形成完善的跨区域协同监管机制，增强监管合力，提升监管效能。探索释放医疗器械注册人制度红利，鼓励医疗器械创新，推动医疗器械产业高质量发展

续表

时间	发布单位	政策名称	简要内容
2019 年 8 月	国家药品监督管理局	《医疗器械唯一标识系统规则》	明确了医疗器械唯一标识系统建设的目的、适用对象、建设原则、各方职责和有关要求，自 2019 年 10 月 1 日起正式施行
2019 年 10 月	国家医保局	《关于印发疾病诊断相关分组（DRG）付费国家试点技术规范和分组方案的通知》	《技术规范》对 DRG 分组的基本原理、适用范围、名词定义以及数据要求、数据质控、标准化上传规范、分组策略与原则、权重与费率确定方法等进行了规范。《分组方案》明确了国家医疗保障疾病诊断相关分组（China Healthcare Security Diagnosis Related Groups，CHS-DRG），形成全国医疗保障部门开展 DRG 付费工作的统一标准，其中包括 26 个主要诊断大类（MDC）、376 个核心 DRG（ADRG）
2020 年 1 月	国家卫健委	《关于印发第一批国家高值医用耗材重点治理清单的通知》	公布第一批国家高值医用耗材重点治理清单
2020 年 5 月	国家发改委	《公共卫生防控救治能力建设方案》	一是加强重症监护病区（ICU）建设。二是建设可转换病区。三是改善呼吸、感染等专科设施条件。四是提升公共卫生检验检测、科研和紧急医学救援能力。五是加强应急救治物资储备。六是支持有条件的中医机构建设达到生物安全二级或三级水平的实验室，健全完善中医药应对突发公共卫生事件科研支撑平台
2020 年 6 月	国家医保局、国家税务总局、财政部	《关于做好 2020 年城乡居民基本医疗保障工作的通知》	明确 2020 年城乡居民基本医疗保险人均财政补助标准新增 30 元，达到每人每年不低于 550 元；原则上个人缴费标准同步提高 30 元，达到每人每年 280 元。同时，立足基本医疗保险筹资、大病保险运行情况，统筹提高大病保险筹资标准。筹资水平的稳步提升，筹资结构的逐步优化，可以推动实现居民医保筹资稳定可持续，为巩固待遇保障水平提供坚实基础

续表

时间	发布单位	政策名称	简要内容
2020 年 7 月	国务院	《深化医药卫生体制改革 2020 年下半年重点工作任务》	1. 完善药品耗材采购政策。有序扩大国家组织集中采购和使用药品品种范围，开展高值医用耗材集中采购试点。鼓励由医保经办机构直接与药品生产或流通企业结算药品货款。指导地方全面执行中选药品和高值医用耗材的采购、配送和使用政策。制定改革完善药品采购机制的政策文件。指导地方完善新冠病毒检测相关集中采购、医保支付等政策。 2. 加强药品耗材使用监管。逐步建立完善药品信息化追溯机制，实现疫苗以及国家组织集中采购和使用药品"一物一码"，选取部分高值医用耗材等重点品种实施医疗器械唯一标识。建设全国统一开放的药品集中采购市场，统一标准和功能规范，推进医保药品编码的使用。逐步统一全国医保高值医用耗材分类与编码，探索实施高值医用耗材注册、采购、使用等环节规范编码的衔接应用

资料来源：国务院、中央办公厅、国家发改委、国家卫健委、国家药品监督管理局、国家市场监督管理总局、原国家食品药品监督管理总局、国家科技部、工业和信息化部、国家医保局、国家税务总局、财政部、原国家卫生计生委等

2021 年，国家密集出台了一系列鼓励科技创新政策，助推医疗装备产业高质量发展，建立与国际接轨、有中国特色、科学先进的医疗器械标准体系，鼓励适当超前配置大型医用设备，大力推荐采购国产仪器，推动医疗康复机器人产品高端化智能化发展，支持产业高质量发展的监管环境更加优化，为医疗器械的创新发展指明了方向。（表 4）

表4　2021年医疗器械产业政策

时间	发布单位	政策名称	简要内容
2021年3月	国家药监局和国家标准化管理委员会	《关于进一步促进医疗器械标准化工作高质量发展的意见》	目标到2025年，基本建成适应中国医疗器械研制、生产、经营、使用、监督管理等全生命周期管理需要，符合严守安全底线和助推质量高线新要求，与国际接轨、有中国特色、科学先进的医疗器械标准体系，实现标准质量全面提升，标准供给更加优质、及时、多元，标准管理更加健全、高效、协调，标准国际交流合作更加深入、更富成效
2021年7月	国家发改委、国家卫健委、国家中医药管理局和国家疾病预防控制局	《"十四五"优质高效医疗卫生服务体系建设实施方案》	加快构建强大公共卫生体系，推动优质医疗资源扩容和区域均衡布局，提高全方位全周期健康服务与保障能力，改善临床诊疗基础设施条件，适当超前配置大型医用设备
2021年12月	工业和信息化部、国家发改委、科学技术部等15个部门	《"十四五"机器人产业发展规划》	着力突破核心技术，着力夯实产业基础，着力增强有效供给，着力拓展市场应用，提升产业链供应链稳定性和竞争力，持续完善产业发展生态，推动机器人产业高质量发展
2021年12月	全国人民代表大会	《中华人民共和国科学技术进步法（2021年修订）》	对境内自然人、法人和非法人组织的科技创新产品、服务，在功能、质量等指标能够满足政府采购需求的条件下，政府采购应当购买；首次投放市场的，政府采购应当率先购买
2021年12月	工业和信息化部、国家卫健委、国家发展改革委等10部门	《"十四五"医疗装备产业发展规划》	更好满足人民日益增长的医疗卫生健康需求，推动医疗装备产业高质量发展，实现产业链安全可控
2021年12月	国家药品监督管理局等8部门	《"十四五"国家药品安全及促进高质量发展规划》	支持产业高质量发展的监管环境更加优化，审评审批制度改革持续深化，批准一批临床急需的创新药，加快有临床价值的创新药上市，在中国申请的全球创新药、创新医疗器械尽快在境内上市
2021年12月	工业和信息化部、发展改革委、科技部等9部门	《"十四五"医药工业发展规划》	到2035年，医药工业实力将实现整体跃升，创新驱动发展格局全面形成，实现更高水平满足人民群众健康需求，为全面建成健康中国提供坚实保障

资料来源：国家发改委、国家卫健委、国家药品监督管理局、国家标准化管理委员会、国家中医药管理局、国家疾病预防控制局、国家科技部、工业和信息化部等

二、研究资源

（一）高校研究资源

1.生物医学工程学科蓬勃发展

高校作为人才第一资源、科技第一生产力、创新第一动力和文化第一软实力这"四个第一"的重要结合点，学科优势突出，高端人才集聚，各类信息汇聚，创新要素集中，科研成果丰硕，国际交流频繁，因此高校在服务经济社会发展方面发挥特殊重要的作用，提供强有力的智力支持和人才支撑。

2021年中国最好学科排名中，生物医学工程学科排名共有44所大学上榜，其中清华大学、东南大学位列前2名。清华大学从2020年的第二排升至第一，总分为826分；东南大学回落至第二，总分为786分。（表5）

表5　2021年中国生物医学工程学科高校排名

2021年排名	2020年排名	排名层次	学校名称	总分
1	2	前2名	清华大学	826
2	1		东南大学	786
3	10	前5%	北京航空航天大学	776
4	6		华中科技大学	690
5	5	前10%	四川大学	667
6	7		上海交通大学	603
7	8		华南理工大学	572
8	3		电子科技大学	549

续表

2021 年排名	2020 年排名	排名层次	学校名称	总分
9	9	前 20%	北京大学	538
10	4		浙江大学	514
11	12		西安交通大学	338
12	18		深圳大学	325
13	14		复旦大学	307
14	16		西北工业大学	277
15	16		北京协和医学院	259
16	11		天津大学	254
17	15		重庆大学	244
18	13	前 30%	南方医科大学	238
19	23		北京理工大学	203
20	19		中山大学	195
21	20		空军军医大学	179
22	28		同济大学	177
23	21		哈尔滨工业大学	167
24	24		陆军军医大学	156
25	27		暨南大学	132
26	22		天津医科大学	130
27	25	前 40%	苏州大学	129
28	29		中国科学技术大学	123
29	26		重庆医科大学	121
30	33		南京医科大学	120
31	34		北京工业大学	118
32	31		首都医科大学	116

续表

2021 年排名	2020 年排名	排名层次	学校名称	总分
33	35	前 40%	东北大学	113
34	36		哈尔滨医科大学	103
35	32		武汉大学	99
36	30	前 50%	大连理工大学	98
37	38		山东大学	85
38	—		西安电子科技大学	77
39	37		温州医科大学	76
40	40		吉林大学	68
41	38		上海理工大学	66
42	—		湖南工业大学	55
43	—		福州大学	53
44	—		太原理工大学	50

数据来源：上海软科

备注：软科中国最好学科排名的指标体系包括人才培养、科研项目、成果获奖、学术论文、高端人才五个指标类别，使用 50 余项学科建设管理中密切关注的量化指标，强调通过客观数据反映学科点对本学科稀缺资源和标志性成果的占有和贡献。

根据 2021 年度软科世界一流学科排名（Shanghai Ranking's Global Ranking of Academic Subjects），在生物医学工程学科中，排名全球前 5 的高校依次为哈佛大学、上海交通大学、麻省理工学院、斯坦福大学和复旦大学。排名全球前 20 的中国高校有 7 所，依次为上海交通大学、复旦大学、浙江大学、苏州大学、四川大学、北京大学、香港中文大学。（表 6）

表6　2021年全球生物医学工程学科高校排名

学校名称	国家/地区	总分	2021年排名
哈佛大学	美国	301.3	1
上海交通大学	中国	264.6	2
麻省理工学院	美国	244.3	3
斯坦福大学	美国	235.8	4
复旦大学	中国	235.0	5
密歇根大学—安娜堡	美国	227.2	6
浙江大学	中国	224.2	7
苏州大学	中国	222.8	8
约翰霍普金斯大学	美国	215.7	9
首尔国立大学	韩国	212.4	10
新加坡国立大学	新加坡	211.7	11
匹兹堡大学	美国	211.7	11
四川大学	中国	210.8	13
北京大学	中国	209.2	14
帝国理工学院	英国	207.4	15
北卡罗来纳大学—教堂山	美国	205.3	16
高丽大学	韩国	203.8	17
香港中文大学	中国香港	203.0	18
乌得勒支大学	荷兰	201.9	19
佐治亚理工学院	美国	201.4	20

数据来源：上海软科

备注：软科世界一流学科排名采用国际可比的客观学术指标，包括学科国际权威奖项、学科顶尖论文、学科论文质量、学科国际合作等。

2. 产业围绕高校研究机构集聚

截至 2021 年底，长三角城市群开设医疗器械相关专业的高校数量最多，共有 103 家。京津冀城市群和粤港澳大湾区分列二、三名，高校数量分别为 53 家及 32 家。从高校企业比（高校数量与生产企业数量之比，一定程度上反映了高校对企业发展的支撑力度）来看，长三角城市群高校企业比最高，为 1.50%；京津冀城市群和粤港澳大湾区高校企业比分别为 1.14% 和 0.47%。长三角城市群、京津冀城市群凭借丰富的高校资源，分别建立了以医学教育为主题的"长三角医学教育联盟"和"北京卓越医学人才培育高校联盟"。这些高水平的科研机构为医疗器械产业输送了大量人才，为医疗器械产业研发提供源源不断的智力支持，促进了该地区医疗器械产业聚集发展。（图 54）

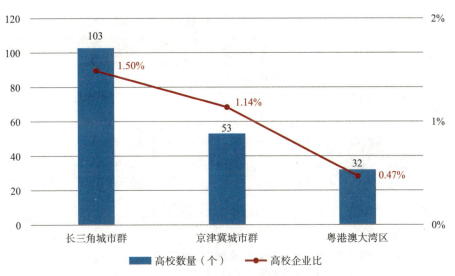

图 54　2021 年中国三大产业集聚区高校数量分布及高校企业比

数据来源：众成数科

（二）国家级研究载体

2020 年 4 月，国家高性能医疗器械创新中心获国家工业和信息化部批复建设，这是国家在医疗器械领域设立的唯一创新中心，围绕医疗健康领域高端医疗设备的重大需求，致力于突破制约医疗行业发展的共性核心关键技术，打造贯穿创新链、产业链和资金链的高性能医疗器械产业创新生态系统。同时，医疗器械相关领域布局国家重点实验室 13 个，国家工程研究中心、国地联合工程研究中心和国地联合工程实验室 28 个，高端医疗器械先进制造业集群 1 家，国家工程技术研究中心 2 个，覆盖了体外诊断、人工智能、医学影像、植入器械、医用生物防护器械、医用增材制造（3D 打印）器械、创新生物材料、口腔、眼科等多个医疗器械行业细分领域。（表 7）

表 7　医疗器械相关领域国家级载体（排名不分先后）

序号	载体类型	载体名称	依托单位	批准单位
1	国家地方联合工程实验室	高端医学影像技术与装备国家地方联合工程实验室（深圳）	中国科学院深圳先进技术研究院	国家发改委
2	国家地方联合工程实验室	生物医用材料改性技术国家地方联合工程实验室（山东）	山东百多安医疗器械有限公司	国家发改委
3	国家地方联合工程实验室	干细胞与生物治疗国家地方联合工程实验室（河南）	河南省华隆生物技术有限公司	国家发改委
4	国家地方联合工程实验室	干细胞与再生医学技术国家地方联合工程实验室（大连）	大连医科大学	国家发改委
5	国家地方联合工程实验室	骨科植入材料开发国家地方联合工程实验室（大连）	大连大学	国家发改委
6	国家地方联合工程实验室	射频集成与微组装技术国家地方联合工程实验室（江苏）	南京邮电大学	国家发改委
7	国家地方联合工程实验室	移动医疗技术与服务国家地方联合工程实验室（河南）	郑州大学第一附属医院	国家发改委

续表

序号	载体类型	载体名称	依托单位	批准单位
8	国家地方联合工程实验室	医学数字影像与通讯（DICOM）标准国家地方联合工程实验室（四川）	成都金盘电子科大多媒体技术有限公司	国家发改委
9	国家地方联合工程实验室	激光医疗技术国家地方联合工程实验室（山东）	山东瑞华同辉光电科技有限公司	国家发改委
10	国家地方联合工程实验室	高通量分子诊断技术国家地方联合工程实验室（湖南）	郴州市第一人民医院	国家发改委
11	国家地方联合工程实验室	医学检测技术与服务国家地方联合工程实验室（广东）	广州金域医学检验中心有限公司	国家发改委
12	国家地方联合工程实验室	血管植入物开发国家地方联合工程实验室（重庆）	重庆大学	国家发改委
13	国家地方联合工程实验室	机器人与智能制造国家地方联合工程实验室（深圳）	香港中文大学（深圳）	国家发改委
14	国家地方联合工程实验室	医学合成生物学应用关键技术国家地方联合工程实验室（深圳）	深圳大学	国家发改委
15	国家地方联合工程研究中心	医疗机器人国家地方联合工程研究中心	北京天智航医疗科技股份有限公司	国家发改委
16	国家地方联合工程研究中心	微纳传感器及系统国家地方联合工程研究中心	中国电子科技集团公司第四十九研究所	国家发改委
17	国家地方联合工程研究中心	肿瘤精准治疗技术及产品国家地方联合工程研究中心	安徽安科生物工程（集团）股份有限公司	国家发改委
18	国家地方联合工程研究中心	干细胞与再生医学国家地方联合工程研究中心	中山大学	国家发改委
19	国家地方联合工程研究中心	生物医用钛合金材料国家地方联合工程研究中心	西安赛特思迈钛业有限公司	国家发改委
20	国家地方联合工程研究中心	精准外科与再生医学国家地方联合工程研究中心（陕西）	西安交通大学第一附属医院	国家发改委

续表

序号	载体类型	载体名称	依托单位	批准单位
21	国家地方联合工程研究中心	生物医学材料研发技术国家地方联合工程研究中心（大连）	辽宁垠艺生物科技股份有限公司	国家发改委
22	国家地方联合工程研究中心	健康大数据智能分析技术国家地方联合工程研究中心（深圳）	中国科学院深圳先进技术研究院	国家发改委
23	国家地方联合工程研究中心	人体自身免疫病诊疗技术国家地方联合工程研究中心（黑龙江）	哈尔滨医科大学	国家发改委
24	国家地方联合工程研究中心	康复医疗技术国家地方联合工程研究中心（福建）	福建中医药大学	国家发改委
25	国家地方联合工程研究中心	健康大数据智能分析技术国家地方联合工程实验室（深圳）	中国科学院深圳先进技术研究院	国家发改委
26	国家工程研究中心	超声医疗国家工程研究中心	重庆融海超声医学有限公司	国家发改委
27	国家工程研究中心	膜技术国家工程研究中心	天邦膜技术公司	中国科学院
28	国家工程研究中心	传感器国家工程研究中心	沈阳仪表科学研究院	国家发改委
29	国家先进制造业创新中心	国家高性能医疗器械创新中心	深圳高性能医疗器械国家研究院有限公司	工信部
30	国家先进制造业集群	深广高端医疗器械先进制造业集群	深圳市医疗器械行业协会	工信部
31	国家重点实验室	生物电子学国家重点实验室	东南大学	国家发改委
32	国家重点实验室	医学神经生物学国家重点实验室	复旦大学	国家发改委
33	国家重点实验室	微生物技术国家重点实验室	山东大学	国家发改委
34	国家重点实验室	生物治疗国家重点实验室	四川大学	国家发改委
35	国家重点实验室	病毒学国家重点实验室	武汉大学、中国科学院武汉病毒研究所	国家发改委

续表

序号	载体类型	载体名称	依托单位	批准单位
36	国家重点实验室	医学免疫学国家重点实验室	中国人民解放军海军军医大学	国家发改委
37	国家重点实验室	生物膜与膜生物工程国家重点实验室	中国科学院动物研究所	国家发改委
38	国家重点实验室	脑与认知科学国家重点实验室	中国科学院生物物理研究所	国家发改委
39	国家重点实验室	生物大分子国家重点实验室	中国科学院生物物理研究所	国家发改委
40	国家重点实验室	分子肿瘤学国家重点实验室	中国医学科学院肿瘤医院肿瘤研究所	国家发改委
41	国家重点实验室	医学分子生物学国家重点实验室	中国医学科学院基础医学研究所	发改委
42	省部共建国家重点实验室	省部共建超声医学工程国家重点实验室	重庆医科大学	科技部
43	省部共建国家重点实验室	省部共建放射医学与辐射防护国家重点实验室	苏州大学	科技部
44	国家工程技术研究中心	国家生物医学材料工程技术研究中心	四川大学	科技部
45	国家工程技术研究中心	国家人体组织功能重建工程技术研究中心	华南理工大学	科技部

资料来源：国家发改委、国家工信部、国家科技部

（三）专业研究人才

根据全球性信息分析公司爱思唯尔（Elsevier）发布的 2020 年中国高被引学者（Highly Cited Chinese Researchers）榜单，生物领域再创新高。在众多学科中，化学学科高被引学者最多，共 358 位；生物学、材料科学与工程、临床医学、物理学等学科均超过了 200 位。生物

学领域高被引学者的数量较 2019 年同比增长了近两倍之多，且在前一年的学科分类基础上重新归纳和细分出了生物医学工程、免疫和微生物学、神经科学、生化、遗传和分子生物学等更多的生物类交叉学科专业。

（四）研究成就

2021 年 11 月，2020 年度国家科学技术奖励大会召开，颁发了国家科学技术进步奖共 157 项，包含特等奖 2 项、一等奖 18 项（含创新团队 1 项）、二等奖 137 项。根据已公布名单显示，157 项国家科学技术进步奖获奖项目中共有 21 项来自医疗领域的获奖项目，占该项奖励的 13.4%。其中一等奖 2 项，包含一个创新团队；二等奖 19 项，涉及癌症、脑卒中、缺血性心脏病、肿瘤、糖尿病、肾炎、遗传性出生缺陷、白血病、前列腺增生等疾病领域。

上海联影医疗科技有限公司、中国科学院深圳先进技术研究院、中国人民解放军总医院、复旦大学附属中山医院作为主要完成单位的"高场磁共振医学影像设备自主研制与产业化"，获得 2020 年度国家科学技术进步奖一等奖。

深圳迈瑞生物医疗电子股份有限公司与大连理工大学研发团队共同研发的"血液细胞荧光成像染料的创制及应用"项目获得 2020 年度国家技术发明奖二等奖。

中国人民解放军陆军军医大学第一附属医院、复旦大学附属华山医院、西南大学、山东威高骨科材料股份有限公司的"足踝外科精准微创治疗关键技术体系建立与推广应用"获得 2020 年度国家科学技术进步奖二等奖。

三、专业服务资源

（一）临床试验机构

中国医疗器械临床试验机构数量从 2018 年的 185 家增长至 2020 年的 964 家，2018—2020 年的年复合增速达 128.27%。其中，2019 年临床试验机构较上一年相比增长 216.22%，增长迅猛。（图 55）

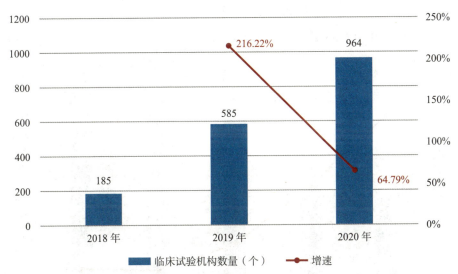

图55 2018—2020 年中国医疗器械临床试验机构数量及增速

数据来源：医疗器械临床试验机构备案管理信息系统

2017 年，《中共中央办公厅 国务院办公厅印发〈关于深化审评审批制度改革鼓励药品医疗器械创新的意见〉的通知》和《国务院关于修改〈医疗器械监督管理条例〉的决定》规定，医疗器械临床试验机构由资质认定改为备案管理。同年，原国家食品药品监督管理总局、原国家卫生计生委联合发布了《医疗器械临床试验机构条件和备案管理办法》，建立医疗器械临床试验机构备案管理信息系统，于 2018 年 1 月 1 日起实施启用。

此外，吸引了愈来愈多的跨国公司在中国进行国际多中心临床试验，并借以将其候选产品进行全球商业化，其原因主要有：①借用本地及全球所得临床数据加快临床开发流程；②可触及中国大型的患者群；③享有中国较低的成本基础。

（二）检验检测机构

从检验检测机构数量来看，从 2016 年的 152 家增长至 2020 年的 467 家，其数量呈逐年增加趋势。值得注意的是，其增速呈逐年下降趋势，从 2016 年高峰时期的 157.63%，到 2020 年降至 11.19%。（图 56）

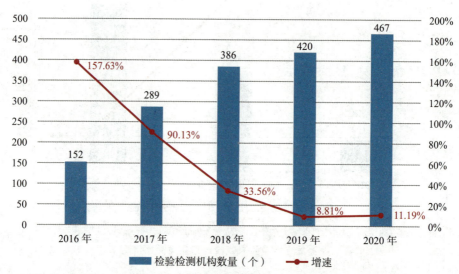

图56　2016—2020 年中国医疗器械检验检测机构数量及增速
数据来源：全国认证认可信息公共服务平台
（拥有 CNAS 或 CMA 医疗器械检验检测证书）

随着经济的深化发展，社会各界对于质量安全等问题的关注度逐步上升，医疗器械产品生产和流通环节的检验检测需求不断上升。2017年 3 月，国家认监委发布《认证认可检验检测发展"十三五"规划》，指出要加快检验检测认证产业化发展，支持检验检测认证机构整合，支持国有从业机构推进混合所有制改革，支持从业机构向提供检验检测认证"一站式"服务以及"一体化"解决方案方向发展。除对检验检测机构发展提供支持外，2016年原国家质检总局出台的《质量监督检验检疫事业发展"十三五"规划》亦对检验检测机构的规范提出要求。特别是2021年新修订的《医疗器械监督管理条例》第十四条规定：产品检验报告应当符合国务院药品监督管理部门的要求，可以是医疗器械注册申请人、备案人的自检报告，也可以是委托有资质的医疗器械检验机构出具的检验报告。允许合格第三方检测机构从事医疗器械的注册检验，进一步推动了检验检测机构的发展。

（三）动物实验机构

2021年1—8月，全国动物实验机构新增174家。其中，仅具有动物生产资质的企业9家，占比5.2%；仅具有动物使用资质的机构152家，占比87.4%；同时具有动物生产和使用资质的机构13家，占比7.4%。（图57）

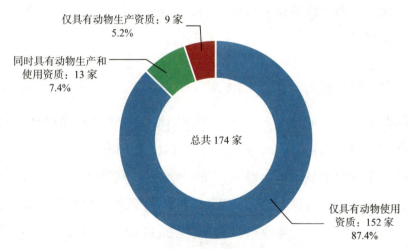

图57　2021年1—8月中国动物实验机构结构数量及占比

数据来源：众成数科

（四）医疗器械 CRO 机构

医疗器械合同研究组织（简称 CRO），是指接受医疗器械研发生产企业或者组织的委托，代表委托方负责实施医疗器械上市过程中全部或部分的科学或医学试验，以获取商业性报酬的第三方组织。医疗器械 CRO 最显著的特点是专业化和高效率，作为医疗器械企业的一种可借用的外部资源，有利于医疗器械企业缩短产品开发的时间，提高研发成功的概率，降低了医疗器械企业的管理和研发费用，加快推进科技成果转化与产业化。虽然各家医疗器械 CRO 公司的业务侧重点各有不同，但是医疗器械 CRO 公司服务范围基本涵盖了医疗器械设计、研发、生产、注册、上市、推广的全过程。

近年来，医疗器械在中国飞速发展，医疗器械法律法规监管越来越严格和完善，迫使医疗器械企业通过寻求专业的外包服务商来协助完成临床试验的工作以降低研究开发的成本，缩短产品的研发时间，促使 CRO 行业的服务往更专业、细化的方向转变。

目前，国内医疗器械 CRO 机构数量众多，但是小企业居多，营业收入和盈利能力较差，行业亟需优化整合。

1. 企业难以精准找到 CRO 机构

随着企业研发成本投入上升，医疗器械企业对 CRO 依赖性日益增强，高质量研发与低成本投入的要求使 CRO 机构价值日益凸显，成为产业链中不可或缺的环节。然而，面对众多医疗器械 CRO 机构，委托方仅凭粗略的过往项目经验、团队介绍等公开资料，难以做出客观判断与对比。在专业性、服务费用，尤其是完成周期等考虑因素方面，存在较高的搜寻成本与决策风险。

2.CRO 行业商业模式存在问题

医疗器械 CRO 作为第三方服务行业，普遍采取"先付款后服务"的服务模式（开展服务前的首期支付款甚至高达 60%—70%），服务付费不透明，存在加设流程、隐形加价、无限延期等不良现象，因此委托方无法享有服务选择权和风险控制权。医疗器械 CRO 企业这种快速获取短期效益的行为，对行业信任造成巨大消耗。

3. 医疗器械 CRO 缺乏行业标准

相比于国内制药行业 CRO，医疗器械 CRO 还处在早期探索阶段。医疗器械 CRO 机构虽然提供包含临床试验方案设计、临床试验监查、项目管理、数据管理、统计分析等在内专业要求极高的外包服务，但医疗器械 CRO 服务的准入门槛却没有明确的资质要求，在团队构成、收费方式以及服务边界方面也缺乏专业规范与行业标准，导致行业水平参差不齐。（表 8）

表 8　国内部分 CRO 公司机构（排名不分先后）

机构名称	省份（城市）	业务范围	重点细分领域	特点
泰格捷通医药科技有限公司	江苏（泰州）	国内：在中国大陆主要城市、中国香港、中国台湾设有 138 个服务网点 国外：韩国、日本、马来西亚、美国、欧洲等 15 个国家和地区设立海外服务网点	覆盖医疗器械各领域（CRO）	中国第一家、国内规模最大的医疗器械 CRO 机构
迈迪思创科技发展有限公司	北京	国内：北京、天津、无锡、上海、深圳、中国台湾 国外：美、欧、日、韩、以色列等国家和地区	骨科耗材、手术机器人（CRO+CDMO）	领跑骨科器械市场、IVD 业务增长最快、最稳定

续表

机构名称	省份（城市）	业务范围	重点细分领域	特点
巨翅科技有限公司	上海	国内：上海、苏州、长沙、南昌等	有源医疗器械、体外诊断（CRO+CDMO）	一站式医疗器械研发与生产服务技术平台
致众科技股份有限公司	湖北（武汉）	国内：武汉、江苏、北京、广东	体外诊断、医用软件、超声等诊断及治疗设备（CRO+CMO）	国内首家在新三板上市的医疗器械 CRO 机构
九泰药械技术有限公司	广东（广州）	国内为主	心血管、肿瘤、脑科学、介入医学、人工智能等（CRO）	创新医疗器械的临床试验丰富
奥咨达医疗器械技术服务有限公司	广东（广州）	国内：北京、上海、广州、深圳、苏州、成都、天津、佛山、中国香港 国外：德国、美国、卢森堡	全领域（CRO+CDMO+CSO）	对标医药行业的药明康德
汇通医疗技术有限公司	江苏（南京）	南京、苏州、北京、广州、中国香港	检测＋注册二合一模式（CRO）	率先提出"0首付、0风险、100% 满意"的服务模式
盛恩(北京)医药科技有限公司	北京	北京、上海、沈阳、河南、广州	心血管、骨科领域（CRO）	专注注册咨询及临床试验服务

资料来源：南方医药经济研究所根据公开信息整理

四、生产供应链保障

"十三五"期间，在市场和政策的共同作用下，我国医疗器械产业发展正迈向新阶段，是我国科技进步的一个重要标志。其中，高性能医疗器械更代表着第四次工业革命的技术潮流，已被列入"中国制造2025"重点发展领域[①]。在前景乐观的同时，医疗器械供应链也发生着

[①] 苏文娜，徐珊. 我国医疗器械产业基础能力分析与建议［J］. 中国医疗器械信息，2020, 26（3）: 3.

巨大的变化。增强核心技术关键可控、实现产业链自主化是中国医疗器械产业发展的必经之路。

（一）生产供应链短板突出

当前，我国医疗器械产业发展不平衡不充分的问题仍然突出。虽然本土代表性企业已拥有自主研发高端器械的能力，国产化趋势已经形成，但是关键技术难以突破、核心部件高度依赖进口的问题依然存在。以注册地是深圳市的生产企业为例，2020 年，63.68% 的厂商遇到上游零部件断货问题，其中，芯片断货的企业占 39.89%，电子辅料断货的企业占 20.40%，集成电路断货的企业占 16.61%。此外，遭遇光学器件、机电器件、封测材料断货的企业分别占据 10.29%、8.84%、4.15%。体外诊断企业中，25.29% 的企业有核心抗体/抗原断货问题[1]。

在心血管支架、封堵器等器械制造中，钴铬、镍钛合金管材属于核心材料，是一种金属类永久植入物，占整个器械植入部分 95% 以上，具有良好的物理性能、疲劳寿命和生物相容性，能够抵抗心血管长时间的高频率收缩压而不失效，是实现血管内支撑、封堵、治疗等功能的核心部分。但是，目前我国几乎所有的医疗器械生产厂商对于这两种材料 100% 依赖进口，材料制备技术至今仍然被欧美日严密封锁，医用级别金属部件的加工技术也被欧洲、日本少数公司垄断近 20 年。

心脏医疗器械领域，一直是全球医疗器械市场中规模最大的细分领域之一，其中，心脏起搏器作为长期植入电子产品，市场进入壁垒极高，对零部件要求非常高，核心部件电池和馈通连接器完全依赖于国际进口，而且近期还没有看到国产产品出现。

在医学影像领域，国产超声在整机系统的设计、研发、生产环节已

---

[1] 深圳市医疗器械行业分析报告

实现中低端进口替代，但是高端领域仍未被打破。据了解，超声换能器的设计和生产是国产超声设备的薄弱环节，这主要因为我国在单晶材料的设计、制备和工艺方面起步晚、技术水平较落后。目前，单晶原材料几乎全部依赖于进口①。

体外诊断（IVD）产品在抗击新型冠状病毒肺炎疫情中表现突出，激光器、加样针、鞘流池等体外诊断仪器以及酶原料、抗原、抗体、磁珠等核心试剂原料在整个体外诊断产业链中处于重要的战略地位，但是受制于众多因素，它们的国产化率仍然极低。

作为国家要求重点突破的手术机器人，在高精度电机、传感器、减速机等方面均依赖进口，同时国内暂无合适替代方案。

可见，当前我国医疗器械产业链短板依旧突出，上游竞争力不足，因此本土企业在相关政策引导支持下，应加强专业人才队伍建设，提高企业自身创新能力和制造水平、布局原始重大创新，推进重大产品研发，突破"卡脖子"领域，打破进口垄断，注重发展新技术、新产品等，合力促进提升医疗器械产业基础能力。（表9）

表9　产业链医疗设备及耗材制造公司

医疗设备及耗材制造		代表公司
医用医疗设备	诊断设备	联影医疗、迈瑞医疗、威高股份、新华医疗、微创医疗、乐普医疗、开立医疗、理邦仪器
	治疗设备	迈瑞医疗、东软医疗、乐普医疗、鱼跃医疗、威高股份
	检测设备	美亚光电、奕瑞科技、联影医疗、万东医疗、福隆医疗、九安医疗
	监护设备	迈瑞医疗、康泰医学、理邦仪器

① 苏文娜，徐珊. 我国医疗器械产业基础能力分析与建议［J］. 中国医疗器械信息，2020, 26（3）: 3.

续表

医疗设备及耗材制造		代表公司
家用医疗设备		康泰医学、鱼跃医疗、三诺生物、九安医疗、乐心医疗、英科医疗
体外诊断设备		迈瑞医疗、万泰生物、安图生物、新产业生物、圣湘生物、迈克生物
医用耗材	高值耗材	微创医疗、乐普医疗、复兴医疗、大博医疗、欧普康视、蓝帆医疗
	低值耗材	稳健医疗、南微医学、凯利泰、健帆生物、康德莱

资料来源：南方医药经济研究所根据公开信息整理

（二）新型冠状病毒肺炎疫情加剧供应链紧张

当前，中国医疗器械产业供应链上游的关键原材料、医用级生产原料和部分高端医疗器械产品和核心零部件大量依赖进口，同时因贸易保护主义抬头，新型冠状病毒肺炎疫情使原料短缺问题凸显，进一步暴露了中国医疗器械产业发展的短板。

以口罩上游端无纺布为例，虽然目前中国已成为全球最大的非织造布生产国和消费国，但国际十大品牌的非织造布生产企业多为欧美企业。因新型冠状病毒肺炎疫情，法国口罩制造商 Medicom（麦迪康集团）在中国工厂的原材料被征用，导致本土工厂出现产业链断裂的困境。以重症患者诊治中使用的体外膜肺氧合设备（ECMO）为例，其核心关键技术长期被国外垄断，主要厂商均为海外公司，不仅设备及耗材价格昂贵，在发生器械产量短缺时，更难以做到快速响应。此外，电磁阀和传感器等零件作为生产呼吸机的关键部件，受新型冠状病毒肺炎疫情影响，海外市场停滞，各国物流交通防控的影响，导致这部分关键零件出现短缺问题，从而使我国呼吸机的生产陷入停滞。

新型冠状病毒肺炎疫情暴发，医疗器械供应链体系断裂，全球交通物流崩溃，国际环境的不稳定性不确定性增高等问题，迫使各国重新审视供应链"卡脖子"在关键医疗领域及公共卫生重大紧急事件应对方面的巨大风险，强化本国医疗供应链保障的重要性和可行性，使医疗器械供应链更加弹性化、多元化。

随着新技术、新产品、新材料的纵深发展，跨界者入局，智能化信息技术的不断深入推进，我国医疗器械产业供应链将逐步实现整体数字化转型，形成医疗器械产品、物流、远程服务等全链条智能化，打造互联互通互享的智能供应链生态[①]。

（三）供应链优化保障

2021年2月9日，国家工业和信息化部面向社会公开征求针对《医疗装备产业发展规划（2021—2025年）》意见，指出要推动产业链贯通。充分发挥大工业优势，鼓励航空航天、电子信息、核工业、船舶、通用机械、新材料等行业与医疗装备跨领域合作，加强材料、部件、整机等上下游产业链协同攻关。通过联合创新、转化应用等模式，攻关突破一批先进基础材料、前沿新材料、关键核心零部件与软件等，提升产业链稳定供应能力。在优化升级医疗装备供应链体系上，重点攻克先进基础材料、核心元器件、关键零部件和提升诊断检验配套试剂性能、制造工艺水平。（表10）

新型冠状病毒肺炎疫情全球大流行让人们更加深刻地认识到，一个安全稳定高效的产业供应链对国家发展和安全极其重要。因此，一方面要分行业做好供应链战略设计和精准施策，推动全产业链优化升级，巩固产业链竞争优势，促进产业在国内有序转移，优化区域产业链布局，引导产业链关键环节留在国内，培育一批优质企业。另一方面，要强化

[①] 崔忠付. 协同联动，创新升维，推进全球医疗器械供应链新发展

技术安全评估，加强国际产业安全合作，推动产业链供应链多元化，形成具有更强创新力、更高附加值、更安全可靠的产业链供应链。

表 10　医疗装备产业链优化升级方向

政策	升级方向	具体内容
《医疗装备产业发展规划（2021—2025 年）》	先进基础材料	着力攻关 ECMO（体外膜肺氧合机）用中空纤维膜，血液净化设备用透析膜；CT 用弥散强化无氧铜、钼钛锆合金，CT 球管用真空高温轴承、大容量旋转靶盘等；防护装备用高效过滤材料；可吸收降解材料、骨科植入材料等，推动一批基础材料达到国际先进水平
	核心元器件	开发 CT 探测器模拟芯片，多模态设备模拟前端芯片、模数转换芯片，可穿戴设备 SOC 芯片，医用 AI 芯片；CT 用高精度电流传感器、高温高精温度传感器、高精高压电压传感器；可穿戴设备用柔性 ECG（心电图）/EEG（肌电图）/EMG（脑电图）/ 血糖及压力传感器等
	关键零部件	攻关有创呼吸机用比例阀；透析设备用真空泵、微型电磁阀，经鼻高流量氧疗仪用微型比例阀；大功率 CT 球管、CT 高速滑环；MR 用无液氮磁体、强磁场用生理门控触发单元；放射用栅控三级电子枪、高功率磁控管、高功率多注速调管、高变比固态调制器，六维治疗床；医疗机器人用减速机、精密电机、光学镜头、图像传感器 /CMOS；实时荧光定量 PCR（聚合酶链反应）仪用光电倍增管；高导光率内窥镜光纤、高分辨率柔性光纤传像束等
	诊断检验配套试剂性能	加强诊断检验装备配套试剂研制，提高产品灵敏度、精密度、宽线性、长期稳定性、批量生产可控性。突破基于微纳米级磁珠试剂、酶标记技术试剂、高端免疫诊断试剂等关键产品，解决高速低携带污染的高精度样本分注、高稳定性的反应杯装载和调度技术、高灵敏度的液面检测与堵针检测等装备试剂联用关键技术
	制造工艺水平	推进先进材料、关键零部件以及整机产品制造工艺改进优化，强化质量安全管控，提升产品性能、可靠性、稳定性和批量生产能力

资料来源：工业和信息化部《医疗装备产业发展规划（2021—2025 年）》

相信在相关政策和市场的共同作用下，医疗器械供应链将呈智能化、数据化、精细化、专业化、共享化等趋势。5G 时代将会使医疗器械供应链整体简化、提高运输系统的透明度及调配，医疗器械智能化、物流设备智能化等。

五、产业投资

随着医疗领域供给侧结构性改革的深入推进，以及居民人均收入增长、人口老龄化程度加深，从而拉动人均医疗消费支出增长，市场需求日益旺盛，我国医疗器械行业逐渐受到资本市场的青睐，正式迈入黄金发展期。

2014—2019 年，中国医疗器械行业合计投资案例数量 1548 起，合计投资金额 833.6 亿元，主要以 A 轮和 B 轮为主，两个轮次总投资案例数 943 起，合计占比超过 60.9%；总投资金额 420.1 亿元，合计占比超过 50.4%。（图 58）

图58　2014—2019 年中国医疗器械行业整体投资案例数量及投资金额
数据来源：私募通

从投资阶段看，投资机构更倾向于处于扩张期和成熟期的医疗器械企业，两者企业案例数占比超过 64.3%，投资金额占比超过 86.5%。特别指出，迈瑞医疗在 2016 年 12 月获得国泰投资、恒泰华盛、大营资本等多家机构的联合 B 轮融资，金额达 70.67 亿元；华大智造在 2019 年 5 月获得金石投资、松禾资本、东证资本等联合 2 亿美元 A 轮融资。

从投资地域看，投资相对集中在北京、广东、上海三地，披露投资案例数分别为 341 起、268 起、265 起，合计 874 起，占全部投资案例数的 56.5%；投资金额数分别为 140.8 亿元、165.2 亿元、181.2 亿元，合计 487.2 亿元，占全部投资金额的 58.4%[①]。

（一）IPO 募资规模高速发展

2016—2020 年医疗器械企业 IPO 募资规模不断提升，从 2016 年的 21.01 亿元到 2020 年突破 300 亿元。从增速来看，除 2016 年与 2018 年二级市场整体上市募资环境较差外，其余年份同比增长均较高。

受新型冠状病毒肺炎疫情影响，零售餐饮、住宿旅游、交通运输等行业均受到不同程度冲击，相比之下，医疗器械行业在新型冠状病毒肺炎疫情的冲击下展现"逆流之势"。2020 年是整体 IPO 火爆的一年，企业和资本也大幅加快了投融资节奏，有 29 家创新医疗器械企业完成了两轮及以上融资，加速融资节奏的企业集中在心血管介入（6 家）、医疗机器人（6 家）、健康管理（4 家）、骨科（4 家）四大热门赛道。（图 59）

2019 年科创板正式上线后，尚未盈利或存在累计未弥补亏损的企业，只要核心产品有明显技术优势，就可以在科创板发行上市，2019 年 IPO 募资规模增速达到 135.77%。2020 年受新型冠状病毒肺炎疫情影响，IPO 募资规模增速仍达到 80.29%，可见资本越来越青睐医械企

---

① 清科研究中心.《2020 年中国医疗器械行业投融资分析报告》

业，部分企业在此契机下大力发展。（图60）

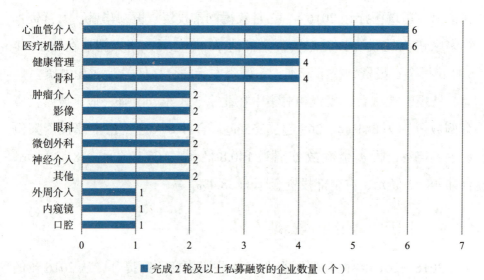

图59 2020年完成2轮及以上私募融资的中国创新医疗器械企业数量

数据来源：浩悦资本数据库

图60 2016—2020年中国医疗器械IPO募资规模及增速

数据来源：东方财富（choice）

统计范围：当年医疗器械企业IPO募资规模。企业涵盖研发、

生产、经营和服务的医疗器械企业

此外，从一级市场来看，根据市场公开信息，2020 年医疗器械领域共发生私募融资交易 119 起，同比增长 70%；总融资金额超过 24 亿美元，同比增长近 300%；单笔融资规模约 2000 万美元，同比增长 1 倍多。

（二）研发创新型企业受追捧

2020 年中国经济逐步恢复，医疗健康领域在新型冠状病毒肺炎疫情带来的非常态经济周期下，整体投融资增长态势显著，在技术创新和政策变革的共同作用下，医疗器械诸多细分领域受到资本的持续追捧。截至 2020 年 12 月底，国内创新医疗器械私募融资事件合计 293 起，并购事件合计 19 起，A+H 股 IPO 合计 13 起。其中，心血管介入、医疗机器人、影像和骨科四大板块融资数量合计达到 141 起，仅上述 4 条赛道融资事件，已占据 2020 年全年创新医疗器械融资规模的半壁江山[1]。

与药品研发相比，医疗器械研发周期短（从研发到批准上市大概需要 3—5 年时间），投入相对较少，回报快。由于医疗器械产品复杂性高，专利覆盖零部件、系统、算法等多个方面，研发壁垒高，同时因品牌、医生使用习惯等特性导致产品替代成本高，可替代性较弱，产品生命周期更长，投资风险更低，这也是近年来 A 股市场上市的医疗器械企业数量占比越来越高的原因。例如，罗氏电化学发光，2016 年专利到期，而至今为止还未有成功的仿制产品，而 2016 年和 2017 年该产品销量在全球都维持了较高的增长。

此外，医疗器械比药品有着更多的消费属性，其在技术升级、产品迭代的同时也创造出更多新需求，如近年来骨科、眼科、牙科、康复、

---

[1] 数据来源：浩悦资本数据库

医美等最具有消费属性细分赛道的兴起，意味着随着消费升级，人们越来越愿意为更高的生活质量和体验而买单。总体上，国内医疗器械领域有着更好的发展机会①。

当前，医疗器械行业投资风向更倾向于技术创新。从港股18A，到科创板、创业板，上市通道逐步打开，启明医疗（2500.HK）、沛嘉医疗（9996.HK）、天智航（688277.SH）受到二级市场热捧，进而带动一级市场PE、VC追逐优质创新企业。2020年11月支架国家带量采购，结束了支架市场连续十多年高速增长势头，对于存量市场，红海竞争的领域，大量有收入利润的企业不再是资本的热土。IPO和带量采购的叠加影响，将加速促进一级市场向全面创新、并购整合迈进②。

（三）体外诊断、医疗机器人领域备受关注

2014—2019年，从披露投资案例数看，体外诊断、生命支持与基础器械、医学影像分别为481起、225起、218起，合计占总披露投资案例数的59.7%；从披露投资金额看，体外诊断、生命支持与基础器械、医学影像分别为204.8亿元、188.61亿元、183.71亿元，合计占总投资金额的69.2%。（图61）

2020年上半年体外诊断及基因检测领域融资事件达42起，占比接近1/3；在医疗智能化趋势与应用场景逐步拓宽的背景下，AI辅助医疗领域获资本追捧，融资事件达16起；心血管（14起）、医学影像（9起）和口腔（7起）仍然是资本关注的重点领域。此外，医疗机器人、辅助生殖等新瞩目赛道逐渐出现。（图62）

---

① 融中财经
② 浩悦资本数据库

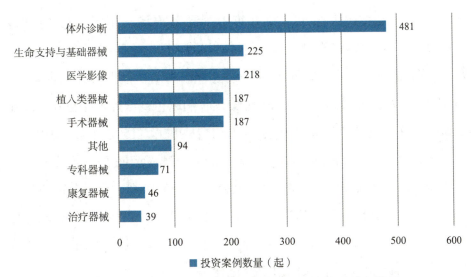

图 61　2014—2019 年中国医疗器械各细分领域投资案例数量

数据来源：清科研究中心《2020 中国医疗器械行业投融资分析报告》

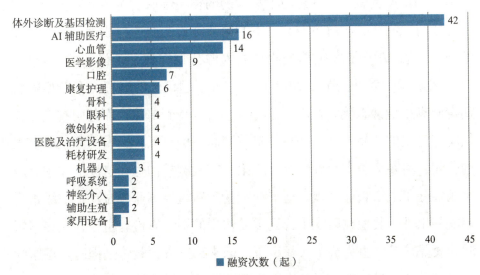

图 62　2020 年上半年中国医疗器械各细分领域融资情况

数据来源：众成数科

医疗机器人在投资界备受瞩目，在整个国内医疗机器人投融资领域，频频有企业完成亿元以上级别的融资。2019 年 3 月 22 日，上交所公布了首批科创板受理企业名单，9 家企业中，研发了磁控胶囊胃镜机器人的安翰科技进入名单。2020年中国私募市场产生了超过30起医疗机器人相关的融资事件，仅次于一贯稳居龙头的器械子赛道心血管及心脏领域。同样的，国外医械巨头也争相布局，根据公开数据整理，2018年12月，美敦力宣布以17亿美元收购以色列医疗设备公司Mazor Robotics及其机器人辅助手术平台（约合人民币115亿元）；2019年2月，施乐辉公司（Smith & Nephew）就收购NuVasive（一家发展微创脊柱修复外科产品和程序的医疗器械公司）进行谈判，交易总额或超过30亿美元（约合人民币202亿元）；2019年2月，强生宣布将以34亿美元现金对价以及额外高达23.5亿美元的里程碑付款收购手术机器人公司Auris Health（约合人民币390亿元）。

体外诊断全产业链在新型冠状病毒肺炎疫情防控常态化需求的刺激下得到快速发展，尤其是微生物检测的相关领域，包括上游仪器和原料、中游检测产品与解决方案、下游第三方检测服务都成为了资本关注的热点。自2019年底领军企业华大因源公司完成超5亿元的融资后，业界多家同类企业也在2020年相继完成了超亿元的融资。在新型冠状病毒肺炎疫情常态化防控下，该行业会持续受到追捧，而其中有能力提供丰富完整的产品矩阵，并且能覆盖"高—中—低"通量病原检测需求的公司，将在竞争中获胜。另外，第三方检测机构也在这波浪潮中崭露头角。除了上市企业金域、迪安业绩受到新冠检测业务拉动，二级市场表现突出外，其他在防疫中起到重要作用的第三方检验机构，比如华银和博奥晶典等，也完成了大额融资。未来第三方检验将是提高基层医疗水平的重要力量，在"保基本，强基层"的指导方针下，此类企业将迎来更大的发展机会。

六、医疗服务

中国医疗服务市场规模巨大，并且在人口老龄化、城镇化、财富增长以及基本医疗保障制度、全面二孩政策等因素的驱动下迅速扩容。"十三五"期间，中国医院就诊人次增长保持基本平稳，医院数量不断增加，卫生费用稳步增长，公立医院检查费及医院卫生材料费保持长期增长。

2020 年中国卫生总费用 72175 亿元，"十三五"期间保持了 11.71% 的复合增长率。卫生总费用占 GDP 比重逐年提升，2020 年达到 7.1%，实现《"健康中国 2020"战略研究报告》中所提出的 6.5%—7% 的目标，卫生事业快速发展，国民健康水平逐步提高。伴随正在不断扩大的医疗卫生市场，广阔的下游市场需求将推动医疗器械行业向纵深发展，加上"新常态"时期经济转型升级，人才激励体制机制不断完善，近年不断突破高新技术，资本不断流入，多力推动医疗器械行业创新发展。在医疗市场快速发展取得重要成就的同时，新的社会经济、人文社情、国际形势、防疫常态化的环境下对卫生健康不断增长的需求仍是我们需要关注的重点，医疗器械行业应要补足短板保持韧性以应对变化与挑战，乘此契机高速发展。

（一）医疗市场需求

医疗卫生机构诊疗人次数从 2016 年的 79.3 亿人次稳定增长至 2019 年的 87.2 亿人次，医疗市场需求持续增加。2020 年受新型冠状病毒肺炎疫情影响，大部分医院的门诊、住院、手术治疗受限，医院就诊人次大幅下降至 77.4 亿人次。综合分析 2020 年医疗卫生总费用仍在增加，反映新型冠状病毒肺炎疫情期间更多卫生健康支出可能用于居家护理。2020 年中国 65 岁以上老人已经达到 1.9 亿，中国人口老龄化问题日趋严重及慢性病患病率不断升高，也会带来更多康复医疗器械的需求。（图 63）

图 63　2016—2020 年医疗卫生机构诊疗人次数及增速

数据来源：中国卫生健康统计年鉴

（二）医疗资源供给

医院数量从 2016 年的约 2.9 万家稳步增长至 2020 年的约 3.5 万家，增速每年维持在 3% 以上。中国持续投入医疗服务供给，保障人民群众生命安全和身体健康。"十三五"期间，中国城镇化持续发展，医疗资源是城镇化建设的重要组成部分，在城镇化建设进程中基层医疗设施不断完善。同时，现有的医疗机构也在不断优化资源配置，结合当地发展实际构建更完善的医疗体系。（图 64）

从医院级别来看，一二三级医院数量每年稳定增长，同时占医院总数的比例每年递增，未定级医院的数量在 2020 年有所减少。中国在持续增加各级医疗资源数量的同时，重点建设基层医疗机构，加强对医院的规范管理，推行分级诊疗政策，平衡医疗资源不足和配置不均不合理的问题，提升医疗服务行业效率，进一步增强优质医疗资源服务供给能力。（图 65，表 11）

图 64　2016—2020 年中国医院数量及增速

数据来源：中国卫生健康统计年鉴

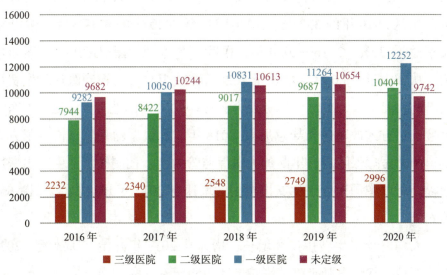

图 65　2016—2020 年中国各级医院数量

数据来源：中国卫生健康统计年鉴

表 11   2015—2020 年各级医院占总数比例

年份	三级医院占总数比例	二级医院占总数比例	一级医院占总数比例	未定级医院占总数比例
2015	7.70%	27.16%	31.75%	33.39%
2016	7.66%	27.26%	31.85%	33.23%
2017	7.53%	27.12%	32.36%	32.99%
2018	7.72%	27.32%	32.81%	32.15%
2019	8.00%	28.20%	32.79%	31.01%
2020	8.46%	29.39%	34.62%	27.52%

数据来源：中国卫生健康统计年鉴

（三）医疗卫生费用

医疗卫生总费用从 2016 年的 46344 亿元稳步增长至 2020 年的 72175 亿元，每年投入持续高增长，复合增长率达 11.71%。人均医疗卫生费用从 2016 年的 3328.6 元稳步增长至 2020 年的 5112.3 元，复合增长率达 11.32%。2016—2020 年，医疗卫生总费用占 GDP 比重逐渐增长，从 2016 年的 6.21% 增长至 2020 年的 7.10%。为控制医疗卫生费用支出的快速增长，2017 年国务院办公厅印发《关于进一步深化基本医疗保险支付方式改革的指导意见》，2018 年 3 月根据国务院机构改革方案组建国家医疗保障局，不断加大医保监管力度，控制医疗卫生支出费用增幅。所以中国医疗卫生支出费用的增速自 2017 年开始放缓。（图 66-图 68）

人均医疗卫生费用持续增长，增速从 2017 年开始有所放缓，2020 年受新型冠状病毒肺炎疫情影响增速下降至 9.49%。（图 67）

图66 2016—2020 年中国卫生总费用及增速

数据来源：中国卫生健康统计年鉴

图67 2016—2020 年中国人均卫生费用及增速

数据来源：中国卫生健康统计年鉴

在医疗卫生资源稳步增长以及居民医疗卫生服务需求不断提升的共同推动下，中国医疗卫生费用占 GDP 的比重稳步增长，特别是新型冠状病毒肺炎疫情暴发以来，增速发展趋势更加明显。卫生总费用占

97

GDP的比重逐年上升，反映中国在"十三五"期间社会用于医疗卫生服务所消耗的资金总额和国家整体对卫生投入的重视程度。尽管如此，我们医疗卫生总费用占GDP的比例仍然低于许多其他国家。中国仍需要加强医疗卫生体系建设，补充医疗资源，加强人才储备，平衡东西部医疗资源配置，缩小城乡差距。（图68）

图68　2016—2020年中国卫生总费用占GDP的比重

数据来源：中国卫生健康统计年鉴

　　中国GDP增速长期保持在世界前列，在新型冠状病毒肺炎疫情暴发后仍保持正增长，人民生活水平不断提升，可支配收入增多，基本的生活支出趋于稳定后，居民用于医疗健康的支出不断提高，对医疗服务的需求持续增加。中国医疗卫生总费用在与国民经济增长保持同步的基础上，快于国民经济增长，医疗卫生总费用占GDP比重逐年提升，国家越来越重视医疗卫生事业，医疗服务发展得到有力保障。

（四）公立医院检查费及医院卫生材料费

　　从公立医院检查费及医院卫生材料费来看，从2016年的5073.96

亿元增长至2020年的7170.05亿元。2016—2019年增速维持在10%以上，2020年因新型冠状病毒肺炎疫情防控政策影响，出现负增长。检查费及医院卫生材料费长期增长态势，反映医疗设施结构优化，居民医疗卫生费用的个人负担减轻，医疗器械设备和耗材需求日趋旺盛。（图69）

考虑中国人口和消费的巨大基数，不难看到中国医疗服务市场在将来还有很大的上升空间。与此同时，医改政策正向纵深发展。政府持续加大投入以确保全民享有基本的医疗卫生服务，同时也鼓励社会资本投资以提升服务质量满足民众多层次多元化的需求。新医改的深入为社会资本进入医疗服务行业带来了机遇，同时也在深远地影响市场格局。

图69 2016—2020年中国公立医院检查费与卫生材料费及增速

数据来源：中国卫生健康统计年鉴（国家统计局）

医疗器械作为医疗体系建设的重要组成部分，政策推动与个人医疗卫生消费能力的提升将促进人们对医疗器械的需求持续增加。

七、集中采购

国家层面的医用耗材集中采购政策最早可追溯至 2000 年国务院体改办等八部门联合发布的《关于城镇医药卫生体制改革的指导意见》，提出要进行药品集中招标采购工作试点，拉开了中国医药行业集中采购的序幕。

2018 年 3 月国家医疗保障局成立，不断加大集中采购力度，控制医疗卫生支出费用增幅。2021 年 1 月 28 日，《国务院办公厅关于推动药品集中带量采购工作常态化制度化开展的意见》（国办发〔2021〕2 号）发布，标志着中国现阶段集中采购已经从试点阶段进入到制度化、规范化的"常态"实施阶段。

（一）国家及地区集采进展

医用耗材集采进程不断提速，集采范围也将进一步扩大。基于此，不合理高值医用耗材价格将被进一步压缩，同时也将加速医疗器械行业大洗牌，大批中间商被迫出局。（表 12）

表 12　国家级集采进展

中标时间	集采品种	相关内容
2020 年 11 月	冠脉支架	首次高值医用耗材冠脉支架带量采购首年意向采购量 107.4722 万个，占用量 80%，采购周期 2 年。意向采购的产品共涉及 11 家中外生产企业，27 个注册证，其中国产 10 个产品，进口 17 个产品。中选产品涉及 8 家中外生产企业、10 个品种，平均降价 93%
2021 年 9 月	人工关节（人工髋关节、人工膝关节）	首年意向采购量共 54 万套，占全国医疗机构总需求量的 90%。共有 48 家企业参与本次集采，44 家中选，中选率 92%。拟中选髋关节平均价格从 3.5 万元下降至 7000 元左右，膝关节平均价格从 3.2 万元下降至 5000 元左右，平均降价 82%

续表

中标时间	集采品种	相关内容
2021年11月	胰岛素专项（餐时人胰岛素、基础人胰岛素、预混人胰岛素、餐时胰岛素类似物、基础胰岛素类似物、预混胰岛素类似物）	

资料来源：南方医药经济研究所整理

在国家发出高值医用耗材改革的信号之后，各地方积极响应，以省份或省份联盟为单位，进行集采试行，以摸索高值医用耗材的集采方法。国家组织的联合采购触发机制已经形成；省际、区域联盟采购成为政策要求的方向，过渡期中联盟数量不断增加，逐渐向规范化发展；形成以龙头区域为主导的联盟采购格局。（表13）

表13　省级集采进展

省份	集采品种	集采时间	政策
广东	新型冠状病毒(2019-nCoV)检测试剂	2020.5.17	《新型冠状病毒检测试剂联盟区域集中采购文件》
		2021.4.15	《新型冠状病毒（2019-nCoV）检测试剂联盟地区集团带量采购文件》
	冠状动脉球囊扩张导管	2020.12.12	《冠状动脉球囊扩张导管类医用耗材联盟地区集团带量采购文件》
	新型冠状病毒核酸检测相关医用耗材	2020.12.15	《新型冠状病毒核酸检测相关医用耗材联盟地区集团带量采购文件》
	人工晶状体	2021.2.22	《人工晶状体类医用耗材联盟地区集团带量采购文件》
	新冠病毒疫苗接种注射器	2021.3.25	《广东省药品交易中心关于开展新冠病毒疫苗接种注射器专项采购报名和报价的通知》
	超声刀头	2021.5.19	《关于共同开展省级药品和耗材超声刀头联盟采购工作的函》

续表

省份	集采品种	集采时间	政策
江苏	人工晶体	2019.9.20	《江苏省第二轮公立医疗机构部分高值医用耗材组团联盟集中采购方案》
		2021.5.18	《江苏省第五轮公立医疗机构医用耗材联盟带量采购公告（一）》
	血管介入球囊	2019.9.20	《江苏省第二轮公立医疗机构部分高值医用耗材组团联盟集中采购方案》
	人工髋关节	2019.9.20	《江苏省第二轮公立医疗机构部分高值医用耗材组团联盟集中采购方案》
	冠脉扩张球囊	2021.5.18	《江苏省第五轮公立医疗机构医用耗材联盟带量采购公告（一）》
	双腔起搏器	2021.5.18	《江苏省第五轮公立医疗机构医用耗材联盟带量采购公告（一）》
	冠脉导引导丝	2021.5.18	《江苏省第五轮公立医疗机构医用耗材联盟带量采购公告（一）》
	冠脉导引导管	2021.5.18	《江苏省第五轮公立医疗机构医用耗材联盟带量采购公告（一）》
安徽	骨科植入—脊柱	2021.6.3	《2021 年度安徽省高值医用耗材集中带量采购工作方案》
	人工晶体	2021.6.3	《2021 年度安徽省高值医用耗材集中带量采购工作方案》
	冠脉扩张球囊	2021.6.3	《2021 年度安徽省高值医用耗材集中带量采购工作方案》
	血液透析器	2021.6.3	《2021 年度安徽省高值医用耗材集中带量采购工作方案》
	乙类大型医用设备（CT、MRI、DSA、LA、SPECT）	2021.5.20	《完善全省乙类大型医用设备集中采购工作实施方案》
北京	人工晶体	2020.4.30	《京津冀及黑吉辽蒙晋鲁医用耗材（人工晶体类）联合带量采购文件（LH-HD2020-1）》

续表

省份	集采品种	集采时间	政策
上海	冠脉球囊	2021.5.26	《关于开展上海市冠脉球囊类医用耗材集中带量采购有关工作的通知（沪药事〔2021〕16号）》
天津	人工晶体	2020.4.30	《京津冀及黑吉辽蒙晋鲁医用耗材（人工晶体类）联合带量采购文件（LH-HD2020-1）》
山东	人工晶体	2020.4.30	《京津冀及黑吉辽蒙晋鲁医用耗材（人工晶体类）联合带量采购文件（LH-HD2020-1）》
浙江	冠脉介入药物支架	2020.5.22	关于公开征求《浙江省公立医疗机构部分医用耗材带量采购工作方案》意见的通知
	冠脉介入球囊	2020.5.22	关于公开征求《浙江省公立医疗机构部分医用耗材带量采购工作方案》意见的通知
	骨科髋关节	2020.5.22	关于公开征求《浙江省公立医疗机构部分医用耗材带量采购工作方案》意见的通知
西藏	冠脉扩张球囊	2020.9.30	《四川等7省医疗保障局关于开展省际联盟冠脉扩张球囊集中带量采购工作的公告》
四川	血管介入、非血管介入、骨科、神经外科、电生理类、起搏器类、体外循环及血液净化、眼科材料、口腔科、真空采血管、注射器、其他（补片、医用高分子材料、超声刀头等）	2021.3.4	《四川省医药机构医用耗材集中采购实施方案》
	冠脉扩张球囊	2021.1.11	《"六省二区"省际联盟冠脉扩张球囊集中带量采购文件》
		2020.9.30	《四川等7省医疗保障局关于开展省际联盟冠脉扩张球囊集中带量采购工作的公告》

续表

省份	集采品种	集采时间	政策
湖南	吻合器	2020.11.11	《湖南省 2020 年度医疗机构部分医用耗材集中带量采购方案》
	骨科创伤	2020.11.11	《湖南省 2020 年度医疗机构部分医用耗材集中带量采购方案》
	冠脉扩张球囊	2020.11.11	《湖南省 2020 年度医疗机构部分医用耗材集中带量采购方案》
山西	冠脉扩张球囊	2020.9.30	《四川等 7 省医疗保障局关于开展省际联盟冠脉扩张球囊集中带量采购工作的公告》
		2021.1.11	《"六省二区"省际联盟冠脉扩张球囊集中带量采购文件》
	人工晶体	2020.4.30	《京津冀及黑吉辽蒙晋鲁医用耗材（人工晶体类）联合带量采购文件（LH-HD2020-1）》
	吻合器	2021.1.5	《关于公示山西省医用耗材（疝补片、医用胶片、吻合器）集中带量采购拟中选结果的通知》
	医用胶片	2021.1.5	《关于公示山西省医用耗材（疝补片、医用胶片、吻合器）集中带量采购拟中选结果的通知》
	疝补片	2021.1.5	《关于公示山西省医用耗材（疝补片、医用胶片、吻合器）集中带量采购拟中选结果的通知》
甘肃	人工晶状体	2021.2.1	《人工晶状体医用耗材联盟地区集团带量采购文件（征求意见稿）》
陕西	留置针	2021.2.1	《关于陕西省医疗机构普通医用耗材集中带量采购中选结果的公告》
	泡沫敷料	2021.2.1	《关于陕西省医疗机构普通医用耗材集中带量采购中选结果的公告》

续表

省份	集采品种	集采时间	政策
河北	人工晶体	2020.4.30	《京津冀及黑吉辽蒙晋鲁医用耗材（人工晶体类）联合带量采购文件（LH-HD2020-1）》
	一次性使用输液器	2021.3.2	《医用耗材一次性使用输液器类、静脉留置针类集中带量采购的通知》
	静脉留置针	2021.3.2	《关于开展医用耗材一次性使用输液器类、静脉留置针类集中带量采购的通知》
福建	冠脉扩张球囊	2021.4.14	《福建省第二批医用耗材集中带量采购文件（征求意见稿）》
	心脏双腔起搏器	2021.4.14	《福建省第二批医用耗材集中带量采购文件（征求意见稿）》
	单焦点人工晶状体	2021.4.14	《福建省第二批医用耗材集中带量采购文件（征求意见稿）》
	一次性使用套管穿刺器	2021.4.14	《福建省第二批医用耗材集中带量采购文件（征求意见稿）》
	吻合器	2021.4.14	《福建省第二批医用耗材集中带量采购文件（征求意见稿）》
	硬脑（脊）补片	2021.4.14	《福建省第二批医用耗材集中带量采购文件（征求意见稿）》
	腹股沟疝补片	2021.4.14	《福建省第二批医用耗材集中带量采购文件（征求意见稿）》
河南	气管插管	2021.5.6	《河南省豫东"3+3+N"集采联盟医用耗材集中带量采购文件》
	吸氧装置	2021.5.6	《河南省豫东"3+3+N"集采联盟医用耗材集中带量采购文件》
	镇痛泵	2021.5.6	《河南省豫东"3+3+N"集采联盟医用耗材集中带量采购文件》
	输液器	2021.5.6	《河南省豫东"3+3+N"集采联盟医用耗材集中带量采购文件》

续表

省份	集采品种	集采时间	政策
辽宁	冠脉扩张球囊	2020.9.30	《四川等7省医疗保障局关于开展省际联盟冠脉扩张球囊集中带量采购工作的公告》
	冠脉扩张球囊	2021.1.11	《"六省二区"省际联盟冠脉扩张球囊集中带量采购文件》
	人工晶体	2020.4.30	《京津冀及黑吉辽蒙晋鲁医用耗材（人工晶体类）联合带量采购文件（LH-HD2020-1）》
吉林	冠脉扩张球囊	2020.9.30	《四川等7省医疗保障局关于开展省际联盟冠脉扩张球囊集中带量采购工作的公告》
	冠脉扩张球囊	2021.1.11	《"六省二区"省际联盟冠脉扩张球囊集中带量采购文件》
	人工晶体	2020.4.30	《京津冀及黑吉辽蒙晋鲁医用耗材（人工晶体类）联合带量采购文件（LH-HD2020-1）》
黑龙江	冠脉扩张球囊	2020.9.30	《四川等7省医疗保障局关于开展省际联盟冠脉扩张球囊集中带量采购工作的公告》
	冠脉扩张球囊	2021.1.11	《"六省二区"省际联盟冠脉扩张球囊集中带量采购文件》
	人工晶体	2020.4.30	《京津冀及黑吉辽蒙晋鲁医用耗材（人工晶体类）联合带量采购文件（LH-HD2020-1）》
内蒙古	冠脉扩张球囊	2020.9.30	《四川等7省医疗保障局关于开展省际联盟冠脉扩张球囊集中带量采购工作的公告》
	冠脉扩张球囊	2021.1.11	《"六省二区"省际联盟冠脉扩张球囊集中带量采购文件》
	人工晶体	2020.4.30	《京津冀及黑吉辽蒙晋鲁医用耗材（人工晶体类）联合带量采购文件（LH-HD2020-1）》

资料来源：南方医药经济研究所整理

（二）集采重点品种分析

1. 冠脉支架集采平均降幅超 90%

2020 年 11 月，冠状动脉支架（以下简称"冠脉支架"）集采结果公布，中位价在 700 元左右，最低价低于 500 元，平均降幅超 90%，意向采购总量为 107.47 万个，中标产品覆盖意向采购量的 68%。本次集采中，本土企业有微创、乐普医疗、蓝帆、易生科技、万瑞飞鸿等企业中标；外企有美敦力、波士顿科学中标。而此次带量采购启动前，国产冠脉支架平均售价在 7000 元以上，进口冠脉支架的平均售价在 20000 元以上。

短期来看，集采会对乐普医疗等国内企业的产品价格造成一定冲击，但金属支架是一个高度竞争的红海市场，保持市占率是优先选项，且进口替代也能带来以价换量的发展红利。

长期来看，集采利好产品体系丰富、技术实力雄厚的细分领域本土龙头企业。国内龙头企业具有打价格战的天然优势，市场份额将进一步集中，国产化替代将进一步提升。此外，集采也将提高效率，缩短产品的市场推广周期。而实力不足且没有核心优势的小企业将逐步被淘汰。

2. 人工关节集采平均降价 82%

2021 年 9 月，全国首次人工关节集采落下帷幕。本次人工关节集采的产品范围为人工髋关节和人工膝关节，首年意向采购量共 54 万套，占全国医疗机构总需求量的 90%。按照 2020 年采购价计算，本次采购所涉及的产品市场规模达 200 亿元，占高值医用耗材市场的 10% 以上。

本次集采共有 48 家企业参与，44 家企业中选，中选率为 92%，中选髋关节平均价格从 3.5 万元下降至 7000 元左右，膝关节平均价格从 3.2 万元下降至 5000 元左右，平均降价 82%。

与首次冠脉支架降幅超 90% 的集采结果相比，这次骨科人工关节集采较为"温和"。有了首次冠脉支架带量采购的经验和教训，带量采购规则设立得更合理，注重对企业的保护和产品的质量。

（三）集中采购对医疗器械产业的影响

促进行业集中度提升。行业格局将趋向于寡头市场，耗材带量采购中标的几家企业将独享该省（市）公立医院大部分的市场份额，未中标企业的市场份额将被进一步压缩，有利于行业集中度的提升、龙头企业市占率的扩大。部分技术水平低、产品能力弱的企业将逐步退出市场竞争。通过优胜劣汰的机制，推动高值医用耗材行业向集约化、规范化、健康化的方向发展。

促进产品创新发展。带量采购政策的逐步推广将进一步转变国内企业以市场营销为驱动力的发展模式，鼓励企业更多专注于产品的研发创新。器械企业需要逐步规划自身产品管线，做品类管理。除了做带量采购品种还要做非带量采购品种，去做一些技术含量比较高、门槛比较高、利润空间比较高的小品类。使企业在产品发展方向上主动考虑产品差异化竞争，实现良性循环。

促进开拓海外市场。从长期来看，企业将跳出国内市场，更加关注开发国外市场，避免对国内市场的单一依赖，谋求企业更广泛的市场发展空间。

八、网络销售新业态

随着医疗器械产业与互联网不断融合发展，医疗器械网络销售日趋活跃。"十三五"期间，医药电商市场迎来高速增长期，特别是 2020 年受新型冠状病毒肺炎疫情影响，改变了群众购药购械习惯，人们对医药电商的了解和认可度越来越高，进一步推动了互联网医疗行业的快速发展。

（一）医药电商市场规模

近年来，医药电商市场规模呈爆发式增长，据南方所数据显示，2020 年药品网络销售额达 1593 亿元，增长约 59%；"十三五"期间，复合增长达 53.8%。（图 70）

特别是 2020 年受新型冠状病毒肺炎疫情影响，居民对于互联网医疗的需求呈爆发式增长，医药电商作为互联网医疗中最重要的消费场景之一，也逐渐被广泛应用。

图 70　2016—2020 年中国医药电商市场销售总额及增速

数据来源：南方医药经济研究所

（二）医疗器械网络销售页面数量

2020 年，随着网络购械需求猛增，天猫、京东 B2C 平台的家用医疗器械、计生用品、隐形眼镜等医疗器械产品页面呈现爆发式增长。其中，避孕类医疗器械产品页面数量最多，血压计、血糖监测、避孕套和美瞳等医疗器械网售页面增长迅猛。（表 14）

表 14　医疗器械网络销售页面数量

大类	亚类	2018 年		2020 年		增长	
		天猫医药馆	京东医药馆	天猫医药馆	京东医药馆	天猫医药馆	京东医药馆
个人自用医疗器械页面数量	血压计	5123	3803	14522	13000	183.5%	241.8%
	血糖监测	5560	9460	12248	23000	120.3%	143.1%
	制氧机	2035	3806	8038	8600	295.0%	126.0%
	雾化器	3144	2370	8177	4700	160.1%	98.3%
计生用品页面数量	避孕套	23603	17113	27896	110000	18.2%	542.8%
	早孕/排卵试纸	1798	1161	1561	2500	−13.2%	115.3%
隐形眼镜页面数量	彩色隐形眼镜	14253	3153	41725	14400	192.7%	356.7%
	隐形眼镜	5734	1621	13774	2500	140.2%	54.2%

数据来源：南方医药经济研究所

注：医疗器械页面按单产品（含各规格）计，药品页面按单一品种单一规格计

（三）医疗器械网络销售平台和企业

2018 年《医疗器械网络销售监督管理办法》施行，随着监管政策的推进，行业进入了正常有序的发展轨道，《互联网药品信息服务资格证书》、网络交易服务第三方平台备案企业和网络销售备案企业数量呈现爆发式增长。

1.《互联网药品信息服务资格证书》数量快速增长

2016—2020 年，取得《互联网药品信息服务资格证书》的企业数量保持两位数的快速增长，并于 2020 年突破 2 万家。医药电商市场越来越受到企业重视，并逐步规范。（图 71）

图 71　2016—2020 年中国取得《互联网药品信息服务资格证书》的企业数量及增速

数据来源：国家药品监督管理局

2. 医疗器械网络交易服务第三方平台翻倍式增长

提供医疗器械网络交易服务第三方平台服务的企业数量从 2018 年的 77 家增长至 2020 年的 350 家，连续两年增长翻番，市场主体参与热情高涨，企业合规性提升。（图 72）

图 72　2018—2020 年中国提供医疗器械网络交易服务的第三方平台数量及增速

数据来源：国家药品监督管理局药品监督管理统计年度报告

3. 从事医疗器械网络销售的企业爆发式增长

在"两票制"和"带量采购"政策逐渐推广的背景下，医疗器械企业过去的营销模式面临很大的压力。为寻求新的业务增长点，各大医疗器械经营企业需引入新的经营策略，构建多元化的销售渠道。

例如通过自建官方网站或入驻网络交易服务第三方平台，获取用户需求反馈信息，开拓更大的市场空间；另外也有很多企业开展线上线下渠道推广，将药店作为医疗器械的线下体验网点，扩大宣传效果。

2018—2020 年，网售企业的合规性逐年提升，从事医疗器械网络销售的企业数量从 9551 家爆发式增长至约 11.80 万家，2020 年企业备案率约 13.14%，网络销售的医疗器械企业准入逐步规范。（图 73）

图 73　2018—2020 年中国从事医疗器械网络销售的企业数量及增速
数据来源：国家药品监督管理局药品监督管理统计年度报告

医疗器械网络销售平台爆发式增长主要有三大因素：一是消费者渴望更便捷、安全地获得医疗器械产品；二是互联网 +、大数据分析等为医疗器械网络销售发展提供了技术支持；三是国家相关政策为医疗器械网络销售发展提供了大力支持。市场需求旺盛、技术迭代日新月异以及政策利好多重推动，医疗器械网络销售热度持续升温。《互联网药品信息服务资格证书》数量快速增长，医疗器械网络交易服务第三方平台备案数量以及医疗器械网络销售备案企业数量均呈现爆发式增长。未来，预计将有越来越多的医疗器械经营企业探索新零售的创新模式，进行多样性的跨界合作。

九、小结

"十三五"期间，医疗器械产业生态持续向好发展。产业政策利好不断、研究资源逐渐丰富、检验检测机构专业服务逐步完善、供应链保障措施持续加强、医疗器械投资热情高涨、医疗服务市场需求持续旺盛、医疗器械集中采购改变行业生态、网络销售新业态爆发，助推医疗器械产业高质量发展。

1. 总体来看，2016—2020 年医疗器械产业政策主要体现在"监管＋鼓励"两方面，助力医疗器械行业健康有序发展。

2. 在生物医学工程学科中，2021 年排名全球前 5 的高校依次为哈佛大学、上海交通大学、麻省理工学院、斯坦福大学和复旦大学。排名全球前 20 的中国高校有 7 所，依次为上海交通大学、复旦大学、浙江大学、苏州大学、四川大学、北京大学、香港中文大学。

3. 中国医疗器械临床试验机构数量从 2018 年的 185 家增长至 2020 年的 964 家，2018—2020 年的年复合增速达 128.27%。目前，国内医疗器械 CRO 机构数量众多，但是小企业居多，营业收入和盈利能力较差，行业亟需优化整合。

4. 中国医疗器械产业上游供应链的关键原材料、医用级生产原料和部分高端医疗器械产品和核心零部件大量依赖进口，同时因贸易保护主义抬头，新型冠状病毒肺炎疫情致原料短缺问题凸显，进一步暴露了中国医疗器械产业发展的短板。

5.我国医疗器械行业逐渐受到资本市场的青睐，正式迈入黄金发展期。2014—2019年，中国医疗器械行业的投资主要以A轮和B轮为主，两个轮次总投资案例数943起，合计占比超过60.9%；总投资金额420.1亿元，合计占比超过50.4%。从投资阶段看，投资机构更倾向于处于扩张期和成熟期的医疗器械企业，两者企业案例数占比超过64.3%，投资金额占比超过86.5%。

6.伴随正在不断扩大的医疗卫生市场，广阔的下游市场需求将推动医疗器械行业向纵深发展，加上"新常态"时期经济转型升级，人才激励体制机制不断完善，近年高新技术不断突破，资本不断流入，多力推动医疗器械行业创新发展。

7.集中采购对医疗器械产业的影响体现在通过优胜劣汰的机制，推动高值医用耗材行业向集约化、规范化、健康化的方向发展。

8.医疗器械产业与互联网融合不断加快，医疗器械网络销售日趋活跃。

第四章　国际竞争

"十三五"期间，中国作为全球主要的贸易大国，一直受到外部环境的冲击和挑战，但总能攻坚克难、履险如夷。特别是2020年，新型冠状病毒肺炎疫情肆虐全球，对国际贸易和世界经济造成严重冲击。2020年上半年国际贸易情况持续低迷，但医疗器械出口快速增长，成为中国对外贸易中的亮点，为稳定外贸发挥了重要作用，相反进口规模则出现较大幅度下降。这与中国医疗器械全生命周期管理稳步落实，国内医疗器械产业创新体系逐渐完善，产品结构与性能进一步优化，进口替代逐步实现，"国内国际双循环"，"一带一路"沿线布局等内生动力的增强是分不开的。

一、进出口贸易分析

根据统计数据显示（中国海关八位编码统计，部分编码涵盖非医用产品，如化工、纺织、橡胶等产品，同时未涵盖部分十位编码医药产品），中国医疗器械2017—2020年进出口总额为26945.78亿元，复合增长率为37.83%，贸易顺差6792.06亿元。其中，因受新型冠状病毒肺炎疫情影响，2020年进出口总额达到11555亿元，与2019年相比，同比增长95.48%，增速上升了78.82个百分点。据Evaluated Med Tech预测，2024年，全球医疗器械市场容量将接近6000亿美元，特别是体外诊断试剂及呼吸系统相关诊疗器械，预计短期内市场将实现快速增长。（图74，表15）

图 74　2017—2020 年中国医疗器械进出口总额规模及增速
数据来源：根据中国海关总署公开数据统计

2017—2020 年中国医疗器械进口总额为 10076.86 亿元，复合增长率为 13.81%；出口总额为 16868.92 亿元，复合增长率为 52.66%，与进口总额相比，出口总额的年均增长率相对较快。（表 15）

表 15　2017—2020 年中国医疗器械进出口贸易情况

年份	进出口总额（亿元）	进口总额（亿元）	出口总额（亿元）	贸易差额（亿元）
2017—2020 年	26945.78	10076.86	16868.92	6792.06
2017 年	4412.76	1989.14	2423.62	434.47
2018 年	5066.98	2364.04	2702.93	338.89
2019 年	5911.04	2791.52	3119.52	328.00
2020 年	11555.00	2932.15	8622.85	5690.70

数据来源：根据中国海关总署公开数据统计

数据显示，2017—2019 年，中国医疗器械进出口规模平稳增长，复合增长率为 15.74%。2020 年，受新型冠状病毒肺炎疫情的影响，进

出口增长与前几年相比有较大波动，贸易顺差5690.70亿元。（表15）

其中，2020年出口额达到8622.85亿元，同比增长176.42%，比上年提高161个百分点；在进口方面，因海外生产活动基本停滞，进口额增速下降至5.04%，下降了13个百分点。中国出口额持续大增，最主要的原因是在不少国家产业链、供应链受到重创，甚至停摆之际，中国产业体系率先恢复正常运转，出口的竞争优势进一步凸显。据《中国对外贸易形势报告（2021年春季）》，2020年，中国是全球唯一实现贸易增长的主要经济体。（图75）

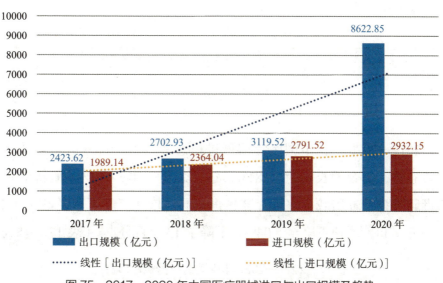

图75　2017—2020年中国医疗器械进口与出口规模及趋势

数据来源：根据中国海关总署公开数据统计

从产品来看，按照进口总额统计，进口产品排名前三位的分别是医用耗材、体外诊断试剂和诊疗设备，占比分别为29.00%、25.18%、23.13%；按照出口总额统计，出口产品排名前三位的分别是医用耗材、诊疗设备、保健康复类型产品，占比为68.80%、11.46%、4.70%。（表16）

表 16　2017—2020 年中国医疗器械对外贸易商品类型情况

商品类型	进口额（亿元）	占比	出口额（亿元）	占比
医用耗材	2922.4	29.00%	11605.26	68.80%
体外诊断试剂	2537.17	25.18%	462.62	2.74%
体外诊断仪器	1116.4	11.08%	691.78	4.10%
诊疗设备	2330.67	23.13%	1932.98	11.46%
口腔设备与材料	240.06	2.38%	211.34	1.25%
医用敷料	118.67	1.18%	493.93	2.93%
保健康复	104.65	1.04%	793.54	4.70%
其他	706.84	7.01%	677.47	4.02%

数据来源：根据中国海关总署 116 项医疗器械相关的 HS 编码测算

（一）进口规模分析

2017—2020 年，中国医疗器械进口总额为 10076.86 亿元，呈逐年增长态势，复合增长率为 13.81%，进口总额占比 37.40%，但新型冠状病毒肺炎疫情冲击较大，医疗器械进口同比增速年度下滑明显。其中，2020 年进口额增速下降至 5.04%，下降了 13 个百分点。（表 17，图 76）

表 17　2017—2020 年中国医疗器械进口占比

年份	进出口总额（亿元）	进口总额（亿元）	进口占比
2017—2020 年	26945.78	10076.86	37.40%
2017 年	4412.76	1989.14	45.08%
2018 年	5066.98	2364.04	46.66%
2019 年	5911.04	2791.52	47.23%
2020 年	11555.00	2932.15	25.38%

数据来源：根据中国海关总署公开数据整理

图76 2017—2020年中国医疗器械进口规模及增速
数据来源：根据中国海关总署公开数据统计

在进口市场方面，美国、德国、日本为主要的进口来源地，分别占进口总额26.27%、20.16%、10.16%，共占比56.59%。在非疫情时期，爱尔兰、墨西哥、新加坡、瑞士、荷兰增幅较大，其中爱尔兰在2018年、2019年增幅均排在前3名，分别是50.75%（第二）、76.88%（第一）。因新型冠状病毒肺炎疫情暴发，在企业生产秩序被破坏，全球交通运输环节被层层管控，以及海外新型冠状病毒肺炎疫情的不确定性大幅度增加等情况下，全球医疗器械供应链受到巨大的冲击。从短期来看，造成国内进口医疗器械的供应紧张，2020年部分进口市场同比增长跌至负值（如：美国跌至 –0.36%，爱尔兰跌至 –21.64%）。从长期来看，常态化疫情防控将对医疗器械供应链带来结构性的影响，如企业物流体系的优化、研发技术的提升、自动化生产的配置、经销渠道的整合、上下游供给的强化以及制定科学合理的管理机制和紧急疫情的应对机制等都将促进行业未来持续整合。（表18，表19）

表18　2017—2020年中国医疗器械主要进口市场规模与占比

进口国家	进口金额（亿元）	占比
全球	10076.86	/
美国	2647.49	26.27%
德国	2031.35	20.16%
日本	1023.34	10.16%
瑞士	485.73	4.82%
爱尔兰	458.82	4.55%
墨西哥	353.94	3.51%
韩国	281.18	2.79%
新加坡	242.30	2.40%
英国	237.40	2.36%
法国	215.59	2.14%

数据来源：根据中国海关总署公开数据整理

表19　主要进口市场细分情况

序号	国家	进口金额（亿元）	占比	同比增长
		2017年		
1	美国	576.94	29.00%	/
2	德国	425.50	21.39%	/
3	日本	208.65	10.49%	/
4	瑞士	90.08	4.53%	/
5	爱尔兰	63.17	3.18%	/
6	韩国	56.79	2.85%	/
7	墨西哥	51.11	2.57%	/
8	新加坡	48.66	2.45%	/
9	英国	48.00	2.41%	/
10	法国	44.67	2.25%	/

续表

序号	国家	进口金额（亿元）	占比	同比增长
		2018 年		
1	美国	666.47	28.19%	15.52%
2	德国	466.67	19.74%	9.68%
3	日本	233.52	9.88%	11.92%
4	瑞士	107.35	4.54%	19.17%
5	爱尔兰	95.22	4.03%	50.75%
6	墨西哥	84.65	3.58%	65.64%
7	新加坡	67.63	2.86%	38.99%
8	韩国	66.26	2.80%	16.69%
9	英国	59.21	2.50%	23.35%
10	法国	52.26	2.21%	17.01%
		2019 年		
1	美国	703.32	25.19%	5.53%
2	德国	549.96	19.70%	17.85%
3	日本	280.18	10.04%	19.98%
4	爱尔兰	168.44	6.03%	76.88%
5	瑞士	141.55	5.07%	31.86%
6	墨西哥	105.31	3.77%	24.40%
7	韩国	73.77	2.64%	11.33%
8	新加坡	66.43	2.38%	−1.77%
9	英国	64.00	2.29%	8.10%
10	荷兰	60.25	2.16%	37.47%
		2020 年		
1	美国	700.77	23.90%	−0.36%
2	德国	589.22	20.10%	7.14%
3	日本	300.99	10.27%	7.43%

序号	国家	进口金额（亿元）	占比	同比增长
4	瑞士	146.75	5.00%	3.67%
5	爱尔兰	131.99	4.50%	−21.64%
6	墨西哥	112.87	3.85%	7.18%
7	韩国	84.36	2.88%	14.35%
8	英国	66.19	2.26%	3.41%
9	保税区仓储	65.01	2.22%	31.75%
10	法国	62.38	2.13%	10.84%

数据来源：根据中国海关总署公开数据整理

2017—2020 年，作为中国重要的进口市场，美国进口总额为 2647.49 亿元，占全球市场 26.27%，排名第一。2018 年，国际形势不确定性增加，给中美经贸关系乃至全球经贸领域秩序带来极大冲击。2019 年，美国进口产品同比增长仅 5.53%，与 2018 年相比下降了 10 个百分点。2020 年，美国产品进口额下跌，增长率跌至 −0.36%。（表 20—表 22）

表 20　2017—2020 年美国市场进口规模与增速

年份	进口额（亿元）	占比	同比增长
2017—2020 年	2647.49	26.27%	/
2017 年	576.94	29.00%	/
2018 年	666.47	28.19%	15.52%
2019 年	703.32	25.19%	5.53%
2020 年	700.77	23.90%	−0.36%

数据来源：根据中国海关总署公开数据整理

从进口产品种类来看，体外诊断试剂、高端医疗设备、高值医用耗材等为主要进口的医疗器械类型，国内中高端医疗器械市场进口依赖程度高。

表 21　美国进口的主要医疗器械（亿元）

序号	2017 年		2018 年		2019 年		2020 年	
	商品编码	金额	商品编码	金额	商品编码	金额	商品编码	金额
1	30021500	60.28	30021500	92.80	30021500	112.61	30021500	127.72
2	30021200	44.54	90183900	47.93	90183900	54.21	90189099	51.38
3	90183900	38.41	38220090	42.42	38220090	47.60	90183900	42.09
4	38220090	37.69	90189099	42.25	90189099	44.23	38220090	40.48
5	90278099	33.30	90181291	36.72	90181291	33.77	30021200	34.56
6	90181291	29.72	90278099	33.18	90278099	33.32	90181291	31.84
7	39269090	24.96	39269090	26.35	39269090	28.30	90278099	31.28
8	90221200	21.91	90213900	25.10	90219090	25.10	39269090	27.04
9	90219090	21.23	30021200	21.71	30021200	22.51	90279000	20.40
10	90279000	20.13	90219090	21.30	90213900	21.66	37024292	19.61

数据来源：根据中国海关总署公开数据整理

备注：表 21 中的商品编码是中国海关总署关于医疗器械的海关 HS 编码，编码内容详见表 22。

表 22　主要进口产品（美国）的商品编码明细

商品编码	商品类型	品类
30021200	体外诊断试剂	C- 反应蛋白检测试剂盒
		安博灵（人血白蛋白）
		甲胎蛋白/游离 hCGβ 亚基双标测定试剂盒（时间分辨荧光法）
		静脉注射用人免疫球蛋白
		静注人免疫球蛋白
		抗血清及其他血份
		抗组织谷氨酰胺转移酶抗体

123

续表

商品编码	商品类型	品类
30021200	体外诊断试剂	尿微量白蛋白检测试剂盒
		人血白蛋白（奥克特珐玛）
		新生儿促甲状腺素测定试剂盒
		游离 hCGβ 亚基双标测定试剂盒
		重组人促红素注射液
		重组人粒细胞刺激因子注射液
30021500		α- 干扰素
		免疫制品，已配定剂量或制成零售包装（α- 干扰素）
38220090		化学试剂
		其他诊断或实验用试剂及配制试剂；有证标准样品
		试剂
		兽用诊断试剂
		新型冠状病毒 2019-nCoV 核酸检测试剂盒（荧光 PCR 法）
		诊断试剂
90278099	体外诊断仪器	DNA 质谱阵列基因分析系统（品牌：美国西格诺）
		品目 9027 所列的其他仪器及装置
37024292	医用耗材	未曝光红色或红外激光胶片，宽 > 610mm，长 > 200m
39269090		防护面罩
		未列名塑料制品
90213900		其他人造的人体部分
		人工晶体
90183900		其他针、导管、插管及类似品

续表

商品编码	商品类型	品类
90221200	诊疗设备	CT 机 /X 射线断层扫描的医用设备
		X 射线断层检查仪
		X 射线计算机断层摄影设备
		X 射线计算机断层摄影设备（多层螺旋 CT）
		全身 X 射线计算机断层扫描系统
90181291		彩色超声波诊断仪
90189099	其他	其他医疗、外科或兽医用仪器及器具

资料来源：中国海关总署医疗器械相关 HS 编码及内容

根据各地海关口岸的进口数据显示，上海、北京、广东、江苏、山东是主要的进口省市，分别占比 47.43%、18.08%、10.46%、7.08%、2.46%，总占比 85.51%。以上数据间接显示，在中国形成的几个医疗器械产业集聚区和制造业发展带中，粤港澳大湾区、长三角地区及京津环渤海湾 3 大区域已成为国内典型的医疗器械产业集聚区。（表 23）

表 23　2017—2020 年中国各省市区进口医疗器械情况

省（自治区、直辖市）	进口金额（亿元）	占比
上海市	4779.51	47.43%
北京市	1821.92	18.08%
广东省	1053.62	10.46%
江苏省	713.24	7.08%
山东省	248.21	2.46%
福建省	189.18	1.88%
浙江省	182.96	1.82%
辽宁省	166.59	1.65%

续表

省（自治区、直辖市）	进口金额（亿元）	占比
天津市	145.05	1.44%
河南省	120.17	1.19%
湖北省	112.52	1.12%
安徽省	92.52	0.92%
四川省	76.52	0.76%
重庆市	59.76	0.59%
吉林省	57.98	0.58%
陕西省	42.49	0.42%
广西壮族自治区	34.81	0.35%
湖南省	34.44	0.34%
河北省	31.31	0.31%
江西省	30.12	0.30%
新疆维吾尔自治区	18.29	0.18%
黑龙江省	17.25	0.17%
云南省	15.41	0.15%
山西省	6.66	0.07%
海南省	6.43	0.06%
贵州省	6.21	0.06%
内蒙古自治区	5.52	0.05%
甘肃省	3.81	0.04%
宁夏回族自治区	1.86	0.02%
西藏自治区	1.39	0.01%
青海省	1.11	0.01%

数据来源：根据中国海关总署公开数据整理

（二）出口规模分析

2017—2020 年，中国医疗器械出口总额为 16868.92 亿元，复合增长率 52.66%，出口总额占比 62.60%。2020 年，中国医疗器械出口额达到 8622.85 亿元，同比增长 176.42%，比 2019 年提高 161 个百分点。（表 24，图 77，图 78）

表 24　2017—2020 年中国医疗器械出口占比

年份	进出口总额（亿元）	出口总额（亿元）	出口占比
2017—2020 年	26945.78	16868.92	62.60%
2017 年	4412.76	2423.62	54.92%
2018 年	5066.98	2702.93	53.34%
2019 年	5911.04	3119.52	52.77%
2020 年	11555.00	8622.85	74.62%

数据来源：根据中国海关总署公开数据整理

图 77　2017—2020 年中国医疗器械出口规模及增速

数据来源：根据中国海关总署公开数据统计

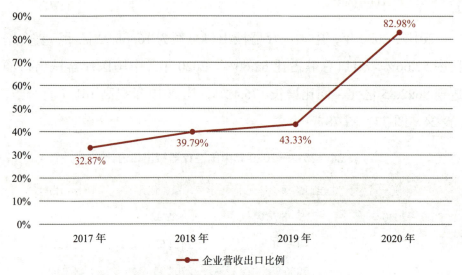

图 78　2017—2020 年中国医疗器械企业营收出口比例

数据来源：根据中国海关总署公开数据统计

　　与抗疫直接相关的医疗器械产品，如红外线人体测温计、诊断试剂、手套、制氧机、呼吸机等，出口实现了爆发式增长。在新型冠状病毒肺炎疫情影响下，各国降低或免除医疗器械进口关税的措施，为中国医疗企业带来了快速拓展海外市场的历史机遇。2017—2020 年，医用耗材出口额为 11605.26 亿元，2020 年为 6573.64 亿元，占比 76.24%，与 2019 年相比，同比增长 249.64%，防疫物资出口带动明显。

　　整体上来说，中国医疗器械产品出口仍然以低值耗材、中低端产品为主，产业对原材料和劳动力等低成本要素依赖很大，例如按摩保健器具、低值医用耗材、辅料等。造成这种现象原因，一方面与中国医疗器械工业制造水平和产业结构有关，另一方面也与国外市场对医疗器械产品的法规准入和知识产权保护等因素有关，影响了中国高端医疗器械产品的出口。（表 26）

表 25　2017—2020 年中国医疗器械主要出口产品

商品编码	出口金额（亿元）	占比
63079000	4794.61	28.42%
39269090	3527.72	20.91%
62101030	924.25	5.48%
39262011	515.08	3.05%
90049090	408.13	2.42%
90183900	396.37	2.35%
90192000	341.52	2.02%
90189099	297.22	1.76%
84198990	265.53	1.57%
90251990	263.41	1.56%

数据来源：根据中国海关总署公开数据整理

表 26　中国医疗器械主要出口产品明细

商品编码	商品类型	品类
63079000	医用耗材	6301 至 6307 的未列名制成品，包括服装裁剪样［医用防护口罩（执行国家强制标准 GB 19083-2010）、无纺布鞋套、医用外科口罩（执行行业标准 YY 0469-2011）、纯棉手术巾、普通医用口罩、捆绑器、广告旗、无纺布口罩］
		纯棉手术巾
		广告旗
		捆绑器
		普通医用口罩
		无纺布口罩
		无纺布鞋套
		医用防护口罩（执行国家强制标准 GB 19083-2010）
		医用外科口罩（执行行业标准 YY 0469-2011）

商品编码	商品类型	品类
39269090	医用耗材	防护面罩
		未列名塑料制品
62101030		防护用品套装
		化纤毡呢或无纺织物制服装（无纺布防护服、一次性防护服、防护用品套装、无纺布手术衣）
		无纺布防护服
		无纺布手术衣
		一次性防护服
39262011		聚氯乙烯制手套（分指手套、连指手套等）
		医用塑料手套
90183900		其他针、导管、插管及类似品
90049090	保健康复	近视镜
		唯美牌矫正视力用近视镜
		未列名矫正视力、护目等用途的眼镜等物品（眼镜、唯美牌矫正视力用近视镜、近视镜）
		眼镜
90192000	诊疗设备	（臭氧、氧气、喷雾）治疗器、人工呼吸器等
		呼吸机
		呼吸机主板
84198990	体外诊断仪器	未列名利用温度变化处理材料的机器、装置等
90251990	其他	红外测温仪
		未列名温度计及高温计，未与其他仪器组合
90189099		其他医疗、外科或兽医用仪器及器具

数据来源：中国海关总署医疗器械相关 HS 编码及内容

从单一市场看，美国、日本、德国、英国、中国香港是主要的出口

市场，分别占比 27.60%、6.80%、5.93%、5.61%、4.53%，占中国出口
总额的 50.48%。法国、英国、意大利、西班牙、加拿大、德国增幅较
大，受新型冠状病毒肺炎疫情影响，2020 年同比增速迅猛，中国医疗
器械出口的竞争优势进一步凸显。（表 27，表 28）

表 27　2017—2020 年中国医疗器械主要出口市场

贸易伙伴	出口金额（亿元）	占比
全球	16868.92	/
美国	4655.13	27.60%
日本	1147.81	6.80%
德国	1001.02	5.93%
英国	946.28	5.61%
中国香港	764.64	4.53%
法国	522.96	3.10%
加拿大	434.29	2.57%
荷兰	428.28	2.54%
意大利	407.81	2.42%
澳大利亚	341.26	2.02%

数据来源：根据中国海关总署公开数据统计

表 28　主要出口市场细分情况

序号	国家/地区	出口金额（亿元）	占比	同比增长
		2017 年		
1	美国	695.19	28.68%	/
2	日本	183.48	7.57%	/
3	中国香港	163.53	6.75%	/
4	德国	130.25	5.37%	/

续表

序号	国家/地区	出口金额（亿元）	占比	同比增长
5	英国	89.73	3.70%	/
6	荷兰	65.29	2.69%	/
7	印度	58.36	2.41%	/
8	韩国	55.44	2.29%	/
9	澳大利亚	50.82	2.10%	/
10	法国	47.07	1.94%	/
		2018 年		
1	美国	803.04	29.71%	15.51%
2	日本	200.46	7.42%	9.26%
3	中国香港	156.85	5.80%	−4.08%
4	德国	143.83	5.32%	10.42%
5	英国	95.68	3.54%	6.63%
6	荷兰	74.22	2.75%	13.68%
7	印度	63.15	2.34%	8.21%
8	韩国	61.85	2.29%	11.57%
9	澳大利亚	56.88	2.10%	11.94%
10	加拿大	52.81	1.95%	12.56%
		2019 年		
1	美国	873.71	28.01%	8.80%
2	日本	217.55	6.97%	8.52%
3	中国香港	205.28	6.58%	30.88%
4	德国	162.78	5.22%	13.18%
5	英国	114.28	3.66%	19.44%
6	荷兰	83.55	2.68%	12.56%

序号	国家/地区	出口金额（亿元）	占比	同比增长
7	印度	75.89	2.43%	20.16%
8	韩国	71.34	2.29%	15.34%
9	澳大利亚	65.93	2.11%	15.91%
10	加拿大	59.82	1.92%	13.26%
2020 年				
1	美国	2283.18	26.48%	161.32%
2	英国	646.59	7.50%	465.82%
3	德国	564.15	6.54%	246.57%
4	日本	546.32	6.34%	151.12%
5	法国	368.84	4.28%	538.96%
6	加拿大	274.74	3.19%	359.30%
7	意大利	274.53	3.18%	457.54%
8	中国香港	238.98	2.77%	16.42%
9	荷兰	205.22	2.38%	145.64%
10	西班牙	177.28	2.06%	420.05%

数据来源：根据中国海关总署公开数据整理

　　从出口市场来看，美国仍然是中国最重要的出口市场。2017—2020年，美国出口总额达到4655.13亿元，占全球出口总额的27.60%，出口规模长期稳居首位。因贸易摩擦冲击，2019年出口增速放缓，下降了6.71个百分点。2019—2020年，中国对美国出口呈现高速增长趋势，同比增长161.32%。但因中美合作竞争关系不断变化，在新型冠状病毒肺炎疫情防控常态化下，中国医疗器械产品出口也将面临更加大的挑战。（表29）

表 29　中国对美国出口医疗器械的市场规模与增速

年份	出口金额（亿元）	占比	同比增长
2017—2020 年	4655.13	27.60%	/
2017 年	695.19	28.68%	/
2018 年	803.04	29.71%	15.51%
2019 年	873.71	28.01%	8.80%
2020 年	2283.18	26.48%	161.32%

数据来源：根据中国海关总署公开数据整理

　　从中美进出口产品数据上来看，中国高端医疗设备与器械极少出口至美国，主要以中低端医疗器械为主，如保健器具和低值医用耗材。其中，低值医用耗材出口额达到 3168.70 亿元，保健器材出口额为 103.50 亿元，红外线测温仪等医疗仪器出口额为 198.60 亿元。（表 30，表 31）

表 30　出口美国市场的主要产品

商品编码	出口金额（亿元）
63079000	1451.69
39269090	933.67
39262011	271.83
62101030	260.66
90189099	109.82
90049090	103.50
30063000	101.98
90251990	88.78
90183100	82.12
40151900	66.74

数据来源：根据中国海关总署公开数据整理

表 31　主要出口产品（美国）的商品编码明细

商品编码	类型	品类
40151900	医用耗材	硫化橡胶制其他分指、连指及露指手套
		乳胶手套
		医用检查手套
63079000		6301 至 6307 的未列名制成品，包括服装裁剪样［医用防护口罩（执行国家强制标准 GB 19083-2010）、无纺布鞋套、医用外科口罩（执行行业标准 YY 0469-2011）、纯棉手术巾、普通医用口罩、捆绑器、广告旗、无纺布口罩］
		纯棉手术巾
		广告旗
		捆绑器
		普通医用口罩
		无纺布口罩
		无纺布鞋套
		医用防护口罩（执行国家强制标准 GB 19083-2010）
		医用外科口罩（执行行业标准 YY 0469-2011）
39269090		防护面罩
		未列名塑料制品
39262011		聚氯乙烯制手套（分指手套、连指手套等）
		医用塑料手套
62101030		防护用品套装
		化纤毡呢或无纺织物制服装（无纺布防护服、一次性防护服、防护用品套装、无纺布手术衣）
		无纺布防护服
		无纺布手术衣
		一次性防护服

续表

商品编码	类型	品类
90183100	医用耗材	甘舒霖笔
		注射器,不论是否装有针头
30063000		X线检查造影剂;用于病人的诊断试剂
90049090	保健康复	近视镜
		唯美牌矫正视力用近视镜
		未列名矫正视力、护目等用途的眼镜等物品(眼镜、唯美牌矫正视力用近视镜、近视镜)
		眼镜
90251990	其他	红外测温仪
		未列名温度计及高温计,未与其他仪器组合
90189099		其他医疗、外科或兽医用仪器及器具

数据来源:中国海关总署医疗器械相关HS编码及内容

2017—2020年,广东、浙江、江苏、上海、山东等省市保持出口前5位,分别占出口总额25.18%、16.45%、15.70%、9.87%、5.90%,总占比为73.09%,广东省持续保持在出口首位。2020年整体出口增幅较大,其中山东出口增长率达到254.72%,相比2019年,增加了243.26个百分点。(表32,表33)

表32 2017—2020年中国各省市区出口医疗器械情况

序号	省(自治区、直辖市)	出口金额(亿元)	占比
1	广东省	4247.12	25.18%
2	浙江省	2774.25	16.45%
3	江苏省	2648.64	15.70%
4	上海市	1664.48	9.87%
5	山东省	995.59	5.90%
6	北京市	726.11	4.30%

续表

序号	省（自治区、直辖市）	出口金额（亿元）	占比
7	福建省	702.93	4.17%
8	湖北省	659.29	3.91%
9	河北省	375.02	2.22%
10	安徽省	371.86	2.20%
11	天津市	272.50	1.62%
12	湖南省	262.96	1.56%
13	江西省	240.84	1.43%
14	辽宁省	198.72	1.18%
15	广西壮族自治区	152.79	0.91%
16	重庆市	104.91	0.62%
17	四川省	103.15	0.61%
18	河南省	91.12	0.54%
19	新疆维吾尔自治区	55.47	0.33%
20	陕西省	48.06	0.28%
21	云南省	42.14	0.25%
22	贵州省	40.22	0.24%
23	黑龙江省	31.45	0.19%
24	吉林省	18.81	0.11%
25	山西省	15.71	0.09%
26	内蒙古自治区	7.28	0.04%
27	海南省	7.25	0.04%
28	宁夏回族自治区	5.05	0.03%
29	西藏自治区	2.47	0.01%
30	甘肃省	2.41	0.01%
31	青海省	0.31	0.00%

数据来源：根据中国海关总署公开数据整理

表 33　中国主要省市出口情况

序号	省（直辖市）	出口金额（亿元）	占比	同比增长
2017 年				
1	广东省	635.80	26.23%	/
2	江苏省	441.33	18.21%	/
3	浙江省	386.61	15.95%	/
4	上海市	280.21	11.56%	/
5	山东省	131.18	5.41%	/
2018 年				
1	广东省	689.42	25.51%	8.43%
2	江苏省	498.43	18.44%	12.94%
3	浙江省	443.75	16.42%	14.78%
4	上海市	310.26	11.48%	10.73%
5	山东省	142.45	5.27%	8.59%
2019 年				
1	广东省	797.16	25.55%	15.63%
2	江苏省	540.91	17.34%	8.52%
3	浙江省	506.86	16.25%	14.22%
4	上海市	348.94	11.19%	12.47%
5	山东省	158.77	5.09%	11.46%
2020 年				
1	广东省	2124.74	24.64%	166.54%
2	浙江省	1437.04	16.67%	183.52%
3	江苏省	1167.97	13.55%	115.93%
4	上海市	725.07	8.41%	107.80%
5	山东省	563.19	6.53%	254.72%

数据来源：根据中国海关总署公开数据整理

中国医疗器械短期内出口猛增，防疫物资产品出口带动效应凸显。但是，随着新冠病毒疫苗接种的普及、疫情防控常态化，各国政府将加快推动企业复工复产。海外市场的生产秩序必然逐步恢复正常，因防疫带来的出口红利也将退却，越来越多的国家会更加关注本国产业供应链的建设和建立紧急疫情防疫机制，新型冠状病毒肺炎疫情暴发初期的物资短缺情况也会一去不返。在未来，随着国外医疗器械企业产能得到恢复，对中国防疫物资需求将有所下降，中国因疫情控制成功而带来的红利也会随之消失。我们不仅可能要面对产能过剩的问题，也将面临更多的海外企业的竞争。

（三）"一带一路"沿线国家进出口贸易情况

自 2013 年"一带一路"倡议提出以来，"一带一路"沿线国家对中国医疗器械产品需求逐步增加。2017—2020 年，中国与"一带一路"沿线国家医疗器械进出口总额为 4281.84 亿元，复合增长率 42.93%，占中国医疗器械贸易总量 15.89%，年均增幅明显。其中，进口额 864.37 亿元，出口额 3417.48 亿元。（表 34，图 79）

表 34　2017—2020 年中国对"一带一路"沿线国家医疗器械贸易情况

年份	进出口总额（亿元）	占比	进出口总额同比增长	进口额（亿元）	出口额（亿元）
2017 年	653.15	14.80%	/	143.33	509.81
2018 年	782.26	15.44%	19.77%	203.73	578.53
2019 年	939.38	15.89%	20.09%	236.03	703.35
2020 年	1907.06	16.50%	103.01%	281.28	1625.78
汇总	4281.84	15.89%	/	864.37	3417.48

数据来源：根据中国海关总署公开数据整理

图 79　2017—2020 年中国对"一带一路"沿线国家医疗器械进出口规模及增速
数据来源：根据中国海关总署公开数据整理

在进口方面，2017—2020 年，中国对共建"一带一路"沿线国家医疗器械进口总额为 864.37 亿元，占中国对全球市场进口额的 8.58%，主要从新加坡、以色列、马来西亚、越南、泰国、捷克等进口，总占比 80.8%。主要进口产品包括基因分析系统、防护面罩、电子显微镜、导管类型医用耗材、防护口罩、心脏起搏器、超声诊断治疗仪等。上海、北京、广东、江苏、山东、福建等为主要进口省市。（表 35）

表 35　2017—2020 年中国从"一带一路"沿线国家主要市场进口情况

来源地国家	进口金额（亿元）	占比
"一带一路"沿线国家	864.37	/
新加坡	242.30	28.03%
以色列	122.17	14.13%
马来西亚	117.19	13.56%
越南	76.51	8.85%
泰国	70.14	8.11%
捷克	70.06	8.11%

数据来源：根据中国海关总署公开数据整理

在出口方面，2017—2020 年，中国对"一带一路"沿线国家医疗器械出口额为 3417.48 亿元，占中国对全球市场出口额的 20.26%，主要出口印度、俄罗斯、新加坡、越南、马来西亚、菲律宾等市场，总占比 41.35%。主要出口产品包括防疫物资品种（医用口罩、医用防护服、手套、红外线测温仪等）、医用家具、卫生器械、输注类、导管类等。广东、浙江、江苏、上海、山东等为主要的出口省市。（表 36）

表 36 2017—2020 年中国对"一带一路"沿线国家主要市场出口情况

国家	出口金额（亿元）	占比
"一带一路"沿线国家	3417.48	/
印度	292.80	8.57%
俄罗斯联邦	288.17	8.43%
新加坡	261.23	7.64%
越南	201.12	5.88%
马来西亚	189.37	5.54%
菲律宾	180.35	5.28%

数据来源：根据中国海关总署公开数据整理

医疗器械产业"走出去"需要加快"一带一路"的布局。一方面，中国医疗器械产业经过十几年的高速发展，在部分领域技术已居世界前列；同等技术条件下，"中国制造"成本低，性价比高，契合"一带一路"沿线国家的市场需求，市场空间巨大；另一方面，医疗器械有望成为"一带一路"建设背景下中国医疗卫生产业的破局先锋。随着中国与"一带一路"沿线国家医疗领域合作的不断深入，医疗器械将成为出口该地区最具潜力的产品。

（四）东盟国家进出口贸易情况

东南亚国家联盟（Association of Southeast Asian Nations，ASEAN），简称东盟（ASEAN），现有 10 个成员国：印度尼西亚、马来西亚、菲律宾、泰国、新加坡、文莱、越南、老挝、缅甸、柬埔寨。自 2010 年中国与东盟签署自贸区协定以来，国内企业与东盟之间的贸易额逐年增长。2017—2020 年，中国对东盟国家医疗器械贸易额达到 1723.18 亿元，复合增长率 36.69%，占中国贸易总量 6.39%。其中进口额 531.82 亿元，出口额 1191.36 亿元。（表 37，表 38，图 80）

表 37　2017—2020 年中国对东盟国家医疗器械贸易情况

年份	进出口额（亿元）	进口额（亿元）	出口额（亿元）
2017 年	272.76	95.15	177.61
2018 年	342.67	128.12	214.55
2019 年	411.13	139.32	271.82
2020 年	696.62	169.24	527.38
汇总	1723.18	531.82	1191.36

数据来源：根据中国海关总署公开数据整理

表 38　2017—2020 年东盟国家进出口规模

年份	进出口额（亿元）	占比	同比增长
2017 年	272.76	6.18%	/
2018 年	342.67	6.76%	25.63%
2019 年	411.13	6.96%	19.98%
2020 年	696.62	6.03%	69.44%
汇总	1723.18	6.39%	/

数据来源：根据中国海关总署公开数据整理

图80 2017—2020年中国对东盟国家医疗器械进出口规模及增速

数据来源：根据中国海关总署公开数据统计

在进口方面，2017—2020年，中国从东盟国家医疗器械进口总额为531.82亿元，占全球进口额5.28%，同比增速波动较大，主要从新加坡、马来西亚、越南、泰国、印度尼西亚进口，占比99.16%。主要进口产品包括防护面罩、导管类医用耗材、心脏起搏器、橡胶制品等。（图81）

图81 2017—2020年中国对东盟国家医疗器械进口规模及增速

数据来源：根据中国海关总署公开数据统计

2017—2020 年，中国对东盟国家医疗器械出口总额为 1191.36 亿元，占全球出口额 7.06%，增幅上涨明显，主要出口新加坡、越南、马来西亚、菲律宾、印度尼西亚，占比 83.08%。主要出口产品包括防疫物资品种（医用口罩、医用防护服、手套、红外线测温仪等）、人工呼吸器、超声诊断仪、医用家具、卫生器械、输注类、导管类等。（图 82）

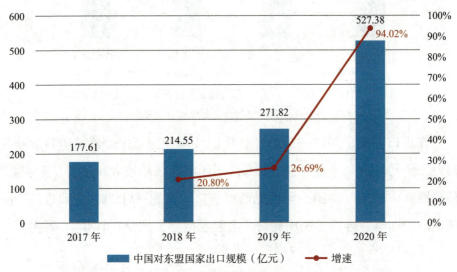

图 82　2017—2020 年中国对东盟国家医疗器械出口规模及增速
数据来源：根据中国海关总署公开数据统计

东盟十国在 2012 年发起《区域全面经济伙伴关系协定》（Regional Comprehensive Economic Partnership，简称 RCEP），该协定是以发展中经济体为中心的区域自贸协定，也是全球规模最大的自贸协定，成员包括东盟十国、中国、日本、韩国、澳大利亚、新西兰，于 2020 年 11 月 15 日正式签署。RCEP 于 2022 年 1 月 1 日对文莱、柬埔寨、老挝、新加坡、泰国、越南等 6 个东盟成员国和中国、日本、新西兰、澳大利亚等 4 个非东盟成员国生效。

RCEP 达成后将覆盖世界近一半人口和近 1/3 贸易量，成为世界上涵盖人口最多、成员构成最多元、发展最具活力的自由贸易区。在RCEP框架下，货物贸易最终实现零关税的产品数量将达到90%。这将大大降低交易成本，提高成员国出口产品在其他成员国市场上的竞争力，对 RCEP 成员国之间的对外贸易扩张产生激励作用。此外，在RCEP 协议中，无纸化贸易、电子认证、电子签名通关以及预裁定、抵达前处理、信息技术运用等手段都将促进通关便利化，提升商品通关效率。RCEP 作为现代、全面、高质量、互惠的自由贸易协定，它的签订在亚太区域未来发展上有巨大意义。

对中国而言，由于成员国之间的进口关税减让，中国将以更低的价格获取原材料以及其他进口产品。与此同时，中国出口企业在成员国市场上的竞争力也将会显著提升。在跨境交易成本降低、清关效率和物流效率提高、政策标准一体化程度提高的背景下，可以预测，中国对外贸易将迎来新的发展机遇和增长点。

二、国内企业海外布局

2001 年 12 月 11 日，中国正式加入了世界贸易组织。到 2021 年，中国"入世"20 年，这也是跨国医疗器械企业在中国发展的"黄金 20 年"。"入世"降低了关税壁垒，让过去高端的医疗器械产品也能走进千家万户，惠及中国老百姓；"入世"也为中国带来了大量资金、技术和人才，从而帮助中国企业迅速崛起并走向世界，给中国实现弯道超车的机遇。"十三五"期间，中国医疗器械企业逐步拓展海外市场，寻求国际化发展道路，打响全球品牌战略。我们以中国企业在美国、加拿大、新加坡、澳大利亚的注册数据（存量）为样本，对中国医疗器械企业海外注册情况作简要分析。

145

（一）整体情况

截至 2020 年，中国产品在美加新澳四国的产品注册数存量为 8644 件，其中 2016 年为 3899 件，2017 年为 4704 件，2018 年为 5484 件，2019 年为 6345 件，2020 年海外产品注册数大幅增长，相较于 2019 年增加了 2299 件，同比增长 36.23%。（图 83）

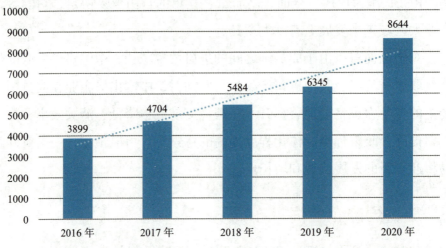

图 83　2016—2020 年中国在美加新澳四国的产品注册总数（存量）及趋势

数据来源：美国 FDA 官网、加拿大卫生部官网、HSA 官网、TGA 官网

另外，各国产品注册量呈增长趋势，获澳大利亚 TGA 认证产品增长趋势明显。其中，5136 件产品的注册地为澳大利亚，在澳注册企业占比超五成；2384 件产品注册地为美国，占比 27.58%；689 件产品的注册地为加拿大，占比 7.97%；435 件产品的注册地为新加坡，占比 5.03%。（表 39，图 84）

表 39　2016—2020 年中国在美加新澳四国的产品注册情况（增量）

年份	美国	加拿大	新加坡	澳大利亚
2016 年	169	73	30	465
2017 年	226	65	45	469
2018 年	237	48	39	456
2019 年	227	90	52	492
2020 年	289	118	94	1798

数据来源：美国 FDA 官网、加拿大卫生部官网、HSA 官网、TGA 官网

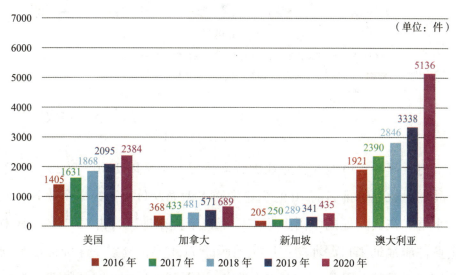

图 84　2016—2020 年中国在美加新澳四国的产品注册数量（存量）

数据来源：美国 FDA 官网、加拿大卫生部官网、HSA 官网、TGA 官网

（二）各国情况

1. 获美国 FDA 认证产品数量稳步增加

截至 2020 年，中国医疗器械产品获美国 FDA 上市许可的总量为 2384 件，2016 年增加 169 件，2017 年增加 226 件，2018 年增加 237 件，

2019 年增加 227 件，同比增速下跌至 –4.22%，2020 年增长回升。（图 85）

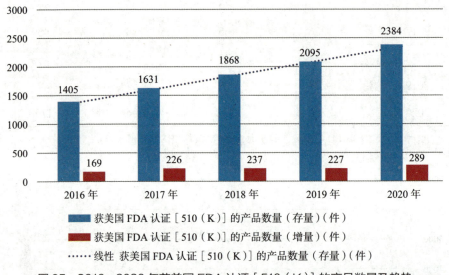

图 85　2016—2020 年获美国 FDA 认证［510（K）］的产品数量及趋势

数据来源：美国 FDA 官网

为了解各省市地区企业在美获证情况，本文以 2016—2020 年每年产品注册数存量排名前 10 的企业为样本做简要分析。根据企业分布地区来看，在美获证的中国企业主要来自于广东地区，占 43.75%。其中企业注册地址来自深圳的占广东地区的 71.43%，分别是深圳迈瑞生物医疗电子股份有限公司（上市企业）、深圳开立生物医疗科技股份有限公司（上市企业）、深圳市理邦精密仪器股份有限公司（上市企业）、深圳市东迪欣科技有限公司及均威科技（深圳）有限公司。其余地区分别是北京、天津、上海、河北、江苏、辽宁、南京、浙江，值得注意的是：来自天津地区的天津九安医疗电子股份有限公司产品注册数量 5 年稳居前三。从产品注册量来看，广东省依然稳居首位，占比 52.76%；天津市占比 19.60%；北京市占比 8.86%；辽宁省占比 5.37%；上海市占比 2.92%；河北省占比 4.38%。（表 40）

表 40　在美获证［510（K）］的中国企业（前 10）及产品注册数量（存量）

企业名称	产品注册数（件）
2016 年	
天津九安医疗电子股份有限公司	66
深圳迈瑞生物医疗电子股份有限公司	46
深圳市理邦精密仪器股份有限公司	37
北京超思电子技术有限责任公司	32
深圳开立生物医疗科技股份有限公司	20
东软医疗系统股份有限公司	19
广东宝莱特医用科技股份有限公司	18
深圳市东迪欣科技有限公司	16
均威科技（深圳）有限公司	15
康泰医学系统（秦皇岛）股份有限公司	14
2017 年	
天津九安医疗电子股份有限公司	74
深圳迈瑞生物医疗电子股份有限公司	57
深圳市理邦精密仪器股份有限公司	47
北京超思电子技术有限责任公司	33
深圳开立生物医疗科技股份有限公司	27
东软医疗系统股份有限公司	21
广东宝莱特医用科技股份有限公司	20
深圳市东迪欣科技有限公司	19
均威科技（深圳）有限公司	18
康泰医学系统（秦皇岛）股份有限公司	16
2018 年	
天津九安医疗电子股份有限公司	75

续表

企业名称	产品注册数（件）
深圳迈瑞生物医疗电子股份有限公司	64
深圳市理邦精密仪器股份有限公司	53
北京超思电子技术有限责任公司	35
深圳开立生物医疗科技股份有限公司	28
东软医疗系统股份有限公司	21
深圳市东迪欣科技有限公司	21
广东宝莱特医用科技股份有限公司	20
均威科技（深圳）有限公司	19
康泰医学系统（秦皇岛）股份有限公司	17
南微医学科技股份有限公司	16
2019 年	
天津九安医疗电子股份有限公司	79
深圳迈瑞生物医疗电子股份有限公司	75
深圳市理邦精密仪器股份有限公司	55
北京超思电子技术有限责任公司	35
深圳开立生物医疗科技股份有限公司	29
上海联影医疗科技股份有限公司	23
东软医疗系统股份有限公司	21
广东宝莱特医用科技股份有限公司	21
深圳市东迪欣科技有限公司	21
均威科技（深圳）有限公司	20
南京巨鲨显示科技有限公司	19
康泰医学系统（秦皇岛）股份有限公司	18
南微医学科技股份有限公司	18

续表

企业名称	产品注册数（件）
2020 年	
深圳迈瑞生物医疗电子股份有限公司	85
天津九安医疗电子股份有限公司	82
深圳市理邦精密仪器股份有限公司	57
北京超思电子技术有限责任公司	35
上海联影医疗科技股份有限公司	33
深圳开立生物医疗科技股份有限公司	30
东软医疗系统股份有限公司	21
广东宝莱特医用科技股份有限公司	21
深圳市东迪欣科技有限公司	21
均威科技（深圳）有限公司	20
南京巨鲨显示科技有限公司	20
南微医学科技股份有限公司	20
康泰医学系统（秦皇岛）股份有限公司	19
广州万孚生物技术股份有限公司	12
徐州富山医疗制品有限公司	12
浙江健拓医疗仪器科技有限公司	12

数据来源：美国 FDA 官网

2020 年，从产品所属科室来看，2363 件产品分属 17 个科室，同时有 21 件产品为未分类器械。从产品类型来看，主要有乙烯基检查手套 338 件，排名第一，占产品注册总数 14.18%；非侵入式血压测量系统 206 件，占 8.64%；脉冲多普勒超声成像系统 115 件，占 4.82%；电子温度计 104 件，占 4.36%，血氧仪 83 件，占 3.48%。（表 41，表 42）

表 41　2016—2020 年在美获批产品科室分布情况（存量）

所属科室	2016 年	2017 年	2018 年	2019 年	2020 年
综合医院	506	538	582	622	656
眼科	25	29	30	31	32
牙科	18	27	32	37	56
血液科	2	4	4	4	4
心血管科	326	375	425	466	515
物理医学科	36	44	51	64	79
神经科	37	50	62	74	86
普通整形外科	85	112	130	164	219
免疫学	1	1	1	1	1
麻醉科	28	33	40	48	56
临床化学	21	27	31	39	44
骨科	43	49	54	55	59
妇产科	38	43	52	60	69
放射科	179	217	255	295	341
耳鼻咽喉科	1	3	3	3	4
毒理学科	21	22	31	35	38
肠胃泌尿科	31	48	71	81	104
未分类	7	9	14	16	21
汇总	1405	1631	1868	2095	2384

数据来源：美国 FDA 官网

表 42　2016—2020 年在美获批产品的主要产品类型

品类代码	名称	产品数量（存量）（件）
LYZ	乙烯基检查手套	338
DXN	非侵入式血压测量系统	206
IYN	脉冲多普勒超声成像系统	115

续表

品类代码	名称	产品数量（存量）（件）
FLL	电子温度计	104
DQA	血氧计	83
GEX	电动激光手术器械	57
LZA	聚合物检查手套	51
LYY	乳胶检查手套	45
NUH	经皮神经电刺激仪（用于非处方用途）	43
DPS	心电图仪	38

数据来源：美国 FDA 官网

2. 获澳大利亚 TGA 认证产品数量大幅增长

截至 2020 年，中国医疗器械产品获得澳大利亚 TGA 认证的总量为 5136 件，2016—2019 年增长情况比较稳定，2018 年略有回落，2020 年因新型冠状病毒肺炎疫情影响，海外注册产品数量大幅增长，增量增速达 265.45%。（图 86）

图 86　2016—2020 年获澳大利亚 TGA 认证产品数量及趋势

数据来源：TGA 官网

153

3. 获加拿大 MDEL 认证产品数量平缓增加

截至 2020 年，中国医疗器械产品获得加拿大 MDEL 认证的产品总量为 689 件。其中，相比于 2018 年，2019 年产品总量增加了 90 件，增加数量同比增长 87.5%；2020 年新增产品注册数"破百"，同比增长 31.11%。（图 87）

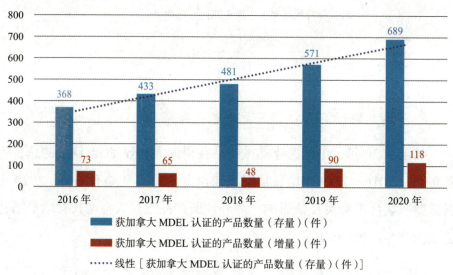

图 87　2016—2020 年获加拿大 MDEL 认证的产品数量及趋势

数据来源：加拿大卫生部官网

4. 获新加坡 HSA 认证产品数量平缓增加

截至 2020 年，中国医疗器械产品获新加坡 HSA 认证的产品总量为 435 件。其中，首次注册产品量增长平稳，2018 年略有下跌，增加了 39 件，增速下降至 −13.33%；2019 年回升，同比增长 33.33%；2020 年增量明显，同比增长 80.77%。（图 88）

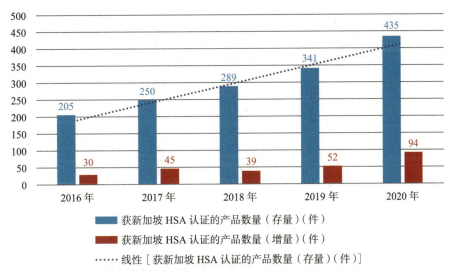

图88 2016—2020 年获新加坡 HSA 认证的产品数量及趋势

数据来源：HSA 官网

三、进口注册情况

进口产品注册证数量指的是首次注册的进口医疗器械（含港澳台）注册证的数量，统计数据来源于国家药品监督管理局发布的《药品监督管理统计年度报告》。

（一）整体情况

2016—2020 年，中国共批准 3419 张进口第二类、第三类医疗器械注册证，其中进口第二类注册证有 1843 张，占 53.90%；进口第三类注册证有 1576 张，占 46.10%。（表 43）

表 43 2016—2020 年中国进口第二、三类医疗器械注册证情况（含港澳台）

年份	进口第二类医疗器械（件）	进口第三类医疗器械（件）	汇总（件）
2016 年	444	593	1037
2017 年	389	189	578

155

续表

年份	进口第二类医疗器械（件）	进口第三类医疗器械（件）	汇总（件）
2018 年	358	235	593
2019 年	344	315	659
2020 年	308	244	552
汇总	1843	1576	3419

数据来源：国家药品监督管理局《药品监督管理统计年度报告》

（二）进口第二类医疗器械

"十三五"期间，进口第二类医疗器械注册证数量（含港澳台）一直下降。2016 年第二类医疗器械注册证数量为 444 件，2020 年第二类医疗器械注册证数量跌至 308 件，增长率跌至 –10.47%。（图 89）

图 89　2016—2020 年中国进口第二类医疗器械注册证数量及增速

数据来源：国家药品监督管理局《药品监督管理统计年度报告》

（三）进口第三类医疗器械

2016 年进口第三类医疗器械注册证（含港澳台）为 593 件，2017 年数量下降了 404 件，同比增幅下跌至 –68.13%。2017—2019 年，注册证数量增幅平缓，与 2017 年相比，2019 年进口第三类医疗器械注册证数量增加了 126 件。2020 年，第三类医疗器械注册证数量呈下降趋势，为 244 件，同比增幅下降至 –22.54%。（图 90）

图 90　2016—2020 年中国进口第三类医疗器械注册证数量及增速

数据来源：国家药品监督管理局《药品监督管理统计年度报告》

"十三五"期间，进口第三类医疗器械注册数量增长起伏，与中国医疗器械审评审批制度改革有关。2014 年版《医疗器械监督管理条例》实施后的三年内开始，医疗器械注册申请项目逐年递减。2018 年，国家药品监督管理局医疗器械技术审评中心发布《接受医疗器械境外临床试验数据技术指导原则》，明确境外临床试验数据可作为临床试验资料，亦可作为验证资料证明与同品种器械的差异不对产品的安全有效性产生不利影响，境外生产企业可以使用境外临床试验资料来完成中国法规要求的临床评价工作。进口医疗器械注册申请项目数量开始回温。

四、小结

"十三五"期间，随着国家相关产业政策红利释放、产品结构调整以及行业创新活力迸发，中国医疗器械市场保持高速增长，目前已成为全球第二大市场。医疗器械进出口快速增长，成为中国对外贸易中的亮点。

（一）出口产品结构仍以中低端产品为主

从中国 2016—2020 年的进出口数据可知，当前国产医疗器械出口仍以低端产品为主，医用耗材出口占比高达 68%。新型冠状病毒肺炎疫情影响下，2020 年出口额增幅达到 176.42%，医用耗材呈现爆发式增长，以医用口罩、医用防护服等技术壁垒较低的产品为主。但同时，我们也留意到随着海外新型冠状病毒肺炎疫情的不稳定性增加，国内诊疗设备、体外诊断试剂等出口额大增，试剂出口未来或将带动体外诊断企业的中高端产品率先实现国际化。随着中国改革开放步伐不断推进，未来，出口医疗器械产品结构调整是否会促进国产中高端医疗器械产品出口，尤其是"一带一路"沿线国家医疗器械出口机会，值得关注。

（二）国内高端医疗器械市场进口替代空间巨大

"十三五"期间，根据进出口数据及境外进口数据可知，在政策扶持与科技创新双轮驱动下，国产医疗器械进口替代取得了优异成绩。一是科技领域取得了一系列研究进展，脑起搏器、骨科机器人、组织工程皮肤、128 排 CT、3.0T 磁共振、PET-CT、彩色多普勒超声系统等一批关键生物医用材料和先进医疗设备开始打破国外产品的垄断。二是优秀国产产品逐步抢占国内市场，包括：①植入性耗材中的心血管支架、心脏封堵器、人工脑膜、骨接合植入产品等；②大中型医疗设备中的监护仪、DR 等；③体外诊断领域的生化诊断；④家用医疗器械中的制氧机、血压计等。三是部分高端产品处于国际领先水平，包括生物可吸收冠脉支架、可降解医用镁骨钉、人工心脏等。

当前，国内高端医疗器械市场仍以进口为主，国产替代空间巨大。进口替代是医疗器械产业自主创新的"主旋律"。国内医疗器械行业在市场扩容、政策支持、国内技术迭代、创新研发投入及医保控费等支持下，进口替代动力强劲。

（三）集采压力推动出口贸易

医用耗材集采短期给企业盈利能力造成较大影响，长期将推动行业集中度提升。国产医用高值耗材行业快速发展仅 30 多年，在骨科、心血管科、眼科高值耗材的部分细分赛道已有显著进步和突破。短期看，虽然高值耗材出厂价一般远低于终端价，但在生产、管理、销售等成本不变的情况下，集采对厂商的利润空间还是会有较大影响。

因此在集采降价压力下，头部企业一方面会积极布局创新产品加快新技术领域进口替代，另一方面也会积极拓展海外市场缓冲降价带来的业绩压力。例如，以心脏封堵器、主动脉覆膜支架产品为主的先健科技，每年15% 左右的收入来自于海外。近年来，微创、乐普等平台型企业也在不断拓展海外市场。可预计，高值医用耗材领域企业会进一步拓展海外业务，相关企业营收出口比例进一步增长。

"十四五"展望篇

回顾"十三五"，我国医疗器械产业综合发展水平稳步增长，市场规模快速扩大，产品体系覆盖了卫生健康各个环节，基本满足我国需求；企业主体发展壮大，形成了一批协作配套、特色鲜明的产业集群；产品技术水平快速提升，突破了超导磁体、电子加速器等一批关键技术，骨科手术机器人、第三代人工心脏、聚焦超声治疗系统等达到国际先进水平；医药卫生体制改革持续深化，监管基础日趋完善，行业标准不断提高，科技创新高度活跃，研发投入不断加大，国际竞争力显著提高。在全球新型冠状病毒肺炎疫情的冲击下，我国医疗器械产业展现出强大的抗风险能力，把握住机遇，有力支撑了国内新型冠状病毒肺炎疫情防控需求和国际抗疫合作，在世界市场上取得更进一步的发展，为新发展阶段我国医疗器械高质量发展创造了有利条件。

与此同时，我国发展仍然处于重要战略机遇期，机遇和挑战都有新的发展变化。随着我国人均 GDP 突破 1.2 万美元、经济增速在全球主要经济体中名列前茅、人口老龄化进程的趋势加快，国内医疗需求持续释放。此外，新型冠状病毒肺炎疫情影响广泛深远、经济全球化遭遇逆流、新一轮科技革命和产业变革深入发展、国际力量对比深刻调整、国际环境日趋复杂，全球贸易壁垒和摩擦明显增多，我国医疗器械产业进入高质量发展关键时期。

在众多因素的共同发酵下，我们预计未来五年至十年，中国医疗器械行业市场将继续保持快速、高质量发展，行业平均增速将高于药品行业，高端医疗器械的国产化进程将进一步加速。在新型举国体制下，整合各方面力量开展协同攻关，逐步解决医疗器械领域"卡脖子"问题，实现科技自立自强，更好地满足人民群众对高质量、高水平医疗器械的需求，有效保障人民群众生命健康；更好的建设贸易强国，加快培育本土医疗器械企业国际竞争新优势，打造全球化竞争力。

第一章　产业发展形势

"十三五"时期是全面建成小康社会决胜阶段。随着供给侧结构性改革力度加大，城乡区域发展协调性明显增强，"放管服"改革成效明显，医药卫生体制改革进一步深化，对外开放持续扩大，内生动力不断加强，我国经济实力大幅提升，稳步迈向高收入经济体行列。

党的十八大提出实施创新驱动发展战略，强调科技创新是提高社会生产力和综合国力的战略支撑，我国科技事业加快发展，创新能力大幅提升，在基础前沿、战略高技术、民生科技等领域取得一批重大科技成果。在医疗器械领域中，我国研发出碳离子治疗系统、5T MR、PET/MR、512 层 CT、三维彩超、磁共振兼容脑起搏器、手术机器人等一批高端医疗器械，基本补齐了我国高端医疗器械短板，部分产品迈入全球竞争行列。

但是随着新型冠状病毒肺炎疫情的不稳定性增加，人口结构变化、气候问题、能源"脱碳"转换、国际环境日趋复杂、新一轮产业革命和产业变革深入发展，我国创新能力还不适应高质量发展要求、"卡脖子"问题突出，科技系统分散、重复、封闭、低效问题尚未得到有效解决、民生保障存在短板等一系列内因与外因的作用，"十四五"时期，我国发展环境面临深刻复杂变化。

为更好地了解"十四五"时期我国医疗器械的产业发展环境，下面将从产业政策支撑、经济发展情况、社会发展情况、技术创新四个维度，结合当下医疗器械发展现状展开讨论。

一、产业政策

明确的政策导向指明了未来方向。近年来，国家对医疗器械行业重视程度显著提高，密集出台了一系列关于医疗器械行业的政策法规，多次提出将医疗器械作为发展的重点，鼓励国内医疗器械加快创新做大做强，对医疗器械的转型和升级作出了重要部署。同时，相关部门也在不断深化医药卫生体制改革，对于医疗器械行业制定了更为细致、明确的监管要求，以保障医疗器械行业的健康发展。

（一）规划指导发展路线

坚定不移地推进医疗器械产业创新和高质量发展，是关系我国现代化建设和"十四五"改革要求的重要战略任务，是推动形成以国内大循环为主体、国内国际双循环相互促进新发展格局中的重要工作内容，是保障人民群众享有幸福安康生活的内在要求，是维护国家公共安全的重要保障。《中华人民共和国国民经济和社会发展第十四个五年规划和2035年远景目标纲要》是我国未来5年至15年发展总路线图，对中国医疗器械行业未来的发展起到关键性的引导作用，也为我国医疗器械的重点研发领域布局作出前瞻性规划。（表44）

表44　国家对医疗器械产业发展的指导及规划（部分）

指导要求	重点领域
提高高端医疗装备核心竞争力	◎ 培育先进制造业集群，推动医疗设备产业创新发展 ◎ 突破腔镜手术机器人、体外膜肺氧合机等核心技术 ◎ 研制高端影像、放射治疗等大型医疗设备及关键零部件 ◎ 发展脑起搏器、全降解血管支架等植入产品 ◎ 推动康复辅助器具提质升级

续表

指导要求	重点领域
打好关键核心技术攻坚战	◎ 建立国家实验室、研究型大学、一流科研院所和创新型领军企业共同参与的高效协同创新体系 ◎ 做大、做强、做优国家重点实验室 ◎ 布局建设国家产业创新中心、国家工程研究中心、国家技术创新中心、国家制造业创新中心等创新基地 ◎ 攻关人工智能、量子信息、生命健康、脑科学、基因生物技术、临床医学等前沿领域 ◎ 开发新发突发传染病和生物安全风险防控、医药和医疗设备、关键元器件零部件和基础材料等领域关键核心技术
推动企业技术创新能力	◎ 完善技术创新市场导向机制，强化企业创新主体地位，促进各类创新要素向企业集聚，形成以企业为主体，市场为导向、产学研用深度融合的技术创新体系 ◎ 实施极大力度的普惠性税收优惠政策，完善激励科技型中小企业创新的税收优惠政策
深化医药卫生体制改革	◎ 推进国家组织药品和耗材集中带量采购使用改革，发展高端医疗设备 ◎ 完善创新药物、疫苗、医疗器械等快速审评审批机制 ◎ 加快临床急需和罕见病治疗药品、医疗器械审评审批 ◎ 促进临床急需境外已上市新药和医疗器械尽快在境内上市

资料来源：《中华人民共和国国民经济和社会发展第十四个五年规划和2035年远景目标纲要》

　　由工业和信息化部、国家卫生健康委、国家发展改革委、科技部、财政部、国务院国资委、市场监管总局、国家医保局、国家中医药管理局、国家药监局等10部门联合印发的《"十四五"医疗装备产业发展规划》，部署了"十四五"期间7大重点发展领域，5个专项行动，包括产业基础攻关行动、重点医疗装备供给能力提升行动、高端医疗装备应用示范基地建设行动、紧急医学救援能力提升行动、医疗装备产业与应用标准体系完善行动，为医疗设备的高质量发展提供目标导向指引。（表45）

表45 《"十四五"医疗装备产业发展规划》七大重点发展领域

七大领域	重要任务
诊断检验装备	◎ 发展新一代医学影像装备，推进智能化、远程化、小型化、快速化、精准化、多模态融合、诊疗一体化发展 ◎ 发展新型体外诊断装备、新型高通量智能精准用药检测装备，攻关先进细胞分析装备，提升多功能集成化检验分析装备、即时即地检验（POCT）装备性能品质
治疗装备	◎ 攻关精准放射治疗装备，突破多模式高清晰导航、多靶区肿瘤一次摆位同机治疗、高精度定位与剂量引导、自适应放射治疗计划系统（TPS）等技术 ◎ 攻关智能手术机器人，加快突破快速图像配准、高精度定位、智能人机交互、多自由度精准控制等关键技术。发展高效能超声、电流、磁场、激光、介入等治疗装备。推进治疗装备精准化、微创化、快捷化、智能化、可复用化发展
监护与生命支持装备	◎ 研制脑损伤、脑发育、脑血氧、脑磁测量等新型监护装备，发展远程监护装备，提升装备智能化、精准化水平 ◎ 推动透析设备、呼吸机等产品的升级换代和性能提升。攻关基于新型传感器、新材料、微型流体控制器、新型专用医疗芯片、人工智能和大数据的医疗级可穿戴监护装备和人工器官
中医诊疗装备	◎ 发挥中医在疾病预防、治疗、保健康复等方面的独特优势，在中医药理论指导下，深度挖掘中医原创资源，开发融合大数据、人工智能、可穿戴等新技术的中医特色装备，重点发展脉诊、舌诊以及针刺、灸疗、康复等中医装备 ◎ 促进中医临床诊疗和健康服务规范化、远程化、规模化、数字化发展
妇幼健康装备	◎ 发展面向妇女、儿童特殊需求的疾病预防、诊断、治疗、健康促进等装备。攻关优生优育诊断分析软件及装备 ◎ 研制孕产期保健、儿童保健可穿戴装备，推动危重症新生儿转运、救治、生命支持以及婴幼儿相关疾病早期筛查等装备应用。促进妇幼健康装备远程化、无线化、定制化发展
保健康复装备	◎ 发展基于机器人、智能视觉与语音交互、脑—机接口、人—机—电融合与智能控制技术的新型护理康复装备，攻关智能 康复机器人、智能助行系统、多模态康复轮椅、外骨骼机器人系统等智能化装备 ◎ 促进推拿、牵引、光疗、电疗、磁疗、能量治疗、运动治疗、正脊正骨、康复辅具等传统保健康复装备系统化、定制化、智能化发展 ◎ 提升平衡功能检查训练、语言评估与训练、心理调适等专用康复装备供给能力

166

续表

七大领域	重要任务
有源植介入器械	◎加快植入式心脏起搏、心衰治疗介入、神经刺激等有源植介入器械研制。发展生物活性复合材料、人工神经、仿生皮肤组织、人体组织体外培养、器官修复和补偿等 ◎推动先进材料、3D打印等技术应用，提升植介入器械生物相容性及性能水平

资料来源：南方医药经济研究所整理

工业和信息化部、国家发展改革委、科技部、商务部、国家卫生健康委、国家医保局、国家药监局、国家中医药管理局等部门及地方政府也对医疗器械的发展提出指导要求，规划、布局行业的发展方向。（表46，表47）

表46 "十四五"医疗器械产业发展规划相关文件

发布日期	政策	相关内容
2022.1	《"十四五"市场监管现代化规划》	深入推进"证照分离"改革；加快提升市场主体登记规范化水平；持续优化企业开办服务；精准扶持小微企业和个体工商户健康发展；为市场主体减费降负；构建知识产权大保护格局
2022.1	《"十四五"医药工业发展规划》	提出到2025年，医药工业主要经济指标实现中高速增长，前沿领域创新成果突出，产业链现代化水平明显提高，药械供应保障体系进一步健全，国际化全面向高端迈进
2021.12	《"十四五"国家药品安全及促进高质量发展规划》	实施医疗器械全生命周期管理监管任务；优化医疗器械标准体系，制修订医疗器械标准500项；进一步加快重点产品审批上市，包括创新医疗器械、临床急需医疗器械；持续深化审评审批制度改革；深入实施中国药品监管科学行动计划；加强技术支撑能力建设、专业人才队伍建设、智慧监管体系和能力建设；完善协助医疗器械紧急研发攻关机制等

发布日期	政策	相关内容
2021.12	《"十四五"医疗装备产业发展规划》	到2025年，医疗装备产业基础高级化、产业链现代化水平明显提升，主流医疗装备基本实现有效供给，高端医疗装备产品性能和质量水平明显提升，初步形成对公共卫生和医疗健康需求的全面支撑能力；到2035年，医疗装备的研发、制造、应用提升至世界先进水平。我国进入医疗装备创新型国家前列，为保障人民全方位、全生命期健康服务提供有力支撑
2021.12	《"十四五"国家信息化规划》	提供普惠数字医疗，加强人工智能、大数据等信息技术在智能医疗设备和药物研发中的应用
2021.12	《"十四五"机器人产业发展规划》	到2025年，一批机器人核心技术和高端产品取得突破，整机综合指标达到国际先进水平，关键零部件性能和可靠性达到国际同类产品水平；机器人产业营业收入年均增速超过20%；形成一批具有国际竞争力的领军企业及一大批创新能力强、成长性好的专精特新"小巨人"企业，建成3—5个有国际影响力的产业集群；制造业机器人密度实现翻番
2021.10	《智慧健康养老产业发展行动计划（2021—2025年）》	通过实施智慧健康养老产品供给工程，重点发展健康管理类、养老监护类、康复辅助器具类、中医数字化智能产品及家庭服务机器人五大类产品，带动传感器、微处理器、操作系统等底层技术突破，实现多模态行为监测、跌倒防护、高精度定位等实用技术攻关
2021.10	《"十四五"国家临床专科能力建设规划》	"十四五"期间，由中央财政带动地方投入，从国家、省、市（县）不同层面分级分类开展临床重点专科建设，在定向支持国家医学中心和委属委管医院进行关键技术创新的同时，实施临床重点专科"百千万工程"，促进临床专科均衡、持续发展。支持相关专科在影响人民健康的重大疾病和再生医学、精准医疗、脑科学、人工智能、生物医学等关键技术领域进行创新，争取解决一批"卡脖子"技术
2021.9	《"十四五"全民医疗保障规划》	到2025年各省（自治区、直辖市）国家和省级高值医用耗材集中带量采购品种达5类以上；分步实施医疗器械唯一标识制度，拓展医疗器械唯一标识在卫生健康、医疗保障等领域的衔接应用；鼓励商业保险机构提供医疗、疾病、康复、照护、生育等多领域的综合性健康保险产品和服务，逐步将医疗新技术、新药品、新器械应用纳入商业健康保险保障范围

续表

发布日期	政策	相关内容
2021.7	《"十四五"优质高效医疗卫生服务体系建设实施方案》	加强重大基础设施建设与重大战略、重大改革协同，创新配套措施，确保发挥投资效益；配备呼吸机、体外膜肺氧合（ECMO）、移动CT、传染病隔离转移装置等医学设备，有条件的可以配备移动生物安全三级水平实验室、移动核酸检测实验室；建设高水准、国际化、开放性的药物、医疗器械装备、疫苗等临床科研转化平台和创新技术孵化基地
2021.6	《关于加快推进康复医疗工作发展的意见》	对康复医疗器械研发、创新提出明确要求
2021.5	《国务院办公厅关于全面加强药品监管能力建设的实施意见》	强基础、补短板、破瓶颈、促提升，对标国际通行规则，深化审评审批制度改革，持续推进监管创新，加强监管队伍建设，按照高质量发展要求，加快建立健全科学、高效、权威的药品监管体系，推动我国从制药大国向制药强国跨越，更好满足人民群众对药品安全的需求

资料来源：南方医药经济研究所整理

表47 各省市区医疗器械产业发展相关指导文件

省市区	政策
安徽	完善全省乙类大型医用设备集中采购工作实施方案
	关于印发推广高值医用耗材集中带量采购试点经验的实施办法
北京	北京市"十四五"时期国际科技创新中心建设规划
	北京市推进医疗器械唯一标识系统全域试点工作方案
	北京市加快医药健康协同创新行动计划（2021—2023年）
福建	关于降低药品及医疗器械产品注册费收费标准的通知
甘肃	关于开展医用耗材集中带量采购和使用的实施意见
广东	广东省药品安全及高质量发展"十四五"规划
	广东省推动医疗器械产业高质量发展实施方案
贵州	关于助推医药产业高质量发展的若干措施
河北	关于开展河北省医用耗材集中带量采购和使用的实施方案
	河北省医疗保障"十四五"规划

续表

省市区	政策
黑龙江	全省加强集中带量采购中选医疗器械质量监管工作专项检查实施方案
湖北	湖北省科技创新"十四五"规划
湖南	湖南省医疗器械注册人制度试点工作实施指南（试行）
	湖南省"十四五"品牌发展规划
	湖南省医疗器械注册人委托生产质量管理体系实施指南（试行）
吉林	吉林省治理高值医用耗材实施方案
	吉林省"十四五"医药健康产业发展规划
江苏	江苏省推进医疗器械唯一标识工作实施方案
江西	江西省"十四五"医药产业高质量发展规划
宁夏	宁夏回族自治区医疗机构药品使用质量管理规范（试行）
	宁夏回族自治区医疗机构医疗器械使用质量管理规范（试行）
青海	青海省人民政府办公厅关于印发青海省治理高值医用耗材改革实施方案的通知
山东	山东省第一类医疗器械产品备案管理办法（征求意见稿）
	关于开展医疗器械临床试验机构备案后监督检查的通告
	山东省创新药物与高端医疗器械引领行动计划（2020—2022）
陕西	陕西省人民政府办公厅关于印发药品和医疗器械安全突发事件应急预案的通知
	以高质量监管和服务促进全省医药产业高质量发展的若干措施
上海	关于印发上海市高端装备产业发展"十四五"规划的通知
	上海市关于联合推进医疗器械唯一标识系统全域试点工作方案
四川	四川省药品和医用耗材集中采购货款在线结算管理暂行办法
	四川省治理高值医用耗材改革实施方案
天津	天津市医疗器械唯一标识系统试点工作方案
	天津市医疗保障发展"十四五"规划

续表

省市区	政策
新疆	新疆维吾尔自治区第二类医疗器械特殊注册程序
云南	云南省推进实施医疗器械唯一标识（第一批）工作方案
浙江	浙江省健康产业发展"十四五"规划
重庆	重庆市药品安全及高质量发展"十四五"规划（2021—2025年）

资料来源：南方医药经济研究所整理

（二）鼓励扶持企业发展

在鼓励扶持措施上，各级政府及相关部门加大对创新产品的资助扶持力度，支持创新成果转化；对创新产品进入医保、集采、推广等方面给予优先政策；在激励企业加大研发投入上，实施极大力度的普惠性税收优惠政策，完善激励创新的税收优惠政策，这对鼓励医疗器械的研究与创新，推动医疗器械产业高质量发展起到了积极作用。（表48）

表48　国家级医疗器械产业相关鼓励扶持政策

发文日期	政策	相关内容
2018.4	《国务院关于在海南博鳌乐城国际医疗旅游先行区暂停实施〈医疗器械监督管理条例〉有关规定的决定》	对先行区内医疗机构临床急需且在我国尚无同品种产品获准注册的医疗器械，由海南省人民政府实施进口批准，在指定医疗机构使用
2020.3	《加强"从0到1"基础研究工作方案》	重点支持人工智能、网络协同制造、3D打印和激光制造、云计算和大数据、高性能计算、生物育种、高端医疗器械、集成电路和微波器件、重大科学仪器设备等重大领域，推动关键核心技术突破
2020.9	《智慧健康养老产品及服务推广目录（2020年版）》	促进智慧健康养老优秀产品和服务推广应用，为相关部门、机构和企业采购选型提供参考

发文日期	政策	相关内容
2021.2	《关于支持"专精特新"中小企业高质量发展的通知》	"十四五"期间，中央财政累计安排100亿元以上奖补资金，引导地方完善扶持政策和公共服务体系，分3批（每批不超过3年）重点支持1000余家国家级专精特新"小巨人"企业推进技术创新、技术成果产业化应用，支持更多中小企业进入龙头企业供应链，培育更多中小企业特色产业集群
2021.6	《关于开展国家组织高值医用耗材集中带量采购和使用的指导意见》	明确开展国家组织高值医用耗材集中带量采购和使用将重点覆盖临床用量较大、采购金额较高的产品。并要求严谨制定入围质量技术标准，强化企业主体责任，加强全链条质量监管。夯实中选企业在采购周期内满足采购需求的责任，确保供应配送及时
2021.11	《粤港澳大湾区药品医疗器械监管创新发展工作方案》	授权广东省政府批准在大湾区内地9市开业的指定医疗机构使用临床急需、已在港澳上市的药品和医疗器械。进一步深化药品医疗器械审评审批制度改革，建立国家药品医疗器械技术机构分中心，在中药审评审批、药品上市许可人、医疗器械注册人等制度领域实施创新举措，增设药品进口口岸，为推动粤港澳大湾区生物医药产业创新发展提供机制保障
2021.12	《关于调整重大技术装备进口税收政策有关目录的通知》	2022年后，可享受免税政策的医疗设备已减少至8种，进一步利好国产医疗设备进院
2021.12	《中华人民共和国科学技术进步法》（2021年修订）	对境内自然人、法人和非法人组织的科技创新产品、服务，在功能、质量等指标能够满足政府采购需求的条件下，政府采购应当购买；首次投放市场政府采购的产品尚待研究开发的，通过订购方式实施。采购人应当优先采用竞争性方式确定科学技术研究开发机构、高等学校或者企业进行研究开发，产品研发合格后按约定采购。鼓励境外组织和个人参与科学技术研发和成果转化

续表

发文日期	政策	相关内容
2021.12	《外商投资准入特别管理措施（负面清单）（2021年版）》《自由贸易试验区外商投资准入特别管理措施（负面清单）（2021年版）》	禁止外商投资"人体干细胞、基因诊断与治疗技术开发和应用"，"医疗机构限于合资"
2022.1	《区域全面经济伙伴关系协定》（RECP）	协定之下企业间的经贸往来更加频繁，在一定程度上对企业的原材料采购、产业链布局、对外投资等战略决策产生影响。成员国之间医疗器械的进出口业务也会迎来新的一波高峰，大批高端医疗设备制造技术将不断涌入我国，也将带动我国医疗器械制造向更高水平、高质量发展

资料来源：南方医药经济研究所整理

（三）监管助推产业进步

行业监管与产业发展互促共进。企业既是监管对象，也是服务对象。有效的行业监管可以为产业发展营造有序、安全、可预期的市场环境；可以通过政策引导和优质服务，实实在在地引导助推产业高质量发展。（表49）

新修订的《医疗器械监督管理条例》提出"国家制定医疗器械产业规划和政策，将医疗器械创新纳入发展重点，对创新医疗器械予以优先审评审批，支持创新医疗器械临床推广和使用，推动医疗器械产业高质量发展。国务院药品监督管理部门应当配合国务院有关部门，贯彻实施国家医疗器械产业规划和引导政策。"新修订的《医疗器械监督管理条例》体现了"保质量安全底线，促产业发展高线"的新理念；适应了近年来医疗器械产业发展新形势，巩固医疗器械审评审批制度改革和"放管服"改革成果，从制度层面鼓励产业创新发展。

173

2019 年 4 月，国家药品监督管理局正式启动中国药品监管科学行动计划，联合各大专院校、科研机构，设立了一批国家医疗器械监管科学研究基地，开展监管科学研究合作。通过监管科学研究，探索适应医疗器械创新发展的新方法、新标准、新工具，提高监管效能和水平，推动产业创新发展。同时积极推动医疗器械相关监管法规、政策、标准的国际化，提升我国的国际影响力和话语权，推动医疗器械产业国际化发展。

《"十四五"国家药品安全及促进高质量发展规划》，更是明确到"十四五"末期，监管能力需整体接近国际先进水平，产品安全保障水平持续提升，人民群众对药品质量和安全更加满意、更加放心。

表 49　医疗器械监管最新相关政策

政策条例	相关内容
《医疗器械监督管理条例》	增加了新制度、新机制、新方式，着力提升治理水平；简化优化了审评审批程序，着力提高监管效能；细化完善了医疗器械质量安全全生命周期的责任；进一步加大对违法违规行为的惩戒力度
《关于全面加强药品监管能力建设的实施意见》	提出提升标准管理能力、提高技术审评能力、提升"互联网＋药品监管"应用服务水平、实施中国药品监管科学行动计划、提升监管队伍素质、实施中国药品监管科学行动计划
《关于进一步促进医疗器械标准化工作高质量发展的意见》	到 2025 年，基本建成适应我国医疗器械全生命周期管理需要，符合严守安全底线和助推质量高线新要求，与国际接轨、有中国特色、科学先进的医疗器械标准体系。从优化标准体系、强化标准精细化管理、加强标准监督实施、完善医疗器械标准组织体系、深化国际交流与合作、提升标准技术支撑能力等任务，推进医疗器械标准化工作高质量发展
《医疗器械唯一标识系统规则》	规范医疗器械唯一标识系统建设，加强医疗器械全生命周期管理

続表

政策条例	相关内容
《关于做好第二批实施医疗器械唯一标识工作的公告》	在第一批高风险第三类医疗器械中9大类69个品种的基础上，将其余第三类医疗器械（含体外诊断试剂）纳入第二批实施唯一标识范围。支持和鼓励其他医疗器械品种实施唯一标识。第二批医疗器械唯一标识（UDI）于2022年6月1日起实施
《关于扩大医疗器械注册人制度试点工作的通知》	探索创新医疗器械监管方式，有效落实"监管工作一定要跟上"的要求，完善事中事后监管体系，厘清跨区域监管责任，形成完善的跨区域协同监管机制，增强监管合力，提升监管效能。探索释放医疗器械注册人制度红利，鼓励医疗器械创新，推动医疗器械产业高质量发展
《国家药品监督管理局关于加快推进药品智慧监管的行动计划》	推进信息技术与监管工作深度融合，形成"严管"加"巧管"的监管新局面
《真实世界数据用于医疗器械临床评价技术指导原则（试行）》	明确真实世界数据可用于医疗器械全生命周期临床评价，包括上市前临床评价及上市后临床评价。但在当前发展阶段，真实世界证据在医疗器械临床评价中，更多的是作为已有临床证据的补充，不能取代现有临床评价路径

资料来源：南方医药经济研究所整理

（四）高水平的对外交流

对外开放是我国的基本国策，建设更高水平开放型经济新体制是对外开放的重大举措。在世界主要经济体中，中国是唯一一个没有专门审批外国直接投资监管要求的国家。联合国贸易和发展会议（UNCTAD）发布的《全球投资趋势监测》报告显示，2020年，中国吸引外国直接投资为1630亿美元，超过美国的1340亿美元，超越美国成为世界上第一大外国直接投资的对象。2021年，我国实际使用外资规模创历史新高。分行业看，高技术产业和服务业全球外商直接投资（FDI）增长较快，服务业实际使用外资金额高达9064.9亿元，同比增长16.7%。分

175

来源看,"一带一路"沿线国家和东盟对我国的直接投资增长较快。整体来说,我国对外开放取得显著成就,在这大环境背景下,我国医疗器械产业的国际交流合作必将持续深入,通过给外企制造良好的投资和营商环境让外企更多元化参与到中国医疗器械产业建设中来。

对外交流平台持续扩容。2020年1月1日实施的《中华人民共和国外商投资法》为推动更高水平的对外开放提供了法治保障。中国国际进口博览会、中国进出口商品交易会、中国国际服务贸易交易会为国内外医疗器械企业提供互惠交流创造商机的平台。《中华人民共和国海南自由贸易港法》对标国际高水平经贸规则,给外商提供了良好营商环境,部分进口税费免征,同时提高医疗废物的处理处置能力,推动旅游与健康医疗、养老、养生等新兴业态融合。中国(上海)自由贸易试验区"离岸通"平台,是全国首个直接整合境外数据用以支持贸易真实性审核的辅助信息平台,通过对全球数据的整合,这一平台不仅能够支持浦东新区内企业离岸贸易的真实性判断,而且在可预见的未来将扩展服务范围至长三角地区乃至全国,促进当地的医疗器械进出口贸易发展。

《关于深圳建设中国特色社会主义先行示范区放宽市场准入若干特别措施的意见》重点围绕金融、交通、健康、医疗等领域做好国际规则衔接,积极参与跨境数据流动国际规则制定,此外,还放宽医药和医疗器械市场准入限制,允许采信由国家认监委会同国家药监局认定的第三方检验机构出具的医疗器械注册检验报告。支持在深圳本地药品、医疗器械的全生命周期临床评价中推广真实世界数据应用,重点覆盖临床急需、罕见病治疗、AI医疗算法、精准医疗、中医药等领域的临床评价,进一步加快新产品上市进程,及时发现和控制已上市产品使用风险等。《广东省粤港澳大湾区内地临床急需进口港澳药品医疗器械管理暂行规定》《粤港澳大湾区内地临床急需进口港澳药品医疗器械使用评审专家库管理办法(试行)》正式发布实施,为"港澳药械通"在大湾区内地

9 市的实施提供制度保障。《国家药监局关于进口医疗器械产品在中国境内企业生产有关事项的公告》（2020 年 第 104 号）允许进口医疗器械注册人通过其在境内设立的外商投资企业在境内生产第二类、第三类已获进口医疗器械注册证产品，明确了境内企业与境外企业一致性的原则。

大力推动经贸谈判。《区域全面经济伙伴关系协定》（RCEP）在 2022 年 1 月 1 日对文莱、柬埔寨、老挝、新加坡、泰国、越南、中国、日本、新西兰和澳大利亚 10 国正式生效，标志着全球人口最多、经贸规模最大、最具发展潜力的自由贸易区正式落地。RCEP 生效当日，中国与东盟、澳大利亚、新西兰之间的立即零关税比例将超过 65%，与韩国相互之间立即零关税比例将达到 39% 和 50%。此外，中国与日本是新建立自贸关系，相互立即零关税比例将分别达到 25% 和 57%。最终，86% 的日本出口至中国的产品将实现零关税，同时中国出口至日本 88% 的产品将享受零关税待遇。可以看出，RCEP 在一定程度上对企业的原材料采购、产业链布局、对外投资等战略决策产生影响，成员国之间医疗器械的进出口业务也会迎来新的一波高峰，大批高端医疗设备制造技术将不断涌入我国，也将带动我国医疗器械制造向更高水平、高质量发展。

《中欧投资协定》的签订将为中国与欧盟 26 个国家（除爱尔兰以外）投资保护筑起强有力的法律基石，加速了国内国外大循环格局，跨国医疗企业能够运用更多资源，优化产业链和供应链布局，提升公司整体运营效率；中国本土企业将借力欧盟发展多边贸易，加速出海。特别明确的一点是：中国将解除对北京、上海、天津、广州和深圳等主要城市的私立医院合资要求，提供新的市场开放。同时加强知识产权保护力度，将加大中国研发环境的吸引力，吸引更多欧盟企业投向医疗高技术、高附加值的产业。欧盟在制造业技术的积累和生产的成熟度也赋能中国医疗领域，加速医疗领域的研发进度。

鼓励科学人才引进，参与多项技术交流。"十四五"时期，我国将加大国家科技计划对外开放力度，启动一批重大科技合作项目，研究设立面向全球的科学研究基金，实施科学家交流计划。支持在我国境内设立国际科技组织、外籍科学家在我国科技学术组织任职。

二、经济环境

当前，我国经济规模进一步扩大，人民生活水平得到大幅提升。据国家统计局统计数据显示，2021年，我国全年GDP总量达1143670亿元，比上年增长8.1%，稳居世界第二，经济呈现稳定恢复态势，实现"十四五"良好开局。

（一）大众健康消费观念转变

我国居民消费结构进一步改善。2021年，我国人均GDP达到80976元，按年平均汇率折算达12551美元，连续三年保持在1万美元以上，超过世界人均GDP水平。全国居民人均可支配收入为35128元，增长8.1%，快于人均国内生产总值增速，居民收入增长与经济增长基本同步。全国居民人均消费支出为24100元，增长12.6%，其中人均医疗保健消费支出2115元，增长14.8%，占人均消费支出的比重为8.8%，增速高于全国居民人均消费支出1.2个百分点。[1]（图91，图92）

随着人民生活水平不断提升，人均可支配收入显著增长，人们的健康保健意识也在逐渐增强，卫生要求不断提高，大众健康消费观念也从原来的"诊断治疗、病重就医"逐步向"预防为主、防治结合"转变，人们就诊的频次及医疗消费的比例将日渐提高，慢病管理、康复、养老

---

[1]2021年四季度和全年国内生产总值（GDP）初步核算结果. 国家统计局

图 91　2016—2021 年国内生产总值及增速

数据来源：中华人民共和国国民经济和社会发展统计公报

图 92　2016—2020 年人均卫生费用与医疗卫生机构诊疗人次数比较

数据来源：中华人民共和国国民经济和社会发展统计公报

以及医美等消费市场需求也会快速上升。在当前，越来越多的患者群体需要在出院后使用各种家用医疗用品进行持续性治疗，可见，医疗器械已经开始呈现从"医院用医疗器械"到"家用医疗器械"的发展趋势，大众用械意识明显增强，以上因素共同促进了医疗器械行业的高质量发展。

（二）医疗消费支出持续增长

"十三五"期间中国卫生总支出持续增长，连续四年达到 10% 以上的增速，卫生总费用占 GDP 比重达 7.1%。相比之下，美国 2020 年卫生总支出 GDP 占比达 18%，表明中国卫生总费用占 GDP 比重相较西方国家仍然较低，未来还将持续增长。2020 年中国基本医保体系为 13.6 亿多国民提供医疗保障，覆盖率达 95% 以上，表明中国卫生总费用投入产出的宏观绩效高于西方国家。同时，医保存在负担结构和支出分布不均衡的问题，2017 年后政府不断加大医保监管力度，控制医疗卫生支出费用增幅，改善卫生医护资源配置结构，提高卫生总费用使用效率，自 2017 年开始，中国医疗卫生支出费用的增速放缓。

与此同时，中国为进一步优化医疗资源配置结构，建设养老育幼基础设施，提高应对公共卫生事件能力，重视慢性病和残疾康复服务质量、重视心理健康，加快发展健康产业，以内循环为重心，重点满足国内巨大的需求市场，保障人民对医疗卫生不断增长的需求，还将不断增加卫生支出。

总体来看，由于医保改革和政策重心与市场需求的此消彼长，未来 2—3 年中国卫生总费用增长速度还将持续放缓，卫生总费用占 GDP 比重将保持低速增长。经过一段时间落实医保改革，基本完成优化卫生总支出结构后，将会快速增长。若未来五年能保持与 GDP 同步增长甚至略快于 GDP 的增长速度，将会获得极大的市场增量和体积更为巨大的市场规模，不断刺激更多的消费需求。（图 93）

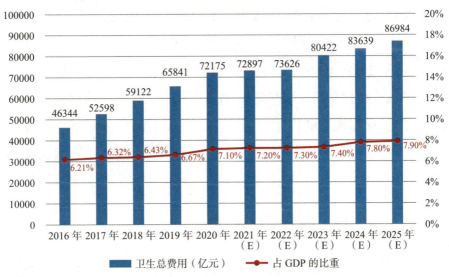

图 93 未来中国卫生总费用及占 GDP 的比重预测

数据来源：南方医药经济研究所根据公开数据测算

（三）资本助力"专精特新"医疗器械企业

2021 年 9 月 2 日，中国国际服务贸易交易会全球服务贸易峰会明确将继续支持中小企业创新发展，深化新三板改革，设立北京证券交易所，打造服务创新型中小企业主阵地。北京证券交易所聚焦服务创新型中小企业，与沪深交易所形成差异互补，专注服务"专精特新"中小企业，上市条件更为"宽松"，让初创阶段的中小医疗器械企业可以承载更大的融资规模，让"专精特新"、掌握"硬科技"的医疗器械企业获得更多机会。

深圳证券交易所	北京证券交易所	上海证券交易所
创业板	精选层	科创板
聚焦"成长型创新企业"定位"创新、创造、创意"	聚焦"中小创新企业"定位"专精特新"	聚焦"硬科技"定位"面向世界科技前沿、面向经济主战场，面向国家重大需求"

科创板是近年来医疗器械企业 IPO 的首选板块，与北交所相比，在对企业研发投入占比标准上，科创板要求企业最近 3 年累计研发投入占比不低于 15%。然而，北交所只需要企业的研发投入在最近两年内不低于 8%，并且在研发成果等科创属性标准上，北交所门槛较低。当前，我国医疗器械企业以中小型为主，北交所的服务对象与从事医疗器械创新的中小型企业非常适配，更加适合中小型医疗器械企业融资发展。

（四）数字技术助力医疗新基建

《中国数字经济发展白皮书（2017 年）》中，中国信通院将数字经济定义为以数字化的知识和信息为关键生产要素，以数字技术创新为核心驱动力，以现代信息网络为重要载体，通过数字技术与实体经济深度融合，不断提高传统产业数字化、智能化水平，加速重构经济发展与政府治理模式的新型经济形态。

在新型冠状病毒肺炎疫情的持续影响下，数字化发展成为各行业的新常态，数字化地位发生根本性改变。5G、云计算、大数据、工业互联网等技术是促进经济数字化、智能化转型的物质基础和驱动引擎。2020 年，我国数字经济核心产业增加值占 GDP 比重为 7.8%。"十四五"时期，数字技术将加快创新应用，2025 年数字经济核心产业增加值占 GDP 比重可达 10%。

根据公开数据，2020 年 3 月后，医疗技术的估值再次上升，其中，数字医疗公司的反弹更加强劲，由于投资者对在新型冠状病毒肺炎疫情期间加强使用虚拟医疗和其他远程技术而感到兴奋，说明投资者对数字医疗行业的信心增强，将带动医疗数字化的发展。2020 年出现了数字医疗领域迄今为止最大的并购投资，即 Teladoc Health 宣布将以 185 亿美元收购 Livongo。《福布斯》杂志描述这次收购为"数字医疗领域空

前的大事已经发生 [①]。"该交易是一个潜在的变革性举措，不仅创造了一个医疗科技巨头，也将数字医疗估值拔高到一个新的基准。

"十四五"时期，我国新型基础设施的建设和投入力度将进一步加强，越来越多的行业与企业融入数字化变革浪潮的同时，企业数字化的基础和应用也将更加完善。对于医疗行业来说，随着数字技术不断向纵深发展，大数据以及人工智能等技术加速研发应用，医疗新基建正迎来数字化发展的"春天"。同时，5G、云计算、区块链、物联网等技术的加速发展，为医疗数字化提供了更加坚实的物质基础。

（五）医保控费全面覆盖，集采常态化开展

医保控费全面覆盖，加速产品进口替代进程。《国家医疗保障局关于印发 DRG/DIP 支付方式改革三年行动计划的通知》明确要求，以加快建立管用高效的医保支付机制为目标，分期分批加快推进，从 2022 到 2024 年，用 3 年时间全面完成 DRG/DIP 付费方式改革任务。到 2025 年底，DRG/DIP 支付方式覆盖所有符合条件的开展住院服务的医疗机构，基本实现病种、医保基金全覆盖。2022 年是三年规划的开局之年，DRG 改革会由点及面，影响我国整个医疗系统的运营，医疗器械行业也必然在其影响的序列之中。

DRG/DIP 付费方式改革是对未来院内耗材市场格局的重塑。DRG 是疾病诊断相关分组，DIP 是基于大数据的按病种分值付费，它们在全国范围内实施的大趋势将倒逼全国范围内信息化建设较弱的医院完善数据、提高病案质量，并在此基础上逐步上传各项诊疗、检查、用药等信息。同时，支付改革使得医院"降本增效"，国内优质的医疗器械产品逐渐获得进口替代机会，政策加速了进口替代进程。

---

① Chase Feiger, M.D. "Say Hello To The Largest Virtual Care Company: Telavongo, The \$38 Billion Merger Between Teladoc And Livongo." Forbes. 5 August 2020.

此外，国家医保局强调，未来 DRG/DIP 付费的价格监控下，耗材进院将必须遵守以下 3 个标准，即"临床必需、安全有效、费用适宜"。因此，如何为医院提供高性价比产品，是未来企业运营生产模式转变的关键所在，也对医疗器械领域的创新发展不断提出新的需求。

集中带量采购对医保控费产生一定的积极效应。《"十四五"全民医疗保障规划》明确，"十四五"时期将常态化制度化实施国家组织药品集中带量采购，持续扩大国家组织高值医用耗材集中带量采购范围，推动集中带量采购成为公立医疗机构医药采购的主导模式。同时将医用耗材带量采购列入主要指标，要求到 2025 年国家和省级高值医用耗材集中带量采购品种应达到 5 类以上。

2022 年 1 月 10 日，国务院常务会议更进一步明确，常态化制度化开展药品和高值医用耗材集中带量采购，进一步降低患者医药负担。其中，要逐步扩大高值医用耗材集采覆盖面，对群众关注的骨科耗材、药物球囊、种植牙等分别在国家和省级层面开展集采。

随着集采进入制度化、常态化实施阶段，集采成为影响药械行业发展最大的政策变量，促降价防滥用将成未来方向，价格虚高现象将被有力遏制。一方面，临床用量大、采购金额高、临床使用成熟、市场竞争充分、同质化水平高的高值耗材将纳入采购范围，国家联采、省级带量采购、区域联盟采购、省级直接挂网将成为集采的主要形式，其中联盟采购成为政策要求的方向，会涌现出更多类型的联盟组织。另一方面，是否中标集采，将成为企业发展的分水岭，兼并重组、优胜劣汰在未来 5 年加剧，行业面临洗牌，可以预见会淘汰一大批中小型企业，行业集中度将得到快速提升。

集中带量采购将引导优秀的国内医疗器械生产企业创新发展，倒逼流通和零售各环节企业加快创新步伐，推动产业转型升级。

三、市场需求

市场需求扩大给国内医疗器械市场快速发展提供了更多的机遇和空间。人均收入提高、人民生活水平提升、城镇化进程加快、人口老龄化日趋严重，不健康生活方式流行，肿瘤、糖尿病、高血压、高血脂、神经系统疾病、慢性肾病等慢性病发病率明显提高、三孩政策等因素正激发大量卫生与健康需求，加之医疗领域供给侧结构性改革和创新驱动发展战略的深入推进，行业内部外部资本的流入、不断突破的高新技术，共同驱动医疗器械行业发展。

（一）人口老龄化进一步加深，医疗需求急剧增加

据第七次全国人口普查公报，2020 年中国人口达到 14.1 亿，出生人口较 2019 年减少 260 万，同比下降 18%。大陆地区 15—59 岁人口比重下降 6.79%，劳动力人口比重下降；60 岁及以上人口比重上升 5.44%，占总人口比例达到 18.7%，65 岁及以上老年人口占总人口比例达到 13.5%。自 2000 年步入老龄化社会以来的 20 年间，老年人口比例增长了 8.4 个百分点，老年人口规模呈现总量扩张、增量提速的发展态势，老年人口比重持续上升。（表 50，图 94）

表 50　全国人口年龄构成

年龄	人口数（人）	比重
总计	1,411,778,724	100.00%
0—14 岁	253,383,938	17.95%
15—59 岁	894,376,020	63.35%
60 岁及以上	264,018,766	18.70%
其中：65 岁及以上	190,635,280	13.50%

数据来源：第七次全国人口普查公报（第五号），截至 2020 年 11 月 1 日零时

图94　2016—2020年中国65岁及以上人口占总人口比例及趋势

数据来源：国家统计局

据联合国统计标准，如果一个国家60岁以上老年人口达到总人口数的10%或者65岁以上老年人口占总人口数的7%以上，就属于人口老龄化国家。在"十四五"时期，20世纪60年代第二次出生高峰所形成的更大规模人口队列则会相继跨入老年期，使得中国的人口老龄化水平从最近几年短暂的相对缓速的演进状态扭转至增长的"快车道"，老年人口年净增量几乎是由21世纪的最低值（2021年出现）直接冲上最高值（2023年出现）[1]。

人口老龄化促进了"银发经济"的发展，扩大了老年产品和服务消费，有利于推动技术进步，给医疗行业带来新的发展机遇。一方面，我国正加速从"轻度老龄化"向"中度老龄化"阶段迈进，人类患病率随着年龄的增长而上升，社会保障、医疗保健和卫生方面的消费支出日益增长，老年人照护服务等需求持续增加，内生需求旺盛会造就医疗器械产业或者衍生产业发达，促使医疗器械市场迎来快速发展机遇期。另一

---

① 第七次全国人口普查公报解读

方面，老年人口是慢病高发群体，随着老龄化人口日趋严重，我国慢病患病率持续升高，老龄化社会带来的对医疗器械的长远需求正在日益增长，特别是推动了心脏支架和心脏瓣膜等高值耗材，以及体外诊断、骨科类和心血管类耗材领域的发展，助长了与慢病管理相关的检验、治疗设备和耗材领域、康复医疗器械、家用器械的发展。

此外，为积极应对人口老龄化，国家制定了人口长期发展战略，优化生育政策。三孩政策的落地，高龄人群的生育需求或将增加，从而带来更多的辅助生殖需求。据中国人口协会、原国家计生委联名发布的最新《中国不孕不育现状调研报告》显示，中国的不孕不育率从 20 年前的 2.5%—3% 攀升到 12%—18%。患者人数超过 5000 万。

辅助生殖产业链上游的医疗器械主要包括辅助生殖高值耗材（如胚胎冷冻/解冻液、胚胎培养液、PGT 试剂等）、辅助生殖固体耗材、辅助生殖专用仪器等。在国家政策的支持和推动下，医疗设备的销售会有所增加。同时，治疗容量增加会带来对试剂、耗材、药物、检测要求的增加，更需要降低治疗成本，这些都是国产品牌企业可以提供的，因此国产品牌的替代意义重大[1]。

（二）新型城镇化进一步发展，基层医疗空间扩容

《中华人民共和国国民经济和社会发展第十四个五年规划和 2035 年远景目标纲要》提出，"十四五"时期"常住人口城镇化率提高到 65%"。可以预见，未来 5 年，我国城镇化率仍将处于快速增长区间，城镇化建设将转向高质量发展阶段。

一方面，随着我国城镇化逐步迈向高质量发展阶段，在分级诊疗政策、医联体建设的驱动下，我国医疗资源精准下沉，优质的医疗资源基

---

[1]《中国辅助生殖行业市场前景及投资机会研究报告》

层化投入将成为医疗器械行业发展的重要推动力，带动基层医疗机构的创新诊断、医疗设备和耗材需求。"十四五"时期，国家将推动省市优质医疗资源支持县级医院发展，力争新增500家县级医院（含中医院）达到三级医院设施条件和服务能力。稳步扩大城乡家庭医生签约服务覆盖范围，提高签约服务质量。农村地区医疗卫生短板将进一步补足，农村居民就医将得到更多实惠。

另一方面，不断增加的新城镇人口对医疗卫生机构设施设备现代化、多样化、信息化水平提出更高的要求，这将促进中国基层医疗机构的医疗设备更新换代，从而加速基层医疗器械需求释放。

（三）医保覆盖范围深度提升，医疗器械需求增强

随着我国逐步进入中度老龄化阶段，劳动年龄人口减少，人口在职退休比进一步降低，伴随着疾病谱发生变化，传统传染病和新型冠状病毒肺炎等新型传染病风险交织，以及城镇化快速发展，人民群众对医疗保障范围和标准的要求不断提高，推动医保改革深入，医保覆盖面扩大，反向刺激居民多方面医疗需求增长。

医疗保障是基本的民生工程，根据《2020年全国医疗保障事业发展统计公报》显示，2020年参加全国基本医疗保险136131万人，参保率稳定在95%以上。2020年，全国基本医保基金（含生育保险）总收入24846亿元，比上年增长1.7%，占当年GDP比重约为2.4%，基本养老保险覆盖近10亿人。尽管受新型冠状病毒肺炎疫情影响，2020年就诊量同比上年有所减少，但职工基本医疗保险参保人数持续增加，职工医保次均住院费用持续增长。

"十四五"时期，我国基本医疗保险参保率保持在95%以上，比"十三五"要求的质量更高。其次，住院费用跨省直接结算率将由50%提高到70%，个人卫生支出占比降至27%等措施都在不断减轻群众医

疗费用负担。此外，"十四五"时期还将扩大医疗保障定点医疗机构、医疗保障定点零售药店覆盖面，将更多符合条件的基层医疗机构纳入医保定点范围。

可以看出，居民医疗需求持续释放，医疗改革深入推进，医保基金扩容，反向刺激大众多方面的健康消费增长，预计未来医疗器械市场将持续高速发展。

（四）分级诊疗释放基层医疗机构需求

建立分级诊疗制度是合理优化配置医疗资源，有效引导医疗服务市场供需，促进基本医疗服务均等化的重要举措。国家卫生健康委员会、国家中医药管理局发布《关于进一步做好分级诊疗制度建设有关重点工作的通知》（国卫医发〔2018〕28号）提出建立"区域分开、城乡分开、上下分开、急慢分开"的分级诊疗制度。

分级诊疗制度的实施，使得基层医疗机构的数量利益增加、规模不断扩大，有望带来基层医院大量的医疗器械采购需求。2020年我国卫生健康事业发展统计公报公开的数据称，2020年末，全国医疗卫生机构总数达1022922个，比上年增加15377个。其中，医院35394个，基层医疗卫生机构970036个，专业公共卫生机构14492个。与2019年相比，医院增加1040个，基层医疗卫生机构增加15646个。基层医疗机构的建设，一直是医疗卫生事业的短板，也会是今后的投入重点，因此基层医院数量及诊疗量的增加会带来仪器设备配备、新冠病毒检测试剂购买和耗材的消耗需求。

另外，分级诊疗的推进，还打通了基层群众的慢病管理、医养结合、互联网配送药品到家等的医养康防药全周期、各环节的服务，进一步促进医疗器械网络销售持续发展。值得注意的是，医疗器械网络交易和销售日趋活跃的同时，市场竞争也异常激烈。因此，医疗器械企业更应提供以人为本的业务模式，在产品组合中加入增值服务，给用户提供超越设备的服务、超越服务的智能，以用户为基础，搭建"产品—销售—服务"一体化平台。

（五）公共卫生事件应急保障

2020 年全球新型冠状病毒肺炎疫情暴发，中国公共卫生管理受到严峻挑战。在新型冠状病毒肺炎疫情暴发初期，医用口罩、医用防护服、检测试剂、呼吸机一度短缺，ICU（重症监护）病房严重供应不足、救治能力有限、各地单独隔离院区不足和县级医院发热门诊建设不足的问题频频出现。目前国内 ICU 床位／总床位为 5%—6%，发达国家达到 15%，美国 18%，国内普及率较低，单间隔离 ICU 也较少。多数三甲医院缺乏必要的新冠病毒检测试剂、PCR 仪器和具有较高技术水平的检验人员，样本只能送到疾病预防控制中心（CDC），无法对患者及时检测。

2020 年 2 月 14 日，中央全面深化改革委员会第十二次会议上提出"要把应急物资保障作为国家应急管理体系建设的重要内容"。为聚焦新型冠状病毒肺炎疫情暴露的公共卫生特别是重大疫情防控救治能力短板，国家发展改革委、国家卫生健康委、国家中医药管理局制定发布《公共卫生防控救治能力建设方案》，明确医疗机构要储备质量合格、数量充足的医用口罩、隔离衣、隔离眼罩等防护用品，同时还明确提出，每省份建设 1—3 所重大疫情救治基地，承担危重症患者集中救治和应急物资集中储备任务，包括设置重症监护病床，设置一定数量负压病房和负压手术室，按不同规模和功能配置监护、心肺复苏、呼吸机、体外膜肺氧合（ECMO）等必要的医疗设备。除此之外，加强公共卫生检验检测、科研和紧急医学救援能力，储备一定数量的重症患者救治、普通患者监护、方舱医院设备等方面的措施也将直接拉动行业市场需求。

（六）海外市场需求

新型冠状病毒肺炎疫情使全球化遭遇逆流，也使中国经济发展环境面临更加深刻复杂的变数。虽然防疫物资带来的出口红利发挥得淋漓尽致，使中国成为 2020 年全球唯一实现贸易增长的主要经济体，但是在面对未来医疗器械出口问题上，仍然需要保持一定的危机意识。

纵观全球医疗器械产业，欧美等工业强国通常掌握高端技术及市场，有人口红利的发展中国家则承担传统的制造生产。但是，在新型冠状病毒肺炎疫情冲击下，各国医疗器械产业供应链被破坏，也让更多发达国家意识到医疗器械制造业回归本国，从而强化本国供应链能力的重要性。

此外，新型冠状病毒肺炎疫情防控常态化下，各国防疫管控机制的建立，海外市场的生产能力恢复，对中国产品的依赖程度降低，也会使中国出口优势不再明显。2021 年上半年，我国医疗器械出口 443.88 亿美元，同比下降 31.32%。出口急速下降主要因为以口罩、防护服为代表的医用敷料出口波动加大，出口额为 96.92 亿美元，同比下降 75.05%[1]。但是，由于新冠病毒的变异，使得新型冠状病毒肺炎疫情反扑，海外新型冠状病毒肺炎疫情仍然在蔓延，新冠病毒检测试剂出口增速依然较为稳定，而印度的新型冠状病毒肺炎疫情促使制氧机出口激增。

综上所述，在未来的出口贸易上，中国医疗器械产品仍然大概率会占据中国医疗产品出口的主导地位，但出口产品结构会逐步回归理性，然而受新型冠状病毒肺炎疫情的影响，市场周期性波动会显著增加。同时，因为海外市场生产力的恢复，当地制造业的逐步回归，国际市场竞

---

[1] 任芳，中国医药保健品进出口商会，《中国医疗器械进出口及国际化形式分析》

争情况越发激烈。因此，本土企业，特别是生产低值耗材产品的医疗器械企业要根据实际情况，及时调整生产战略以应对消费市场的复杂多变。

四、技术创新发展

当今世界正经历百年未有之大变局，新一轮科技革命和产业变革蓬勃发展，技术创新是科技产业不断发展的动力，也是影响和改变医疗器械不断发展的关键变量。互联网、物联网、大数据及人工智能等新技术的全面运用，网络化、信息化与智能化等创新领域与医疗行业的深度融合，都不断推动医疗器械产业进入全新的高速发展格局。

（一）科技革命加速产业变革

当今世界科技发展突飞猛进，国际科技竞争日趋激烈。随着第四次工业革命的广泛展开，以5G、人工智能、物联网、大数据、区块链等为代表的新一代信息技术正在广泛而深入地渗透到经济社会各领域。科技革命与产业联系更加密切，技术变革正加速转变为现实生产力，促进"互联网+""智能+"为代表的数字经济蓬勃发展，驱动经济社会加速向数字化转型。在医疗器械领域，互联网诊疗服务发展迅速，线上轻问诊、药品配送及开具电子处方等业务成为互联网医疗朝阳业务。与之对应，家庭用医疗器械、个体化定制器械、移动医疗应用APP成为行业发展热点，基于用户大数据的人工智能医疗器械设备得到了迅速发展。

2020年，新型冠状病毒肺炎疫情进一步加速了中国乃至全球医疗健康产业数字革命，利用数字化产品进行远程诊疗，以及辅助健康管理，这种便携、个性化干预的数字疗法优势得以全面彰显。美国食品药品管理局（美国FDA）针对数字疗法发布的紧急审批指南支持了数字疗法在美国的发展，政策推出后，在很短时间内就有几款数字疗法的产品通过紧急审批，这也意味着近来在国外方兴未艾的数字疗法又迎来了一次加速。与此同时，中国的数字疗法也迎来了突破。2020 年 11 月，国家药品监督管理局审批通过了首款数字疗法产品，即术康 APP 上市，可作为处方由医生为患者直接开具，揭开了中国数字疗法的序幕。

（二）技术创新助力产品升级

医疗器械是多学科交叉、技术密集的高门槛行业，子行业众多，国内企业仍处于模仿阶段，核心器械原件多来自欧美日等发达国家和地区。但随着中国医药、机械、电子等学科的快速发展，国产医疗设备已逐步突破了多项技术壁垒。如心电图机、超声诊断仪、心脏支架等诊疗设备及耗材已逐步在临床开启或实现了进口替代，以乐普、万东、迈瑞、联影、鱼跃等为代表的国产医疗器械企业的产品质量和性能已逐步被市场认可。凭借着较高的性价比和逐渐提高的创新制造水平，国产品牌不断塑造自身核心竞争力，市场份额也在市场扩容和产品升级换代中不断提升，与进口品牌的差距正在逐步缩小。

与此同时，我国系统加强了医疗器械领域的科技布局，研发出一批高端医疗器械，基本补齐了中国高端医疗器械短板，部分产品迈入全球竞争行列。如中国自主研发的、医学影像设备领域最尖端的技术代表"一体化全身正电子发射/磁共振成像装备"。据介绍，该设备首次实现正电子与核磁两种模态数据实时同步采集，最快 10 分钟完成全身扫描，在肿瘤、神经系统及心血管系统等全身复杂疾病的早期精准诊断方面具有重要应用价值。

（三）科研投入持续增强

研发经费投入可综合反映科技创新能力。研发经费的持续投入，有利于激发产业的技术创新活力，从而进一步引领整个医疗器械产业的高速发展。

根据《中华人民共和国国民经济和社会发展第十四个五年规划和2035 年远景目标纲要》，"十三五"期间，研发经费投入持续增长，我国企业研发经费投入年均增长率 11.3%。在医疗器械领域，2015—2019年中国医疗器械高技术企业研发投入年复合增长率为 13.17%，2019 年高技术企业研发强度达到 3.76%；2018—2020 年中国医疗器械上市企业研发投入年复合增长率为 31.21%，2020 年研发强度达到 6.21%。根据 Evaluate MedTech 报告，全球医疗技术行业研发投入年均增长率 3.4%（2011—2017 年），2018 年研发强度为 6.9%。可见，我国医疗器械领域研发投入逐年上升，增长幅度超过全国全行业整体平均水平，也超过全球医疗技术行业平均水平；医疗器械上市企业研发强度远高于医疗器械领域行业平均水平，并逐渐接近国际平均水平，但医疗器械全行业研发强度与国际平均水平相比仍有一定差距，在"十四五"期间仍需继续加大投入。

（四）科技发展热门领域概述

近年来，以人工智能、大数据、物联网、云计算为代表的信息技术与医疗行业的相互融合，出现了一大批创新医疗器械产品，人工智能影像诊断、慢病管理 APP、可穿戴智能医疗监测设备、手术机器人以及由于新型冠状病毒肺炎疫情暴发增长的体外诊断领域成为医疗器械行业发展热点，这些热门领域为医疗器械行业发展提供了新动力，推动整个医疗器械产业进入全新格局。

1. 医学影像

2020 年国内医疗影像行业市场规模已达到 537 亿元，在需求与政策驱动下，预计 2030 年市场规模约 1100 亿元，年均复合增长率预计将达到 7.3%[①]。国内医学影像设备领域国产化率提升，并逐步在高端领域取得技术突破。

从技术角度来看，医学影像设备的总体趋势是向着更加清晰、便捷、智能的方向发展，国内人工智能在医学影像中掀起应用热潮，带来广阔的应用前景，也给医学影像的发展提供了一个新的方向。其中，上海联影医疗成功研发出中国首台 3.0T 高场磁共振并实现整机制造与应用，填补了国内空白，打破国外垄断。中国成为继美、德之后，第三个实现高场磁共振全部核心部件自主研发的国家，该项目获得 2020 年国家科学技术进步奖一等奖，这也是高端医疗装备行业首次斩获这一科技领域最高荣誉。与此同时，中国利好政策频出，这将共同助力医疗设备国产化率的提高。

2. 人工智能医疗器械

近年来，国家大力推广人工智能技术在医疗各细分领域的应用，人工智能医疗器械产业发展势头迅猛。2020 年 1 月，第一张三类人工智能医疗器械注册证落地颁发。截至 2021 年 11 月末，已有超 20 款人工智能医疗器械获批，医渡科技、鹰瞳科技成功登陆港交所，商业化进程进一步加快。在《新一代人工智能发展规划》的支持和引导下，我国形成了强有力的人工智能应用发展良好态势。据中国电子学会预计，2021 年医疗人工智能行业市场规模将达到 75.3 亿元。

根据 Wohlers Associates、HUBS、头豹研究院编辑整理的数据，全球和中国人工智能市场规模在 2016—2020 年的年复合增长率分别为 54.1% 和 42.2%。在不久的将来，人工智能技术预计会加速普及应用到

---

① 数据来源：信达证券

医疗器械中，为提高健康服务质量提供新手段。（图 95）

图 95　中国及全球人工智能市场规模

数据来源：Wohlers Associates、HUBS、头豹研究院编辑整理的数据

　　在产业蓬勃发展的同时，医疗人工智能技术、支撑环境等也存在瓶颈。为进一步破解瓶颈，2021 年 11 月，工业和信息化部、国家药品监督管理局联合开展人工智能医疗器械创新任务揭榜工作，计划聚焦智能产品、支撑环境这两个重点方向的八个细分领域，征集并遴选一批具备较强创新能力的单位集中攻关，这将有助于补齐人工智能医疗器械发展短板，推动产业创新发展。

3. 医疗器械数智化

　　随着 5G、大数据、物联网、云计算、区块链等前沿技术的充分整合和运用，医疗器械行业已经转变了过去传统、粗放式发展，信息智能化的手段提高了产业的质量和效率，逐渐推动打造互联互通互享的产业生态圈。对于医疗器械产业来说，医疗器械是采集患者健康数据的第一入口，通过医疗大数据的集成和分析，一方面，能更好地提高医疗机构的时效性，使其快速准确地查找出相应的信息数据；另一方面，医疗器械制造企业通过获取患者数据，获得了先发优势，从而拓展医疗信息化、健康大数据和慢病管理平台，提高了企业的服务能力和竞争优势。

可穿戴医疗设备由于其便携和可连续监测等优点成为慢病管理的重要应用设备，助力远程医疗的发展。此外，人们不仅可以通过 APP 或者云产品来管理生活，还能通过一系列医疗物联网设备来管理健康。其中，区块链技术特有的去中心化、去信任化、不可篡改的优势，为医疗器械的防伪溯源提供了可能。

4. 手术机器人

我国手术机器人在腔镜手术机器人这一核心领域迎来了重大突破，并在穿刺导航手术机器人领域寻求突破，未来产业有望迎来快速增长。在全球范围内，腔镜手术机器人中商业化最成功的是达芬奇手术机器人，但由于其昂贵的购置、维护费用以及操作技术难度，并未在中国得到广泛普及。达芬奇手术机器人所涉及多项专利于近几年陆续到期，国产手术机器人争相入局，其中，微创自主研发的图迈®Toumai®腔镜手术机器人成为当前第一且唯一一款由中国企业研发并获准上市的四臂腔镜手术机器人，引发巨大的市场反响，这将降低我国手术机器人的医疗成本，有望实现我国腔镜手术机器人的快速发展及普及。此外，由于定位型手术机器人在胸腔盆腔穿刺微创诊疗、骨科手术、神经外科中的广泛应用，部分企业也从穿刺导航手术机器人领域寻求突破，以期实现弯道超车。

虽然我国手术机器人还处于市场发展的早期阶段，但该产业巨大的前沿性、战略性、成长性和带动性已经显现。我国出台的《关于推动公立医院高质量发展的意见》，也提出要推动手术机器人等智能医疗设备和智能辅助诊疗系统的研发与应用，融合人工智能与数字化技术。未来，手术机器人产业有望迎来快速增长。

5. 分子诊断领域

分子诊断是体外诊断领域增速最快的细分领域之一，其技术和市场皆发展迅速。它是精准医疗的技术基础，也是目前提供诊断依据或参考的重要手段之一，可应用于传染病检测、遗传病诊断、肿瘤诊断、优生优育、妇幼健康等重要检测市场。其主要热门技术包括数字 PCR（digital PCR）、基于微流控（microfluidic）的反应芯片技术、高通量测序技术等。以基因测序为代表的分子诊断技术被称为新世纪的颠覆性技术，该领域的跨国企业主要有诺华诊断和罗氏诊断，其中诺华的 PROCLEIX® ULTRIO® 试剂及分析系统，罗氏的血筛核酸诊断试剂盒都占据了大量的市场份额。

分子诊断领域发展时间较短，国内企业与海外同行技术水平差距相对较小，中国的华大基因、达安基因均发展迅速。随着精准医疗发展趋势和分子诊断本身技术手段的不断升级，分子诊断领域仍将保持快速增长，尤其是新型冠状病毒肺炎疫情暴发以来，分子诊断呈现爆发式增长。

6. 即时检测（POCT）

POCT 具有使用方便、高效、采血量少等多种优势，价格普遍偏低，且可突破检测环境和人员的限制，为患者的治疗和管理提供便捷、经济的解决方案。自新型冠状病毒肺炎疫情发生以来，POCT 产品由于其即时便捷的特性广受追捧。它具有"样本进—结果出"的特点，可以实现核酸快速检测，在传染病检测和预防方面优势明显，是传染病防控的有力工具。在新型冠状病毒肺炎疫情防控期间，POCT 快速助力一线抗疫，赢得市场广泛关注。

POCT市场可分为专业市场和自测市场两部分，传染病检测以专业市场为主，自测市场为辅。传染病检测专业市场约占全球POCT专业市场的14%，产品主要应用于医院、疾控中心及血站。家用市场主要有艾滋病、梅毒、乙肝、丙肝、甲流、乙流等传染病的快速检测产品，市场前景广阔。

我国POCT主要可应用于血糖类检测、心血管类检测、药物滥用检测等多个领域，其中，聚焦心血管类POCT的国产龙头有益于进一步开拓市场。目前市场上最具代表性的技术是免疫沉析技术、胶体金技术、微流控技术等。

7. 质谱检测技术

质谱成为生物医疗尤其生命科学领域非常重要且有效的分析工具，在检测的灵敏度、特异性、准确性、高通量、分析速度等方面具有非常强的优势。近年来，离子源技术与质量分子器技术的变革，促进了质谱仪的快速改进，形成了如液相色谱串联质谱（LC-MS/MS）、气相色谱串联质谱（GC-MS）、电感耦合等离子体质谱（ICP-MS）、基质辅助激光解吸电离飞行时间质谱（MALDI-TOF-MS）、飞行时间/轨道离子阱分析器（QTOF/Orbitrap）等多种类型的质谱仪。

质谱作为一项极高效的高端定量检测分析技术在临床检测中广泛应用，其应用范围也从生化检验、免疫检验、微生物鉴定，逐步扩展至代谢组学、脂质组学、蛋白组学，甚至术中应用及床旁检测等，是精准诊断实现过程中不可或缺的工具，在疾病发病机制研究和临床诊疗中有广阔的发展前景。

第二章　问题挑战与建议

当今世界正经历百年未有之大变局。和平与发展仍然是时代主题，但是不稳定性不确定性更加突出。特别是新型冠状病毒肺炎疫情影响广泛深远，医疗器械产业发展的内外部环境将发生复杂而深刻的变化，外部挑战增多，内部短板问题凸现。

一、产业发展问题

（一）整体尚处产业链价值链中低端

我国医疗器械产业与美国、欧洲和日本等医疗器械发展水平较高的国家和地区相比，由于基础学科和制造工艺的限制，整体技术水平存在一定差距，行业中大量小企业仍集中于中低端产品生产，高端医疗器械主要依赖进口，规模效益相对较低。据海关统计数据，2020 年我国医疗器械出口额为 8622.85 亿元，按摩器具、低值医用耗材、敷料等出口金额最高；我国医疗器械进口额为 2932.15 亿元，进口产品多以中高端的大型医疗设备、高值医用耗材和体外诊断试剂为主。

国产医疗器械设备基本能够满足临床需要，甚至在某些领域国内技术已经超越国际先进的企业。但是，目前国产品牌大部分集中在市场准入门槛较低、技术含量稍低的领域，高端市场依然面临进入困境。西门子、飞利浦、通用、罗氏、奥林巴斯等国际品牌占据了以三甲医院为主的高端医疗器械市场，外资品牌三大家（通用、飞利浦、西门子）在 CT、MRI、DSA、超声等领域呈现三足鼎立的局面，合计市场占有率超过70%，医院面临着高端进口医疗设备使用成本高、技术垄断、维修难的困境。在体外诊断领域中，依赖技术优势以及"设备＋试剂"的封闭系统策略，国外企业依然占据着国内体外诊断的高端市场。

（二）产业创新能力不足

我国医疗器械企业小、多、散和低水平竞争的局面尚未出现根本性转变。据国家药品监督管理局统计数据，截至2020年12月底，全国实有医疗器械生产企业2.64万家，可生产三类产品的企业仅占8.2%。据国家统计局统计，2020年，我国规模以上医疗器械企业3128家，占比仅为11.82%。粗略统计，截至2020年底，内地（深市和沪市）或香港上市医疗器械企业（主营业务含医疗器械）共计104家。总体上来看，我国医疗器械企业"大"的不够强，"小"的不够专。

医疗器械行业是典型的资本和技术密集型产业，这种小、多、散的企业格局难以承担研发和产品推广的经费压力，导致企业研发投入不足、自主创新能力薄弱，新产品开发和更新较慢，高端医疗器械技术创新能力有限、自主知识产权偏少。大部分企业仍主要处于模仿创新阶段，生产市场相对饱和的中低端产品，处于低水平竞争阶段，企业技术创新能力还不适应高质量发展要求。

目前，我国科技系统分散、重复、封闭、低效的问题尚未得到有效解决，科研创新体系的引领作用有待进一步强化。医疗器械企业与高校及科研院所产学研用的成果转化机制仍不畅顺，科技成果转化能力有限，导致有市场潜力的科技成果不能得到及时转移和转化，进而无法尽快转变为实际的经济效益，国内市场的潜在优势尚未完全释放。

（三）产业公共配套服务不足

医疗器械产业的发展离不开政府、科研机构、前向产业和后向产业

201

等公共配套的服务支持。（图96）

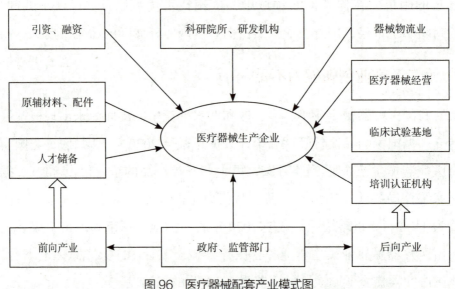

引资、融资　科研院所、研发机构　器械物流业

原辅材料、配件　医疗器械经营

人才储备　医疗器械生产企业　临床试验基地

培训认证机构

前向产业　政府、监管部门　后向产业

图96　医疗器械配套产业模式图
资料来源：南方医药经济研究所整理

　　当前，前向产业中普遍存在原辅材料产业链配套供应不完善，产业融合不紧密，缺少分摊风险和激励创新的投融资政策；后向产业中医疗器械行业协会发挥作用不明显，公共研发服务平台等社会资源整合不足，缺乏医疗器械相关合同研究机构（CRO）、合同外包生产机构（CMO）、合同定制研发生产机构（CDMO）等第三方服务平台，企业难以获得必要的法规、质量、技术培训及咨询服务等方面支持，服务体系亟待加强。政府层面，发改委、科工信局、财政局、卫健委、人社局、医保局、药监局等相关部门推动医疗器械产业发展的政策合力不足。特别是，承担医疗器械注册检验机构检验能力不足滞后，企业排队检验现象比较普遍；省级医疗器械技术审评能力薄弱，对申请人注册审评技术指导和服务不足，成为掣肘医疗器械产业发展的瓶颈问题。

二、技术进步挑战

从国际看，新一轮科技革命和产业变革深入发展，现代制造、新材料、生物科技等技术与医疗装备技术跨学科、跨领域交融发展提速，以第五代移动通信技术（5G）、人工智能、物联网、大数据、区块链等为代表的新一代信息技术正广泛而深入的渗透到医疗器械领域，技术进步不停地刺激医疗器械创新发展。全球"大卫生""大健康"产业快速发展，医学服务模式从疾病医学服务向"疾病＋健康"医学服务转变；构建面向全人群、全方位、全生命周期的新型医疗装备发展体系成为全球医疗科技创新热点，"创新链、产业链、服务链"快速调整变化，催生了超大规模、多层次且快速升级的医疗器械产品需求。

与此同时，我国医疗器械创新能力还不能适应科技进步带来的产业高质量发展要求。国内医疗器械基础研究和前沿领域原始创新能力不强，关键领域核心技术受制于人，部分关键元器件、零部件、原材料依赖进口，科技创新资源分散、重复、低效，发达国家限制高科技技术流向国内，这些根本问题都是产业面临的迫切挑战。企业参与全球竞争，急需培育壮大技术创新动能，拥抱新科技，构建持久稳固的核心竞争力。

三、国际竞争挑战

新型冠状病毒肺炎疫情发生以来，世界各国高度重视医疗器械产业的战略地位，发达国家争夺医疗器械领域人才、技术等方面国际竞争日趋激烈。同时，经济全球化遭遇逆流，部分发达国家实施贸易保护政策，全球产业链供应链区域化、本地化调整明显，对我国医疗器械产品出口结构升级和向更高价值链延伸带来了挑战。全球贸易摩擦和壁垒增多，发达国家对我们产业链压制升级，产业链供应链稳定运行面临的不稳定性不确定性明显增多，我国医疗器械向产业链价值链中高端迈进面临的阻力和竞争压力明显加大。

2020年，新型冠状病毒肺炎疫情带来的抗疫相关医疗器械产品出口红利，使我国医疗器械出口实现了爆发式增长。2020年，医疗器械出口额达到8622.85亿元，同比增长176.42%。在未来医疗器械出口贸易上，医疗器械产品仍然大概率会占据我国医疗产品出口的主导地位，但在常态化疫情防控下，海外市场的生产能力恢复，需求回落，对我国产品的依赖程度降低，出口产品结构会逐步回归理性，我国出口优势不再明显。同时，因为海外市场生产力的恢复，监管愈加严格，当地制造业的逐步回归，国际市场竞争情况越发激烈。因此，国内医疗器械企业在面对未来医疗器械出口问题上，仍然需要持有一定的危机意识，要根据实际情况，及时调整生产战略、提升高附加值产品国际竞争力以应对消费市场的复杂多变。

四、产业链供应链挑战

当前，我国医疗器械产业发展不平衡不充分问题仍然突出，在关键核心技术、产业链供应链保障，创新产品推广应用等方面还存在短板弱项，面临挑战。

我国在电子信息、装备制造等方面具有一定优势，国内部分创新型企业已具备自主研发高端器械的实力，但由于材料等基础学科和精密加工技术等制造工艺的限制，关键技术难以突破，名义上实现了进口替代，实际上国产医疗器械关键零部件依然高度依赖进口。例如，国产超声在整机系统的设计、研发及生产环节已经接近进口设备，但是超声换能器的设计和生产是国产超声设备的薄弱环节，这主要因为我国在单晶材料的设计、制备和工艺方面技术水平较落后，单晶原材料几乎全部依赖于进口。在体外诊断试剂领域，酶原料、抗原、抗体、磁珠等核心原料的国产化率比较低，以进口原料为主。产业链供应链方面，大中小企业协同发展的产业生态尚未形成，很多医疗器械的核心部件（材料）由于批量小，用量不大，上游产业链企业不愿生产，以致产业链条的脱节，这也是医疗器械行业面临的重大挑战。

五、产业发展建议

"十四五"时期是新发展阶段的第一个五年，世界百年未有之大变局加速演进。在深刻复杂的全球形势下，医疗器械企业更应该增强机遇意识和风险意识，谋定而动，审时度势，蓄势再发，加快构建面向世界、面向科技前沿、面向国家重大需求、面向人民生命健康的医疗器械产业发展新格局。

（一）坚持创新引领发展，提升产业技术水平

第一，发挥技术创新引领作用，加强产业创新战略布局。将创新驱动作为首要任务，充分发挥国家作为重大科技创新组织者的作用，从医疗器械产业急迫需要和长远发展的角度出发，瞄准体外诊断试剂及仪器设备、基因测序、光学成像等医疗器械前沿技术领域，同时推进医疗器械产业与互联网、大数据、区块链、人工智能等新一代信息技术的深度融合，牵头发起创新性、战略性的科学计划，实施一批具有前瞻性、战略性的重大科技项目，布局产业未来发展蓝图，用技术引领医疗器械产业创新发展。

第二，重点引导原始重大创新，强化关键核心技术攻关。聚焦医疗器械产业关键共性技术、专用材料、关键零部件以及高端医疗装备等关键重点领域，攻关破解基础技术瓶颈制约，集中突破一批核心元器件和关键原材料技术开发，重点支持具有自主知识产权、市场前景广阔、临床疗效确切的创新医疗器械的开发，同时加快推进医疗器械工业与新一

代信息技术深度融合。

第三，加强"产学研用"协同创新，激发医疗器械产业创新活力。聚焦医疗器械行业重大技术创新方向，布局科技重大专项和创新研究合作机构，推动科研院所、高等院校、临床机构和企业的产学研用深度合作，促进创新链和产业链深度融合。支持医药创新领军企业牵头整合集聚创新资源，形成跨领域、大协作、高强度的创新基地，为各种创新要素、资源密切联系和融会创造良好的条件，加快建设以企业为主体、以市场为导向、"产学研用"深度融合的协同创新机制，提升产业的原始创新能力和整体竞争力。

（二）加快创新产品上市，推动产业结构升级

第一，加大研发投入支持力度，提升企业自主创新能力。引导科技资金向创新型高端医疗器械及其专用原材料、关键部件研发领域倾斜，对研发投入多、自主创新能力强的优秀企业给予重点扶持，促进创新产品产业化应用。鼓励企业通过开展兼并重组、合资合作、跨界融合等方式，整合国内外创新技术资源，打造其独特创新技术优势，培育在医疗器械细分领域技术领先的单项冠军。

第二，完善科技成果转化体系，加快创新产品市场化。健全技术研发和成果的转化机制，优化科技成果转化政策环境，加速推动产业科技创新成果转化与应用。搭建专业化科技医学成果转化交易平台，鼓励建设医疗器械领域新型研发与转化机构，承接高等院校、科研院所等具有显著应用前景和创新性的研究成果，助力科技成果面向市场。设立医疗器械专项产业发展资金和科技创新创业基金，加强对技术创新成果转化和自主创业的支持。

第三，加快产品审评审批，推动产品加快上市。加快推进具有明显临床价值的重点产品审批上市，加速推动国外已上市临床急需医疗器械

在国内上市使用。对纳入突破"卡脖子"项目的产品、"全球新"产品和重大科技专项相关创新产品，要通过早期介入、加大指导、优先审评审批等方式，支持关键核心技术攻关，全力支持产品早日上市。

（三）完善服务支持体系，提升产业服务能力

第一，加强审评服务能力建设。加强医疗器械技术审评机构建设，加强专业化审评员队伍建设，发展与技术创新相适应的审评检查能力，通过信息化的手段逐步实现审评检查全过程的信息化管理。加快审评检查分中心建设，开展对区域产业创新的指导，助推产业创新发展，充分发挥长三角、大湾区审评检查分中心作用，积极支持服务京津冀、粤港澳大湾区、长三角、海南自贸港等国家重大区域发展战略。

第二，加强检验检测机构能力建设。加快推进医疗器械检验研究院基础设施建设和实验室建设，培育检验技术人才队伍，鼓励开展检验方法研究，在医用材料、光学设备、体外诊断以及医用康复器械等热门领域重点提升检验检测能力，满足与医疗器械行业发展态势相适应的检验需求。

第三，强化临床评价能力建设。统筹临床试验资源，鼓励医疗机构支持开展创新医疗器械的临床试验等活动，推动临床试验机构与研发机构、医疗器械企业的联动协同合作，建立临床文献资料和临床数据信息库，提高临床评价数据支撑能力，提升医疗器械上市前临床评价水平。

第四，加强监管能力建设。营造有利于医药创新的监管生态，坚持寓监管于服务中，发挥好政策引导和科学监管作用，更好激发医药创新活力。推进医疗器械注册人制度和第三类医疗器械产品唯一标识全面实施，完善医疗器械唯一标识数据库，深化医药、医疗、医保管理过程中唯一标识的关联应用。

第五，搭建产业公共服务平台。加快引进和培育 CRO、CMO、

CDMO 等机构，开展研发外包、临床研究、测试服务、委托生产、注册申报等服务工作，支持 CDMO 机构开展并购整合、提升规模活动，打造从研发到上市的一站式服务平台。发挥医疗器械行业协会作用，搭建开放服务的非营利性平台，为医疗器械行业提供便捷高效服务。

第六，加强各部联合协作能力。推动卫健委、发改委、工信部、科技部、人社部、药监局等部门协调配合，多层次深化优化国产创新医疗器械应用环境，推进各级医疗机构的国产创新医疗器械应用和装备升级工作，构建我国优秀国产创新医疗器械应用推广体系。

（四）提高国际竞争力，打造全球化品牌战略

第一，吸引全球创新要素向国内集聚。吸引全球创新医疗器械率先在我国注册，整体缩短创新产品国内外上市时间差。支持国内临床研究机构积极参与和组织国际多中心临床研究，提升临床研究国际化水平。鼓励跨国公司在华设立研发中心和创新产品生产基地，打造产业要素在国际间流通的友好环境。引导国内企业通过合作开发、技术许可等方式引进国外先进技术，提高创新效率，缩小与国际先进水平的差距。

第二，推动国内企业以更高水平进入国际市场。鼓励疫苗生产企业开展国际认证，支持企业开展创新产品国内外同步注册，开展面向发达国家市场的全球多中心临床研究，在更广阔的空间实现创新产品价值。加快产业链的全球布局，鼓励企业提高国际市场运营能力，加强与共建"一带一路"国家投资合作，积极开拓新兴医疗器械市场。夯实国际产业合作基础，促进国内外法规接轨、标准互认和质量互信，搭建医疗器械国际合作公共服务平台。

（五）加强战略布局，保障供应链供给

第一，优化调整供给链结构，提升医疗器械供应链效率。针对医

疗器械产业发展中供应链存在的薄弱环节，厘清供应链关键节点，稳定上下游供应关系，着力解决供应链中掣肘发展的瓶颈问题，打造多方共赢、可持续发展的多元化供应体系。优化产业上游物资供应链布局，保障医疗器械上游供应稳定可靠，鼓励上游优质企业向本地中小企业开放供应链，引导中小企业围绕龙头企业的核心产品提供配套。建立医疗器械生产上游供应商协同评价机制，统一质量标准，提高原料物资质量水平，促进形成质量更安全可靠的产业供给链。

第二，推动产业链优化升级，做好医药产业链战略设计。整合优化科技创新资源配置，强化资源要素支撑，推动产业链上下游企业和科研单位协同合作，提升医疗器械产业面向未来的能力。充分发挥中小企业创新活力强、大型企业产业化体系健全的优势，持续推动产业结构调整，促进形成大中小企业协同发展的产业生态。优化产业链区域布局，促进医药产业在全国范围内合理布局和有序转移，形成区域资源互补、产业链深度融合的高水平医药产业集聚区，推动产业发展与区域经济协同发展。

第三章　产业发展趋势

随着《"健康中国2030"规划纲要》《中华人民共和国国民经济和社会发展第十四个五年规划和2035年远景目标纲要》《"十四五"医疗装备产业发展规划》《"十四五"医药工业发展规划》等政策规划的相继发布实施，为我国即将进入医疗器械创新型国家前列，为保障人民全方位、全生命周期健康服务提供了有力支撑。可以预见，"十四五"乃至更长时期，我国医疗器械产业发展仍将继续处于"黄金发展期"。

一、产业规模效益稳步增长

随着国民经济的发展，人民生活水平的逐步提高，新型城镇化的深入推进，社会老龄化的进一步加剧，以及在新型冠状病毒肺炎疫情的影响下，人们健康意识和健康消费意愿将持续提升，医疗需求持续释放，预计未来五年至十年，中国医疗器械产业将进一步保持高质量发展态势，平均增速将高于药品行业且远超全球，全球占比还将持续提高，更好地满足人民群众对高质量、高水平医疗器械的需求，有效保障促进了人民群众生命健康。

"十四五"期末我国医疗器械生产企业营业收入预计突破1.8万亿元。2020年，我国医疗器械行业营业收入达到10392亿元，南方医药经济研究所预测，2020—2025年的年复合增长率约为12.5%，到2025年销售收入预计突破18000亿元，实现比2020年翻一番的目标，特别指出，与2020年44%增速相比，预计2021年增速将下滑至10.66%；2022—2025年，医疗器械生产企业营业收入年均增速将维持在13%左右。（图97）

图 97 "十四五"期间中国医疗器械生产企业营业收入预测

二、体外诊断细分领域继续领跑

新型冠状病毒肺炎疫情的突如其来，使得体外诊断（IVD）的重要性正逐步凸显，2021 年国内市场规模预计超过 1000 亿元大关，近 5 年均复合增长率高达 14%。在全球市场规模上，Evaluate MedTech 预估 2017—2024 年，整个体外诊断市场将以 6.1% 的复合年增长率达到接近 800 亿美元的全球市场总额，体外诊断成为全球最大的医疗器械细分领域。从全球分布情况来看，发达国家体外诊断市场持续发展动力呈现放缓态势，而中国、印度、巴西等新兴经济体国家体外诊断市场将迎来快速发展。

常态化疫情防控时期，在国家大力推进分级诊疗的时候，成本低、效率高的即时检验（POCT）产品对基层医疗卫生机构更具吸引力。此外，基因测序作为分子诊断最前沿的技术，被称为决定未来经济的 12 大颠覆技术之一，也将是国内外优质企业争夺的主战场。

另外，LDT 模式面向国内尚无同品种产品上市的体外诊断试剂，在一定程度上，对技术、设备和人员专业素质要求较高，可能促进更多新的检测技术和检测项目的研发和应用，有助于临床诊疗水平的快速发展，提高病人生命和健康质量，从而促进医学检验未来的发展。新修订的《医疗器械监督管理条例》搭建了 LDT 的框架，提出 LDT 的具体管理办法由国务院药品监督管理部门会同国务院卫生主管部门制定，对 LDT 模式有一定的利好趋势，但具体细则仍有待落实。

三、国际化发展全面提速

一方面，我国医疗器械产业国际交流合作持续深入，更多的全球创新要素向国内聚集。当前，政府通过进一步缩减外资准入负面清单，为重大外资项目的实施提供支持等方式，吸引更多全球医疗器械创新要素参与到我国医疗器械产业建设中来，为我国企业创新发展注入新鲜血液，引进国外先进技术，推进技术改革创新，提升本土临床研究国际水平，有效利用国际资源，不断缩小与发达国家的差距。随着《区域全面经济伙伴关系协定》（RCEP）的生效、《中欧投资协定》的签订，更多优质外商资源投向我国医疗器械产业，大批高端医疗设备制造技术不断涌入，带动我国医疗器械制造向更高水平发展。

另一方面，医疗器械出口额保持稳定增长，国内企业加速海外布局。"一带一路"沿线国家已成为我国医疗器械"走出去"的重要市场。另外，东盟地区、拉美地区等新兴市场重要性愈发凸显，越来越多符合国际标准、质量优质、均一稳定的中国医疗器械产品正逐步走向世界。以迈瑞医疗为例，根据《迈瑞医疗：2020 年年度报告》，2020 年迈瑞医疗海外营收达到 99.16 亿元，同比增长 41.21%，营收占比达到 47.16%。在国际市场新突破 700 余家高端空白医院，包括美国佛蒙特中部医疗中心、罗伯特伍德巴纳巴斯医疗集团、贝斯以色列女执事医疗中心、北密西西比医疗服务中心、德国柏林大学附属夏里特医院、英国皇家伦敦医院、英国格兰奇大学医院、丹麦奥尔堡大学医院、法国蒙多大学医院、日内瓦大学医院、西班牙巴塞罗那妇女儿童医院等。

2021 年，随着全球新型冠状病毒肺炎疫情防控常态化，医用口罩、医用防护服等防疫物资进出口需求有所回落。根据中国海关数据，2021年我国医疗器械出口额 847.3 亿美元，同比下降 31.5%。其中，医用防护服出口额为 21.4 亿美元，同比下降 80.1%，降幅最大；医用口罩出口额为 129.6 亿美元，同比下降 75.95%。但 2021 年医疗器械出口额相较于 2019 年，仍实现了较大增长。可以预计，"十四五"期间，我国医疗器械出口额虽有市场波动，但仍保持稳定增长。（图 98）

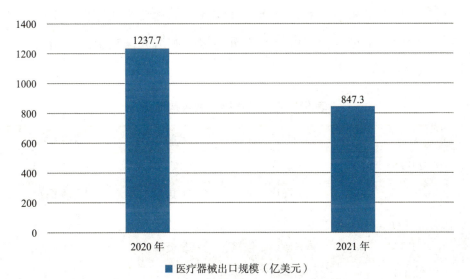

图 98　2020—2021 年中国医疗器械出口规模

数据来源：中国海关总署、众成数科

新型冠状病毒肺炎疫情虽然在我国已取得有效控制，但随着变异毒株的不断出现，未来依然充满不确定性。"十四五"期间，我国持续放宽准入机制，允许进口医疗器械注册人通过其在境内设立的外商投资企业在境内生产第二类、第三类已获进口医疗器械注册证产品，明确了境内企业与境外企业一致性的原则，同时国内集中采购深入实施，DRG/DIP

付费模式推行，中国器械企业在本土市场的盈利空间收缩。在内因和外因的共同推动下，我国医疗器械企业将进一步布局海外市场。

此外，收购海外企业是中国医疗器械企业进入海外市场的另外一种方式。例如，蓝帆医疗收购瑞士经导管介入心脏瓣膜研发生产企业 New Valve Technology；迈瑞医疗宣布已与 HyTest 公司完成交割，全部交易价款 5.32 亿欧元；微创医疗宣布以最高不超过 1.23 亿欧元（约 9.23 亿元人民币）的总价全资收购德国公司 Hemovent GmbH；爱美客收购韩国 Huons 25.4% 股权，加快医美市场领域产品的研发；三诺生物收购韩国 Eoflow 1.52% 股份等。另外，授权合作（License-in/out）也逐渐在医疗器械领域发展，它将海外创新产品和技术快速引入中国，让国内企业较快地进入新兴市场，如健适医疗和远大医药引入冲击波球囊技术。（表 51）

表 51　近几年国际企业收购情况

时间	收购方	被收购方	收购金额
2019.9	蓝帆医疗	NVT	1.78 亿欧元
2017.12	蓝帆医疗	柏胜国际	58.95 亿元
2017.12	万东医疗	百盛医疗	19.33 亿元
2018.1	威高股份	美国爱琅	54.0 亿元
2016.7	三诺生物	PTS	7.39 亿元
2016.6	九安医疗	eDevice	7.29 亿元
2016.1	三诺生物	尼普洛	17.31 亿元
2014.1	微创医疗	Wright Medical	18.9 亿元
2013.6	迈瑞医疗	ZONARE	6.84 亿元
2011.11	乐普医疗	Comed	550 万欧元

数据来源：公开数据收集整理

"十四五"期间，我国医疗器械生产企业数量将稳定缓慢增长，进入质量提升阶段。其中，医疗器械规模以上生产企业数量占比缓慢上升，预计占比可达到20%。从医疗器械生产企业注册资本分布来看，整体趋势上注册资本相对较大的生产企业数占比不断提升，主要是由于企业兼并重组加速，行业集中度提升。医疗器械上市企业数量较"十三五"期间增长迅猛，科创板、创业板将成为中国医疗器械企业上市首选。此外，行业集中度的提高使得规模效应也逐渐明显，规模以上医疗器械生产企业营业收入维持稳定增长，企业营业利润率逐年提升。相信在未来，将有更多中国医疗器械企业进入全球医疗器械百强企业，中国企业成为全球百强增长的主要拉动力量。

四、产业聚集和产业转移并行

"十四五"期间，国家会继续着力打造产业链优势企业，建立大中小微企业融通发展的良好生态，围绕产品领域形成产业群，激发行业创新活力。三大产业聚集区：以北京为中心的环渤海湾聚集区、以上海及江浙为主的长江三角洲聚集区以及以广东为主的珠江三角洲聚集区，具备医疗器械产业发展的良好条件，未来产业发展优势将得到进一步强化。

从医疗器械产业链角度去看，中小企业是产品服务技术创新的主流，发达国家大型医疗器械企业则通过并购注资等整合方式，汲取规模化红利，促进产业协同发展。因此，并购整合是医疗器械产业发展的大趋势，而我国本土企业也正在借鉴这一发展模式提升自身品牌价值，增强竞争优势，抢占高潜力细分市场，优化上下游产业链，衔接先进技术，补强自身研发能力，攻克生产上的技术难题，进一步加强产品的技术突破和性能提升，提高生产率，拓宽品牌渠道，加快全球化进程。据公开资料整理，2021年，医疗器械行业收购有加速趋势，仅上半年产生的并购交易，就已超过 2020 年全年总和。相信在未来，产业集聚效应不断加强，实力较弱的经营类企业数量会大幅度减少，多元化，规模化、平台化的企业成为主流，企业联盟、企业战略合作常态化发展，"合作共赢"将成为未来的主旋律，资本与产业的合作将更加开放包容，海内外的并购日益活跃，资本投资和政府资助共同促进行业的高质量发展。（表 52）

表 52　2021 年上半年医疗器械行业收购趋势

企业名称	收购公告
健适医疗	将全资收购泓懿医疗并组建健适神经介入事业部
蓝帆医疗	发布公告，表示拟与公司高层成员共同出资 1.72 亿元入股南京沃福曼医疗科技有限公司，将持有该公司 16.38% 股份
鱼跃医疗	发布公告称，拟受让浙江凯立特 7 方股东合计持有的 50.993% 股权，同时与交易对方签署股权转让协议，交易金额约为 3.66 亿元
圣湘生物	发布公告称，以 19.5 亿元的交易价格，通过协议方式，购买珠海保联资产管理有限公司持有的科华生物 18.63% 股份
三友医疗	发布公告称，拟使用自有资金 3.43 亿元购买水木天蓬 49.8769% 的股权
乐普医疗	发布公告称，公司拟以 2.37 亿元，通过股权受让和增资方式投资博思美 68.43% 的股权，实现控股
赛诺医疗	发布公告称，其控股子公司赛诺神畅拟以自有资金 400 万美元向 eLum Technologies Inc. 增资。此后赛诺神畅将持有 eLum 18.2% 股份
九强生物	发布公告称，公司通过北京产权交易所公开摘牌受让中国医药投资有限公司持有的福州迈新生物技术开发有限公司 30% 股权
启明医疗	宣布已与诺诚医疗签署协议，将以最高不超过人民币 4.93 亿元的对价，收购诺诚医疗 100% 股权及对应权益

数据来源：公开资料收集

同时，医疗器械产业正加速转移。由于人口红利消失，发达城市劳动力成本不断上涨，土地税收、原材料、生产设备等生产成本增加，也出现了部分医疗器械产业由东部沿海发达地区向欠发达的内陆转移的趋势，中部省份也纷纷出台相关政策承接这种转移趋势。以武汉为中心的华中区域和以成都、重庆为中心的成渝区域，医疗器械产业聚集度提升迅速，有可能成为两个新兴医疗器械产业聚集区。

五、科技革命推动产业创新

"十四五"时期，在科学技术不断进步以及我国实施创新战略的背景下，我国医疗器械产业会进一步加大研发创新投入，引导原始重大创新，加强创新能力建设，集中力量攻破核心技术和关键部件研发，解决"卡脖子"问题，推进医疗器械工业与新一代信息技术深度融合，提高高端医疗设备质量，引导企业培育重大产品，进一步实现进口替代。

新兴技术极大刺激产品创新。生物科技的突破、5G 技术的发展、人工智能 AI 技术的进步等都在不停地刺激医疗器械的创新发展。以基于 CRISPR 的核酸检测技术——快速串联整合核酸酶检测（FIND–IT）的开发为例。该技术研究团队利用两种不同的 CRISPR 酶——Cas13a 和 Csm6 来实现对极少量新型冠状病毒 RNA 的即时检测，最快在 20 分钟即可得出结果。[①]这一技术革命，将改变传统的分子 PCR 检测技术，对于目前生产分子 PCR 试剂和设备的企业来说将是巨大的冲击。此外，科技巨头通过穿戴式设备跨界入局医疗器械行业，与传统医疗器械企业的较量也如火如荼。例如，华为自主研发推出了 TruSeen3.0 心率监测系统，在推出时，联合多家三甲医院，开发心律失常专业检测算法，以降低脑卒中等不良事件发生的概率。苹果公司（Apple）开发移动心电图（ECG）与房颤提示软件已在中国市场推出，这项功能可以让用户随

---

① 2021 年 8 月 5 日，美国加州大学伯克利分校的 Jennifer Doudna 团队等在 Nature Chemical Biology 期刊上发表了题为：Accelerated RNA detection using tandem CRISPR nucleases 的研究论文。该研究开发了一项基于 CRISPR 的核酸检测技术——快速串联整合核酸酶检测（FIND–IT）。Jennifer Doudna 是 2020 年诺贝尔化学奖得主，CRISPR 基因编辑技术的先驱之一，也是该论文的通讯作者之一。

时随地了解自己的心脏状况。

因此，对于传统医疗器械企业，特别是中小企业来说，要提升企业效能，增强竞争影响力，"改变"是重要的因素。事实上，许多例子已向我们表明，闭门造车，因循守旧，扮演跟随者的角色，无视或忽视长期价值的增长，无异于饮鸩止渴。工匠精神不是同质化制造，企业应该严谨对待新进入者（跨界企业），开放接纳新技术（生物科技、数字医疗），积极面对新兴市场环境，创造"以客户为中心"的价值，共同推动医疗产业的发展。要知道，医疗行业的颠覆者将不再局限于行业之内，亦有可能来自于跨界竞争者。

跨界主体涌入医疗器械赛道，行业边界愈发模糊。以阿里、京东、腾讯、字节跳动、百度为代表的互联网企业，一方面以其大数据与C端平台构建互联网医疗平台，例如阿里健康、京东健康，另一方面则加强对产业链上游，尤其是设备方向的投入，与传统医疗器械企业形成战略合作，例如腾讯与金域医学、舜宇光学科技共同研发的智能显微镜成为国内首个获准临床用智能显微镜产品。"医疗器械＋互联网"将进一步推动智能医疗在中国的发展，通过远程监控提升患者依从性，促进预防性治疗。

医疗器械注册人制度的全面推行、集中带量采购对于渠道的重塑，拥有高进入壁垒的专业性服务企业或者拥有规模效应的平台型企业，将有可能成为价值链服务中的明星企业，如医疗器械 CRO/CDMO 公司，平型专业化销售公司等。此外，国药集团、九州通等大型医药企业也正转型布局医疗器械产业，合作模式包括整体收购、入股、技术合作与引进，以及渠道战略合作等。

转产生产打破技术边界，打造医疗器械生态圈。新型冠状病毒肺炎疫情的冲击正在重塑全球医疗器械产业格局，未来行业将发生改变，供应链更加弹性协同，越来越多跨行业企业加入医疗器械行业中。众所周知，中国是世界最大的口罩生产和出口国，产量占世界一半，然而在 2020 年初，面对突发新型冠状病毒肺炎疫情，依然在短时间内出现"一罩难求"的局面。生产供给不足，导致供不应求是口罩短期内产生供需矛盾的主要原因。为解决这一矛盾，各地政府出台多项鼓励政策支持企业转产，扩大供给企业范围，进行资源再调配，应对产品短缺问题。

可以看出，受新型冠状病毒肺炎疫情影响，生物安全在国家安全体系中的地位空前凸显。未来，更加弹性化、社会化的协同生产将有利于保障医疗产品在关键时刻的需求。例如，在中国，比亚迪、中国石化等跨行业者引进生产线，跨界生产口罩；在海外，通用汽车公司与 Ventec 生命系统公司合作制造呼吸机、福特汽车公司宣布与 GE 医疗和 3M 公司建立生产合作伙伴关系，以及美敦力公司与特斯拉公司密切合作提高生产能力等。同时，更为合理的分布式供应链布局也可以减少局部地区突发事件对整个供应链的影响，保障对医药、医疗产品供应的影响。[①]因此，传统医疗器械企业必须重新审视自己的商业模式，采取更加果断的改革措施来应对市场行情，创造新的价值，优化资源配置，更好地满足消费者需求，从而获得具备颠覆市场的竞争力。

六、产品结构向中高端领域渗透

创新驱动转型成效显现。医疗器械高新技术企业、上市企业研发投入、发明专利的数量质量都在稳步增长，国家级创新医疗器械产品数量逐年增加。"十四五"期间全行业研发投入年均增长 10% 以上；估计到 2025 年，创新创业型企业明显增多，创新产品新增销售额占全行业营业收入增量的比重进一步增加。

---

① 毕马威中国，《一文带你看懂疫情对各行业的影响和未来发展趋势》，有改动

当前，国内医疗器械制造企业主要优势在中低端、具有价格优势的常规医疗器械产品，高端产品目前仍以进口为主，而且高端医疗器械因其具有高科技含量、高附加值的特性，成为"卡脖子"技术的重要领域，存在巨大的国家公共卫生应急事件的应对风险。

为此，我国相关政策强势破冰，系统加强了医疗器械领域的科技布局，多维度鼓励医疗器械企业创新，通过鼓励创新、加速审评、规范行业及支持使用国产医疗设备的采购使用等政策组合拳，着重提高国产医疗器械的创新能力和产业化水平。当前以乐普、万东、迈瑞、联影、鱼跃等为代表的国产医疗器械企业的产品质量和性能已逐步被市场认可，且企业凭借较高的性价比和逐步升级的售后服务不断塑造品牌，国产医疗设备与进口品牌的差距正在逐步缩小。随着产业创新的快速发展，国产医疗器械将逐步突破技术壁垒，在市场扩容和产品升级换代中不断提高国产产品的市场份额。部分高端医疗器械产品迈入全球竞争行列，开启或实现进口替代，中国医疗器械产品进一步走向国际舞台。

七、个人使用医疗器械市场呈现爆发式增长

当前，我国正在加速步入"中度老龄化"阶段，在慢性疾病年轻化、人口老龄化、健康意识提升以及消费升级趋势下，医疗器械的应用逐渐从诊断、治疗向预防、康复转变，慢病管理、康复、养老以及医美等消费市场需求快速上升。"越来越多的病人群体需要在出院后使用各种个人使用医疗器械进行持续性治疗，医疗器械已经开始呈现从医院用医疗器械到个人使用医疗器械的发展趋势。"个人使用医疗器械和医疗服务市场将迎来爆发式增长，这为企业的发展提供了良好的发展机遇和外部环境。

在欧美国家，个人使用医疗器械被认为是未来十年行业增长最快的

领域之一。目前，我国个人使用医疗器械占整个医疗器械行业市场规模较小，这意味着我国国内市场仍有着巨大的市场潜力。预计到2025年，个人使用医疗器械的比例将达到整个医疗器械行业市场规模的1/4，然后保持继续增长。（图99）

　　个人使用医疗器械在需求的拉动下，由于其操作的简便性及获得的便利性，也将进一步带动个人使用医疗器械线下及线上销售的增加。

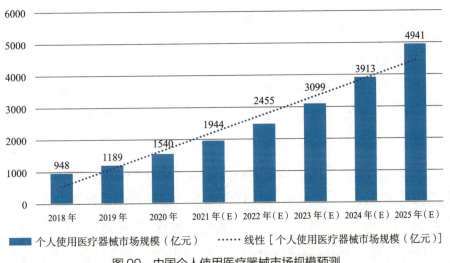

图99　中国个人使用医疗器械市场规模预测

数据来源：根据行业相关数据统计和测算

　　大数据、云计算、物联网、5G等多领域技术与医疗领域的跨界融合，帮助家用智能医疗设备、可穿戴医疗设备、远程诊疗等应用落地，从而推动家用医疗器械在诊断、检测和护理等方面的效率提升。可以预见，能够满足人民大健康管理需求、实现慢病检测管理、提供持续性治疗的产品，例如智能可穿戴医疗器械、智能血糖仪血压计、智能体脂秤等可实时监测血糖、血压、血氧、心率、体温、呼吸频率等慢性病指标的医疗器械，可满足慢病管理对连续检测体征的需求，在未来将成为消费热点，迎来爆发式增长。其次，创伤更少、痛点更低、治愈率更精准的医疗设备；能够提高医疗系统运行效率，及时提供术前、术

221

中、术后身体检测数据的产品；能够提高人群健康水平、有性价比、对医疗治疗辅助性强的医疗器械产品；面向全人群、全方位、全生命周期的新型医疗设备体系将持续拥有广阔的市场需求。此外，在常态化疫情防控下，未来 AR 和 VR 等数字技术将引发电子商务的变革，电商渠道将逐渐成为终端用户的消费趋势，有望打通医院到家庭的"最后一公里"。

八、医疗数字化发展逐步成熟

数字化正在持续颠覆传统的医疗健康体系，随着数字化时代的到来，医疗设备数字化发展大势所趋。"十四五"期间，我国将聚焦教育、医疗、养老、抚幼、就业、文体、助残等重点领域，推动数字化服务普惠应用，持续提升群众获得感。未来，通过构建基于 5G 的应用场景和产业生态，完善电子健康档案和病历、电子处方等数据库，加快医疗卫生机构数据共享，将进一步推广远程医疗，推进医学影像辅助判读、临床辅助诊断等应用，并提升对医疗机构和医疗行为的监管能力。例如，东软医疗开放网上商城在线销售 CT，以补贴的方式尝试打入基层医疗；GE 医疗合作京东健康，在线销售医疗器械产品；高尚医学影像与京东健康签署合作意向，发展线下影像检查，线上问诊模式。此外，医疗数字化也为那些致力于医疗设备资产管理和设备维修的第三方服务机构带来了发展机遇。

日后，产品研发会更加专注解决用户痛点，满足用户刚需。可以想象，移动互联网为人们提供线上服务；智能可穿戴医疗设备、传感技术实现健康数据的远程采集，医院底层信息系统不断完善；物联网、人工智能技术推动数字化供应链管理；VR/AR 技术实现远程医疗会诊、健康管理；机器人手术、AI 诊疗辅助医护逐步实现诊疗（半）自动化；自动化生产、3D 打印、无人驾驶技术提高医疗器械生产效率；机器学习技术将加速新产品创新与研发；区块链技术实现大数据共享应用，保证信息安全；基因疗法、数字疗法改变传统医学诊疗方式，提高治愈率。①

九、带量采购重塑市场格局

产品同质化情况得到极大缓解，进一步推动产品创新研发。在我国，医疗器械行业存在产品同质化严重，市场竞争力不足，生产供给过剩，资源浪费等情况。集中带量采购的实施极大地缓解产品同质化的情况，消除产品重复建设的问题，行业集中度进一步提升。同时，政策的实施倒逼企业开展产品创新研发，专注技术含量高、市场门槛高的、利润空间高的非集中带量采购品种，进一步激发产业创新活力。

医疗器械企业专业化程度提升，区域分工明细化。随着集中带量采购常态化制度化的深入推进，我国医疗器械商业化模式正在被改变，"让专业的人干专业的事"的专业化分工是必然趋势。一方面，在政策红利的推动下，创新是企业明确的发展方向，企业通过整合产品线或技术的方式进行组织重塑，从而对企业的资源进行再分配，专业化的平台型企业将不断产生，财力、资源不足的企业将被取代。另一方面，专业的第三方服务平台将驶入快车道，如第三方医疗器械物流配送服务平台、第三方医学检验机构、医疗器械 CRO & CDMO 服务方等。

企业营销战略全面升级，分销渠道拓展明显加快。集中带量采购大环境下，流通环节被大量压缩，促使企业布局非公立医院市场和院外消费市场。院外消费市场趋于零售逻辑，注重药店、电商等新渠道建设的医疗器械企业已经率先取得了明显的业绩增长，医疗器械网络销售市场

① 碧迪医疗全球高级副总裁、大中华区总经理邓建民总结中国医疗器械数智化发展愿景. 第二十三届中国浙江投资贸易洽谈会第一届浙江省数字医疗健康产业杭州峰会

逐渐成为第四终端，成为互联网医疗中最重要的消费场景之一，共同推动着互联网医疗的快速发展。因此，医疗器械企业应借鉴已实现全渠道布控的消费品企业的经验，学习背后的商业逻辑，融会贯通，推动企业商业模式变革，创造以消费者为核心的价值体系。

主要指标解释说明

一、"规模效应"部分指标解释说明

1. 营业收入：指医疗器械生产企业经营主要业务和其他业务所确认的收入总额。

数据来源：国家统计局、工信部、南方医药经济研究所。

统计方法：营业收入＝规模以上工业生产企业营业收入＋规模以下工业生产企业营业收入。

备注：从2013年起，国家统计局统计年鉴不再提供工业总产值指标。从2019年起，国家统计局将发布的"主营业务收入"调整为"营业收入"，以全面反映工业企业经营规模和经营状况。使用"营业收入"指标符合会计制度改革方向。在财政部《关于修订印发一般企业财务报表格式的通知》（财会〔2017〕30号）中，企业财务报表已无"主营业务收入"项目。用"营业收入"替代"主营业务收入"，更加便于企业理解和填报，减轻基层负担。目前，财政部、国资委等部门企业财务统计和发布已经使用"营业收入"指标反映经营规模。从近年数据情况看，"营业收入"与"主营业务收入"两者绝对值差异基本稳定。同时，两者增速基本一致。2013—2018年，规模以上工业企业主营业务收入与营业收入增速差异基本在0.1个百分点左右。2018年以来，在工业经济效益月度报告中已同步发布了"营业收入"指标，2018年两者总量差距为2.6%，增速差距为0.1个百分点。

2. 规模以上生产企业营业收入：指年主营业务收入2000万元及以上的医疗器械生产企业营业收入总额。

数据来源：国家统计局、国家工信部《中国医药工业经济运行报告》。

统计方法：规模以上生产企业营业收入＝卫生材料及医药用品制造营业收入＋医疗仪器设备及器械制造营业收入。

备注:《中国医药工业经济运行报告》中将医药工业分为 8 个子行业,统计时,以《统计局医疗器械行业分类注释》中卫生材料及医药用品制造和医疗仪器设备及器械制造总和作为医疗器械营业收入。详细见"表 87 卫生材料及医药用品制造"和"表 88 医疗仪器设备及器械制造"。

3. 规模以下生产企业营业收入:指年主营业务收入 2000 万元以下的医疗器械生产企业营业收入总额。

数据来源:南方医药经济研究所测算。

统计方法:根据样本数据测算规模以下医疗器械生产企业平均营业收入,通过生产企业总数量减去规模以上生产企业数量得出规模以下生产企业数量,用规模以下医疗器械生产企业数量及平均营业收入两者相乘测算得出最终结果,详见"全国医疗器械规模以下生产企业总营收测算"。

4. 国产第二类、第三类医疗器械产品注册数量:指当年国产第二类、第三类医疗器械产品首次注册数量(增量)。

数据来源:国家药品监督管理局《药品监督管理统计年度报告》。

统计方法:历年报告中关于国产第二类、第三类医疗器械产品注册数量引用如下:2015 年:二类医疗器械注册证、三类医疗器械注册证(本期注册);2016 年:境内第二类医疗器械注册证、境内第三类医疗器械注册证(本期批准首次注册);2017—2020 年:境内第二类医疗器械注册证、境内第三类医疗器械注册证(首次注册批准)。

5. 国产第一类产品备案数量:指当年第一类医疗器械产品备案数量(存量)。

数据来源:国家药品监督管理局《药品监督管理统计年度报告》。

6. 生产企业数量:指当年医疗器械生产企业数量(存量)。

数据来源:国家药品监督管理局《药品监督管理统计年度报告》。

统计方法:引用每年报告附表《医疗器械生产企业情况》中的"生

产企业总数"。

7. 规模以上生产企业数量：指当年规模以上医疗器械生产企业数量（存量）。

数据来源：南方医药经济研究所根据国家药品监督管理局生产企业数据库，结合国家统计局规模以上企业信息匹配统计。

8. 规模以上生产企业数量占比：指当年规模以上医疗器械生产企业数量占生产企业总数的比例。

统计方法：规模以上生产企业数量占比 = 当年规模以上医疗器械生产企业数量/当年医疗器械生产企业数量 ×100%。

9. 生产企业注册资本规模：指当年医疗器械生产企业注册资本总额。

数据来源：企查查，医疗器械生产企业注册资本工商信息。链接 https://www.qcc.com/?utm_source=baidu1&utm_medium=cpc&utm_term=pzsy。

统计方法：将所有医疗器械生产企业名单导入至企查查，获得注册资本数据，对医疗器械生产企业注册资本合计。

备注：其他币种单位按汇率转换成人民币。

10. 经营企业数量：指当年医疗器械经营企业数量（存量）。

数据来源：国家药品监督管理局《药品监督管理统计年度报告》。

统计方法：引用每年报告附表《医疗器械经营企业情况》中的"经营企业数量"，并进行合计。

备注：历年报告中关于经营企业数量合计方法如下：2014 年引用"截至本期经营企业许可证"；2015 年经营企业数量 = "经营二类医疗器械产品的企业数量" + "经营三类医疗器械产品的企业数量"；2016—2020 年经营企业数量 = "仅从事第二类医疗器械经营的企业" + "仅从事第三类医疗器械经营的企业" + "同时从事第二类、三类医疗器械经营的企业"。

11. 医疗器械商品零售增速：指当年全国药品批发、零售企业和零售单体药店医疗器械销售额同比增长率。

数据来源：商务部《中国药品流通行业发展报告》。

统计方法：医疗器械商品零售增速＝（当年药品流通行业销售总额 × 全行业销售品类结构分布中医疗器械类比例/上一年药品流通行业销售总额 × 全行业销售品类结构分布中医疗器械类比例 –1）× 100%。

备注：历年报告中关于全行业销售品类结构分布中医疗器械类描述有所不同，2014—2015 年统计医疗器械分类，2016—2020 年统计医疗器材分类。

12. 上市企业数量：指当年医疗器械上市企业数量（存量）。

数据来源：东方财富（choice）。

统计方法：计算当年医疗器械上市企业数量总和。统计范围为主营业务是医疗器械研发、生产、服务为主的中国上市企业（含 A 股、H 股和美股）。

13. 上市企业规模：指当年医疗器械上市企业营业收入规模总和。

数据来源：东方财富（choice）。

14. 医疗器械上市企业营收前 20：指每年营业收入前 20 的上市医疗器械企业（不包含医学服务和经营企业）营业收入总和。

数据来源：东方财富（choice）。

统计方法：在 choice 数据浏览器中获取当年上市的医疗器械企业营业总收入并进行排序，筛选营收排名前 20 的企业营业收入合计。

15. 规模以上生产企业利润总额：指医疗器械生产企业在一定会计期间的经营成果，是生产经营过程中各种收入扣除各种耗费后的盈余，反映企业在报告期内实现的盈亏总额。

数据来源：国家统计局《中国医药工业经济运行报告》。

229

统计方法：规模以上生产企业利润总额＝卫生材料及医药用品制造利润总额＋医疗仪器设备及器械制造利润总额。

16.规模以上生产企业营业利润率：指规模以上医疗器械生产企业利润总额占营业收入总额比例。

数据来源：国家统计局《中国医药工业经济运行报告》。

统计方法：规模以上生产企业营业利润率＝规模以上生产企业利润总额/营业收入总额 ×100%。

17.上市企业利润率：指当年医疗器械上市企业利润占上市企业营业总收入比例。

数据来源：东方财富（choice），计算处理（港股和美股用税前利润）。

统计方法：上市企业营业利润率＝当年医疗器械上市企业利润/上市企业营业总收入 ×100%。

18.产业园区数量：指当年含有医疗器械生产企业5家和5家以上以及园区名称包含医疗器械的主题园区数量（存量）。

数据来源：南方医药经济研究所产业园区数据库。

统计方法：医疗器械生产企业地址与园区所在地址进行匹配。产业园区数量（存量）＝含有医疗器械生产企业5家和5家以上主题园区数量＋含有医疗器械生产企业5家以下但园区名称包含医疗器械的主题园区数量。

19.产业园区集聚度：指当年医疗器械产业园区（集聚区、主题园区、孵化器）内医疗器械生产企业数量占当年医疗器械生产企业数量比例。

数据来源：南方医药经济研究所产业园区数据库。

统计方法：当年医疗器械产业园区（集聚区、主题园区、孵化器）内医疗器械生产企业数量/当年医疗器械生产企业数量 ×100%。

二、创新发展

1. 高新技术企业数量占比：指当年医疗器械高新技术企业数量占生产企业总数的比例。

数据来源：高新技术企业数量由科技部火炬中心企业上报高新技术企业名单与国家药监局医疗器械生产企业名单通过企业社会统一信用代码字段匹配后汇总获得。链接：http://www.innocom.gov.cn/gqrdw/c101333/list_gsgg_l2.shtml。

统计方法：高新技术企业占比＝当年医疗器械高新技术企业数量/当年医疗器械生产企业总数 ×100%。

2. 高技术企业研发投入规模：指医疗器械高技术企业 R&D 经费内部支出。

数据来源：《中国高技术产业统计年鉴》。

统计方法：直接引用年鉴中表《按行业分高技术产业研发相关情况》中"医疗仪器设备及器械制造"的 R&D 经费内部支出。

备注：R&D 经费支出指调查单位用于开展 R&D 活动（基础研究应用研究和试验发展）的实际支出。包括用于 R&D 项目（课题）活动的直接支出，以及间接用于 R&D 活动的管理费、服务费、与 R&D 有关的基本建设支出以及外协加工费等。不包括生产性活动支出、归还贷款支出以及与外单位合作或委托外单位进行 R&D 活动而转拨给对方的经费支出。

3. 高技术企业研发投入占比：指医疗器械高技术企业 R&D 经费支出占营业收入比例。

数据来源：《中国高技术产业统计年鉴》。

统计方法：高技术企业研发投入占比 =R&D 经费内部支出 ÷ 营业收入 ×100%。

备注：营业收入直接引用年鉴中表《按行业分高技术产业生产经营情况》中"医疗仪器设备及器械制造"的"营业收入"。

4. 高技术企业研发人员占比：指医疗器械高技术企业 R&D 人员折合全时当量占从业人员平均数比例。

数据来源：《中国高技术产业统计年鉴》。

统计方法：高技术企业研发人员占比 =R&D 人员全时当量 ÷ 从业人员平均数 ×100%。

备注：R&D 人员折合全时当量指全时人员数加非全时人员按工作量折算为全时人员数的总和。例如：有两个全时人员和三个非全时人员（工作时间分别为 20%、30% 和 70%），则全时当量为 2+0.2+0.3+0.7=3.2 人年。为国际上比较科技人力投入而制定的可比指标。R&D 人员折合全时当量直接引用年鉴中表《按行业分高技术产业研发相关情况》中"医疗仪器设备及器械制造"的"R&D 人员折合全时当量"。从业人员平均数直接引用年鉴中表《按行业分高技术产业生产经营情况》中"医疗仪器设备及器械制造"的"从业人员平均数"。

5. 高技术企业新产品开发项目数：指医疗器械高技术企业采用新技术原理、新设计构思研制、生产的全新产品，或在结构、材质、工艺等某一方面比原有产品有明显改进，从而显著提高了产品性能或扩大了使用功能的产品的数量。

数据来源：《中国高技术产业统计年鉴》。

统计方法：直接引用年鉴中表《按行业分高技术产业研发相关情况》中"医疗仪器设备及器械制造"的"新产品开发项目数"。

6. 上市企业研发强度：指当年医疗器械上市企业研发投入规模占营业规模比值。

数据来源：东方财富（choice）。

统计方法：上市企业研发强度 = 当年医疗器械上市企业研发投入

规模/营业规模 ×100%

7.第三类创新医疗器械产品上市数量：指每年获国家药监局批准创新医疗器械产品数量（增量）。

数据来源：国家药品监督管理局《年度医疗器械注册工作报告》。

统计方法：直接引用报告对应数据。

8.进入国家级创新审批通道：指每年创新医疗器械获准进入国家药监局特别审查程序数量（增量）。

数据来源：国家药品监督管理局《年度医疗器械注册工作报告》。

统计方法：直接引用报告对应数据。

9.第二类创新医疗器械产品上市数量：指每年获各省药监局批准创新医疗器械产品数量（增量）。

数据来源：南方医药经济研究所整理。

10.进入省级创新审批通道：指每年创新医疗器械获准进入各省药监局特别审查程序数量（增量）。

数据来源：南方医药经济研究所整理。

11.企业新增实用新型专利数量：指当年医疗器械生产企业新增实用新型专利数量（增量）。

数据来源：万方数据。链接 https://c.wanfangdata.com.cn/patent。将所有医疗器械生产企业名单，与万方专利数据的企业名单进行匹配，获得医疗器械生产企业专利数据。分别统计每年实用新型专利数量及其增长情况。

12.企业新增发明专利数量：指当年医疗器械生产企业新增发明专利数量（增量）。

数据来源：万方数据，链接 https://c.wanfangdata.com.cn/patent。将所有医疗器械生产企业名单，与万方专利数据的企业名单进行匹配，获得医疗器械生产企业专利数据，分别统计每年发明专利数量。

13. **高技术企业发明专利申请数量**：指医疗器械高技术企业对产品、方法或者其改进所提出的新的技术方案申请数量。

数据来源：《中国高技术产业统计年鉴》。

统计方法：直接引用年鉴中表《按行业分高技术产业研发相关情况》中"医疗仪器设备及器械制造"的"发明专利申请数"。

14. **高技术企业有效发明专利数量**：指医疗器械高技术企业经国家知识产权局审批已经授权的专利的数量。

数据来源：《中国高技术产业统计年鉴》。

统计方法：直接引用年鉴中表《按行业分高技术产业研发相关情况》中"医疗仪器设备及器械制造"的"有效发明专利数"。

三、产业生态

1. **高校企业比**：指区域内开设医疗器械相关专业的高校数量与医疗器械生产企业数量比值。

数据来源：众成数科。

统计方法：高校企业比 = 区域内开设医疗器械相关专业的高校数量 ÷ 医疗器械生产企业数量 × 100%。

2. **临床试验机构数量**：指当年具有临床试验机构备案号的机构数量（存量）。

数据来源：医疗器械临床试验机构备案管理信息系统。链接 https://beian.cfdi.org.cn/CTMDS/apps/pub/ylqxPublic.jsp。

统计方法：筛选临床试验机构备案号对应年份，计算截至当年具有临床试验机构备案号的机构数量总和。

3. **检验检测机构数量**：具备 CMA 证书检验检测机构数量（存量）。

数据来源：全国认证认可信息公共服务平台。链接 http://cma.cnca.cn/cma/solr/tBzAbilitySearch/list?flag=hide。

统计方法：具备 CMA 证书检验检测机构，是在全国认证认可信息公共服务平台中，通过筛选所属领域为医疗器械/大类名称含医疗器械关键词/类别含医疗器械关键词/产品项目参数含有医疗器械关键词得到相关检测机构，另外部分省市场监督管理局公开检测范围含医疗器械的检测机构也算入其中。

例如 2015 年检测机构数量：先剔除 2015 年后获得证书的机构，再将筛选剔除后的结果进行去重（因为有些机构具有国家级和省级两张证书），从而得到 2015 年检测机构数量。

4. IPO 募资规模：指当年医疗器械企业 IPO 募资规模（企业含研发、生产、经营和服务的医疗器械企业）。

数据来源：东方财富（choice）。

统计方法：在 choice 数据浏览器中获取当年上市的医疗器械企业募资额度合计。统计当年医疗器械企业 IPO 募资规模。企业含研发、生产、经营和服务的医疗器械企业。

5. 医疗卫生机构诊疗人次数：指包含医院、基层医院、专业公共卫生机构和其他的医疗卫生机构总诊疗人次数。

数据来源：2021 年中国卫生健康统计年鉴。

统计方法：直接引用年鉴表《医疗卫生机构诊疗人次数》中的"总诊疗人次数"。

6. 医院数量：指当年一、二、三级和未定级医院数量（存量）。

数据来源：2021 年中国卫生健康统计年鉴。

统计方法：直接引用年鉴表《医疗卫生机构数》中的"医院"数量。

7. 卫生总费用：指一个国家或地区在一定时期内，为开展卫生服务活动从全社会筹集的卫生资源的货币总额，按来源法核算。它反映一定经济条件下，政府、社会和居民个人对卫生保健的重视程度和费用负担

235

水平，以及卫生筹资模式的主要特征和卫生筹资的公平性合理性。

数据来源：2021 年中国卫生健康统计年鉴。

统计方法：直接引用年鉴表《卫生总费用》中的"卫生总费用"。

8.人均卫生费用：指某年卫生总费用与同期平均人口数之比。

数据来源：2021 年中国卫生健康统计年鉴。

统计方法：直接引用年鉴表《卫生总费用》中的"人均卫生费用"。

9.卫生总费用占 GDP%：指某年卫生总费用与同期国内生产总值（GDP）之比，是用来反映一定时期国家对卫生事业的资金投入力度，以及政府和全社会对卫生对居民健康的重视程度。

数据来源：2021 年中国卫生健康统计年鉴。

统计方法：直接引用年鉴表《卫生总费用》中的"卫生总费用占GDP%"。

10.公立医院检查收入及卫生材料收入：指公立医院门急诊收入中的检查收入及卫生材料收入，以及住院收入中的检查收入及卫生材料收入。

数据来源：2021 年中国卫生健康统计年鉴。

统计方法：公立医院检查收入及卫生材料收入 = 公立医院平均每所医院门诊、住院检查和卫生材料收入总和 × 公立医院机构数。

备注：公立医院机构数直接引用年鉴《各类医疗卫生机构数》中的"公立医院"数量

公立医院平均每所医院门急诊检查收入直接引用年鉴《三级公立医院收入与支出》中"平均每所医院总收入 – 医疗收入 – 门急诊收入 – 检查收入"。

公立医院平均每所医院门急诊卫生材料收入直接引用年鉴《三级公立医院收入与支出》中"平均每所医院总收入 – 医疗收入 – 门急诊收入 – 卫生材料收入"。

公立医院平均每所医院住院检查收入直接引用年鉴《三级公立医院收入与支出》中"平均每所医院总收入－医疗收入－住院收入－检查收入"。

公立医院平均每所医院住院卫生材料收入直接引用年鉴《三级公立医院收入与支出》中"平均每所医院总收入－医疗收入－住院收入－卫生材料收入"。

11.《互联网药品信息服务资格证书》数量：指当年各省药品监督管理局颁发《互联网药品信息服务资格证书》数量（存量）。

数据来源：国家药品监督管理局官网。

12. 提供医疗器械网络交易服务第三方平台服务的企业数量：指当年提供医疗器械网络交易服务第三方平台服务的企业数量（存量）。

数据来源：国家药品监督管理局《药品监督管理统计年度报告》。

统计方法：引用每年报告附表《医疗器械经营企业情况》中的"提供医疗器械网络交易服务第三方平台服务的企业"。

13. 从事医疗器械网络销售的企业数量：指当年从事医疗器械网络销售的企业数量（存量）。

数据来源：国家药品监督管理局《药品监督管理统计年度报告》。

统计方法：引用每年报告附表《医疗器械经营企业情况》中的"从事医疗器械网络销售的企业"。

四、国际竞争

1. 出口额：指当年从国内向国外出口的医疗器械商品的全部价值。

数据来源：中国海关总署，根据 116 项医疗器械相关的商品编码统计。116 项医疗器械相关的商品编码见附录。链接 http://43.248.49.97/。

统计方法：将每年出口的 116 项医疗器械相关的商品编码对应金额合计。

2. 进口额：指当年从国外向国内进口的医疗器械商品的全部价值。

数据来源：中国海关总署，根据 116 项医疗器械相关的商品编码统计。116 项医疗器械相关的商品编码见附录。链接 http://43.248.49.97/。

统计方法：将每年进口的 116 项医疗器械相关的商品编码对应金额合计。

3. 进出口"一带一路"国家/地区贸易额：指当年进出口"一带一路"国家/地区医疗器械商品贸易总额。

数据来源：中国海关总署，根据 116 项医疗器械相关的商品编码统计。116 项医疗器械相关的商品编码见附录。链接 http://43.248.49.97/。

统计方法：将每年进出口"一带一路"国家/地区的 116 项医疗器械相关的商品编码对应金额合计。数据选取贸易伙伴名称对应的"一带一路"国家/地区。

4. 进出口东盟国家贸易额：指当年进出口东盟国家医疗器械商品贸易总额。

数据来源：中国海关总署，根据 116 项医疗器械相关的商品编码统计。116 项医疗器械相关的商品编码见附录。链接 http://43.248.49.97/。

统计方法：将每年进出口东盟国家的 116 项医疗器械相关的商品编码对应金额合计。数据选取贸易伙伴名称对应的东盟国家。

5. 获美国 FDA 认证产品数量：指当年中国医疗器械产品获 FDA 认证数量（存量）。

数据来源：美国 FDA 官网产品数据库，不包含港澳台。链接：

https://www.accessdata.fda.gov/scripts/cdrh/cfdocs/cfPMN/pmn.cfm。

6. 获澳大利亚 TGA 认证产品数量：指当年中国医疗器械产品获澳大利亚 TGA 认证数量（存量）。

数据来源：TGA 官网，不包含港澳台。链接：

https://tga-search.clients.funnelback.com/s/search.html?query=

&collection=tga-artg。

7. 获加拿大 MDEL 认证产品数量：指当年中国医疗器械产品获加拿大 MDEL 认证数量（存量）。

数据来源：加拿大卫生部官网，不包含港澳台。链接：

https://health-products.canada.ca/mdall-limh/index-eng.jsp。

8. 获新加坡 HSA 认证产品数量：指当年中国医疗器械产品获新加坡 HSA 认证数量（存量）。

数据来源：HSA 官网，不包含港澳台。链接：

https://eservice.hsa.gov.sg/medics/md/mdEnquiry.do?action=getAll-Devices&_ga=2.183810082.563179921.1554083187-551332391.1551944793。

9. 进口第二类、第三类医疗器械产品注册证数量：指进口第二类、第三类医疗器械（含港澳台）首次注册数量（增量）。

数据来源：国家药品监督管理局《药品监督管理统计年度报告》。

统计方法：历年报告中关于进口第二类、第三类医疗器械产品注册数量引用如下：2016 年：进口第二类医疗器械（含港澳台）【本期批准首次注册】、第三类医疗器械（含港澳台）【本期批准首次注册】；2017—2020 年：进口第二类医疗器械产品注册证数量（首次注册批准）= 进口第二类医疗器械（不含港澳台）数量 + 港澳台第二类医疗器械数量；进口第三类产品注册证数量（首次注册批准）= 进口第三类医疗器械（不含港澳台）数量 + 港澳台第三类医疗器械数量。

全国医疗器械规模以下生产企业总营收测算

　　本文基于近五年内深圳市医疗器械生产企业样本数据统计结果，对生产企业营收分布进行分析，结果表明，规模以下生产企业平均营收近五年内保持稳定。该结果与江苏省各市规模以下生产企业近五年平均营收情况一致。假设全国规模以下生产企业平均营收近五年内也保持不变，参考 2019 年全国医疗器械生产企业总营收 7200 亿元，推算全国规模以下企业平均营收为 0.1681 亿元。最后，通过近五年全国医疗器械生产企业总数与规模以上医疗器械生产企业数量，计算得到近五年全国规模以下生产企业总营收。

一、深圳市医疗器械生产企业营收分布分析

（一）营收样本数据分布

1. 考察样本数据的分布

对样本数据进行以 10 为底的对数变换后考察其分布，如下图所示：

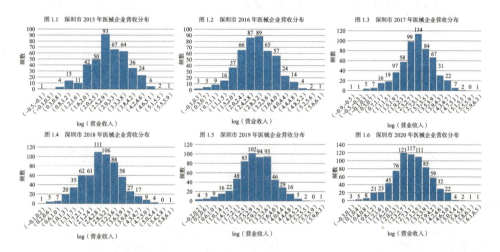

基于可视化初步观察，深圳市历年医疗器械企业营收在对数变换后，具有一定的正态性；进一步，我们采用 Shapiro-Wilk 检验，检验其是否来自服从正态分布的总体；Shapiro-Wilk 检验常用于较小数据样本的检验，具体结果如下所示：2015 年、2016 年、2018 年和 2020 年，$P > 0.05$，认为数据服从正态分布；但 2017 年和 2019 年，$P < 0.05$，拒绝接受原假设，综合判定数据不服从正态分布。

年份	W 检验结果
2015	ShapiroResult（statistic=0.9972482919692993, pvalue=0.71842360496521）
2016	ShapiroResult（statistic=0.9971224665641785, pvalue=0.5677974820137024）
2017	ShapiroResult（statistic=0.9901546835899353, pvalue=0.0007226207526400685）

续表

年份	W 检验结果
2018	ShapiroResult（statistic=0.99791419506073, pvalue=0.661545991897583）
2019	ShapiroResult（statistic=0.990960419178009, pvalue=0.0013008369132876396）
2020	ShapiroResult（statistic=0.9960575103759766, pvalue=0.06112411990761757）

于是，我们考察其是否服从 T 分布，具体地：

先用 T 分布拟合数据，用极大似然估计法进行参数估计，估计出最合适的参数——均值在 2.86 附近，方差在 0.86 附近，自由度 n 随年份变化，为 Skew–T 分布族；具体参数，如下表所示；通常自由度 ≥ 30，t 分布非常接近正态分布，不难发现，其中 2017 年和 2019 年自由度均远小于 30，对应上文 W 检验不通过的结论。

年份	自由度	均值	方差
2015	25.98	2.88	0.87
2016	17.9	2.86	0.85
2017	8.1	2.81	0.83
2018	23.36	2.81	0.87
2019	7.94	2.87	0.79
2020	14.83	2.93	0.91

然后，基于拟合出来的参数构建 Skew–T 分布，并对抽样数据和构建出的 Skew–T 分布采用 Kolmogorov–Smirnov 检验，通过考察两样本之间的差异情况，检验样本数据是否真实服从 Skew–T 分布族总体。

Kolmogorov–Smirnov 检验基于累计分布函数，用于检验一个分布是否符合某种理论分布或比较两个经验分布是否有显著差异。结果显示：2015—2020 年期间，都有 $P > 0.05$，综合判定，样本数据服从 Skew–T 分布族。

年份	Skew-T 分布检验结果
2015	KstestResult（statistic=0.055288461538461536, pvalue=0.5489545567108562）
2016	KstestResult（statistic=0.04384133611691023, pvalue=0.7472649400512478）
2017	KstestResult（statistic=0.043782837127845885, pvalue=0.6448278202277393）
2018	KstestResult（statistic=0.06862745098039216, pvalue=0.11199686722075715）
2019	KstestResult（statistic=0.039723661485319514, pvalue=0.7513805326512571）
2020	KstestResult（statistic=0.058423913043478264, pvalue=0.16213466437020896）

2. 修正样本数据的分布

考虑到 2015—2020 年期间，深圳市有一定比例的规下企业未进行营收上报：2015—2020 年规下企业上报率（上报规下企业数量/规下企业总数量）分别为 71%、66%、74%、70%、56% 和 50%，具体情况如下图所示：

深圳市 2015—2020 年医械生产企业营收上报情况

这样会导致基于原始样本数据估计的总体分布，会出现一定的偏差，表现为估计出的总体均值参数偏大；于是，需要先对样本数据进行相应的修正。

具体分两步骤：先将深圳市 2015—2020 年上报的规下企业作为随机抽样的总体，如下图所示：

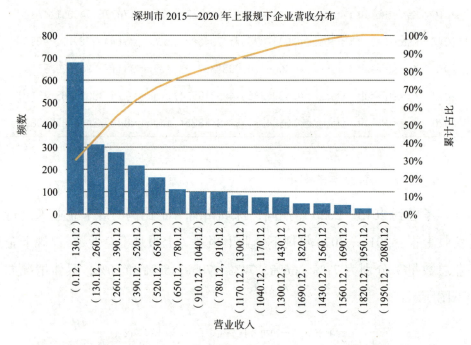

然后，再对深圳市历年未上报的规下企业中进行随机抽样填充，随机抽样的样本数分别为：

年份	需抽样数
2015	112
2016	170
2017	144
2018	187
2019	299
2020	470

这样，就完成了样本数据的修正。接下来，再对填充修正后的样本数据进行以 10 为底的对数变换后，考察其分布，如下图所示：

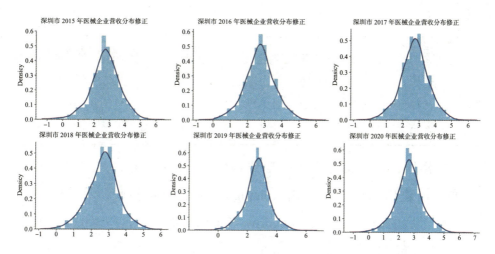

同样，对其进行 W 检验，具体结果为：

年份	W 检验结果
2015	ShapiroResult（statistic=0.9915978908538818, pvalue=0.00436981488019228）
2016	ShapiroResult（statistic=0.9948595762252808, pvalue=0.028400901705026627）
2017	ShapiroResult（statistic=0.9894075393676758, pvalue=4.955586700816639e−05）
2018	ShapiroResult（statistic=0.9950985312461853, pvalue=0.011575295589864254）
2019	ShapiroResult(statistic=0.9863472580909729, pvalue=2.7008260872207757e−07）
2020	ShapiroResult（statistic=0.9901571273803711, pvalue=3.1537055633634736e−07）

W 检验中，$P < 0.05$，不服从正态分布；再用 T 分布拟合数据，用极大似然估计法进行参数估计——由于随机数据的增加，各年份分布参数中的均值左偏，在 2.73 附近，方差在 0.78 附近，自由度 n 随年份变化，在 5—12 范围内波动。具体如下表所示：

年份	自由度	均值	方差
2015	8.58	2.77	0.81
2016	10.22	2.73	0.79
2017	6.88	2.74	0.78

年份	自由度	均值	方差
2018	10.47	2.70	0.80
2019	5.35	2.73	0.68
2020	6.23	2.71	0.76

同样地，基于拟合出来的参数构建 Skew-T 分布，并对修正样本数据和构建出的该分布采用 Kolmogorov-Smirnov 检验，具体结果显示：修正后的数据，在 Kolmogorov-Smirnov 检验中，$P > 0.05$，服从 Skew-T 分布族。

年份	Skew-T 分布检验结果
2015	KstestResult（statistic=0.0625, pvalue=0.2539114659122655）
2016	KstestResult（statistic=0.03389830508474576, pvalue=0.8502812731848564）
2017	KstestResult（statistic=0.032167832167832165, pvalue=0.8535714772109126）
2018	KstestResult（statistic=0.04875, pvalue=0.2979050875832999）
2019	KstestResult（statistic=0.0387243735763098, pvalue=0.5260147340951837）
2020	KstestResult（statistic=0.04477611940298507, pvalue=0.17812494848864935）

（二）生产企业总营收估计

Skew-T 分布族的概率分布函数为：

$$f(x; u, \sigma^2, n) = 2 \times u^{-1} t(z; n) T(n+1)$$
$$-\infty < x < \infty$$

其中：

$$z = (x - u)/\sigma$$

$$t(z; n) = \frac{\text{Gam}(\frac{n+1}{2})}{\sqrt{n\pi}\text{Gam}(\frac{n}{2})}(1 + \frac{z^2}{2})^{\frac{n+1}{2}}$$

$$T(n) = \int_{-\infty}^{0} t(u; n)\, \mathrm{d}u$$

注：$\mathrm{Gam}(x)$ 为伽马函数。

基于前文结论，深圳市 2015—2020 年医械生产企业营收以 10 为底的对数变换后服从 Skew-T 分布，则深圳市 2015—2020 年医械生产企业营收的概率分布 $g(x) = f(x) \times (\dfrac{1}{\ln(10) \times 10^{x}})$，以 2020 年为例，其参数为 $n=6.23$，$u=2.71$，$\sigma=0.76$；

则积分 $\iint_{D} g(x) y\, \mathrm{d}x \mathrm{d}y$ 便为深圳市营收的估计值，其中

$D: -\infty < x < \infty, 0 < y < 1206$。

求积分，得到 2020 年深圳市总销售额约为 819 亿元，其中 1206 为 2020 年的深圳市医疗器械生产企业的总数量；同理，得到深圳市历年的总销售额测算，如下表所示：

年份	数量	规上数量	规下数量	已上报销售额（万元）	规上销售额（万元）	规下销售额（万元）	基于分布测算的总销售额（万元）
2015	528	137	391	2688943	2545951	142992	2747097
2016	649	151	498	3069134	2904663	164471	3143811
2017	715	159	556	3567430	3354578	212852	3643230
2018	799	182	617	4012221	3794022	218199	4100296
2019	878	192	686	4310071	4122642	187429	4455427
2020	1206	258	948	7956186	7711808	244378	8190696

（三）近五年规模以下生产企业平均营收对比

基于深圳样本数据，如下图所示，规上均销售额从 2015—2020 年整体呈增长趋势，但规下平均销售额维持在 500 万元附近，从时间序列角度考察呈平稳趋势；从数据角度，对其历年分布的考察发现均服从 Skew-T 分布，且参数均值 u 在 2.73 附近，方差 σ 在 0.77 附近，自由度 n 在 5—12 范围内波动。

深圳市 2015—2020 年医械规上和规下企业平均营收分布

小结：①深圳市医疗器械生产企业的营收分布符合 Skew–T 分布。②深圳市医疗器械规模以下生产企业近五年的平均营收均在 500 万元上下小幅波动，反映规模以下中小企业营收及波动特征。③可以推测，全国医疗器械规模以下生产企业的平均营收也呈现这种平稳性。但由于统计口径的不同，全国医疗器械规模以下生产企业的平均营收数值会有别于深圳市。

二、江苏省医疗器械规模以下生产企业平均营收结果印证

根据江苏省样本数据统计结果，2016—2020 年全省医疗器械规模以下企业平均营收均在特定区间内波动，且波动不明显。

因不同地区企业营收分布的差异性，导致规模以下生产企业的平均营收呈差异化分布。例如苏州市医疗器械规模以下生产企业平均每年营收达到 5863.5 万元，而淮安市仅 682.5 万元。

2016—2020 年江苏省及省内各市医疗器械规模以下生产企业平均营收（万元）

	2016 年	2017 年	2018 年	2019 年	2020 年
江苏省	1996.6	2313.0	1909.7	1947.9	2041.9
苏州市	5600.7	5710.2	5609.0	5729.5	6668.1
常州市	3333.3	3169.0	3156.1	3053.9	3050.1
淮安市	666.7	656.3	657.1	891.9	540.5
徐州市	510.2	444.1	433.8	420.2	444.6
扬州市	424.6	441.7	416.1	411.0	403.7
镇江市	416.9	418.8	476.8	409.6	493.7
南通市	348.9	337.5	361.5	350.5	296.9
无锡市	334.2	369.6	401.1	437.4	390.2
南京市	331.6	326.5	353.9	342.0	339.5
盐城市	319.4	272.2	288.1	335.4	154.6
宿迁市	278.8	397.3	600.9	281.5	437.0
泰州市	250.3	222.1	209.3	179.0	182.3
连云港市	219.3	245.4	279.3	346.0	344.3

江苏省　　苏州市　　常州市　　淮安市　　徐州市
扬州市　　镇江市　　南通市　　无锡市　　南京市
盐城市　　宿迁市　　泰州市　　连云港市

2016—2020 年江苏省及省内各市医疗器械规模以下生产企业每年平均营收（万元）

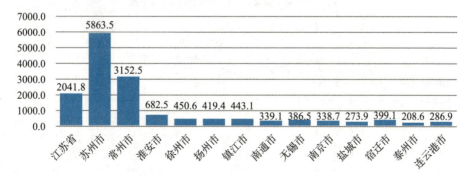

　　根据 2016—2020 年深圳市以及江苏省各医疗器械规模以下生产企业的营收特征，推测全国医疗器械规模以下生产企业平均营收也在特定区间内小幅波动。

三、全国医疗器械规模以下生产企业平均营收推算

根据《中国医疗器械行业发展报告（2020）》，2019 年生产企业总营收约为 7200 亿元，该数据行业认可度较高，以此作为 2019 年全国总营收参数，已知 2019 年全国规上企业总营收为 4596.2 亿元，全国规下企业数量为 15490 家，则推算 2019 年规下企业平均营收（亿元）：

（7200–4596.2）/15490 = 0.1681（亿元）= 1681 万元

对比发现，较深圳市历年规下企业平均营收 500 万元有一定差异，推测是深圳市和全国对规上企业的统计口径差异导致。进一步，比较深圳和全国的历年企业数量，不难发现，深圳市规上企业数量占全国规上企业数量的比例整体维持在 8%；同时，深圳市规下企业数量占全国规下企业数量的比例整体维持在 4%，2 倍比例的差异有效佐证了上述推测。

更重要的是：如下图，规上和规下占比的时间序列具有时间序列上的平稳性，也从某种角度证实了深圳市样本数据与全国统计数据的相容性。同时，上述统计口径的差异并不影响历年医疗器械生产企业营收数据的总体分布。

深圳市医械规上和规下企业全国占比的时间序列

综上，我们可以推测，全国 2015—2020 年规下企业的平均营收也呈现这种平稳性，均在 1681 万元附近波动，为测算方便，可以定 2015—2020 年期间规下企业的平均营收均为 1681 万元。

四、全国医疗器械生产企业总营收计算及验证

由前文结论，深圳市 2015—2020 年医疗器械生产企业营收服从 Skew-T 分布，先假定全国和深圳市的营收分布整体一致（但实际深圳市医疗器械生产企业营收均值比全国营收均值略高，故会存在一定偏差），即全国医疗器械生产企业营收以 10 为底的对数变换后概率密度分布，全国医疗器械生产企业营收概率分布分别为：

$$f(x; u, \sigma^2, n) = 2 \times u^{-1} t(z; n) T(n+1)$$

其中：$z = (x - u)/\sigma$

$$t(z; n) = \frac{\text{Gam}(\frac{n+1}{2})}{\sqrt{n\pi}\text{Gam}(\frac{n}{2})}(1 + \frac{z^2}{2})^{\frac{n+1}{2}}$$

$$T(n) = \int_{-\infty}^{0} t(u; n)\, du$$

$$g(x) = f(x)\left[\frac{1}{\ln(10) \times 10^x}\right]$$

注：Gam(x) 为伽马函数。

以 2020 年为例，其参数为 n=6.23，u=2.71，σ=0.76，积分 $\iint_D g(x)y\, dxdy$ 则为全国营收的估计值，其中

$$\text{D}: -\infty < x < \infty, 0 < y < 26465$$

求积分，得到 2020 年全国总销售额约为 10894 亿元，26465 为 2020 年的深圳市医疗器械生产企业的总数量；与前文估算的 10392 亿元偏差不大，故 2020 年全国医疗器械总营收为 10392 亿元具有较大的可信度。

五、全国医疗器械规模以下生产企业总营收计算

通过全国生产企业总数、规模以上企业数量、规模以下生产企业平均营收结果，计算得到 2016—2020 年全国医疗器械规模以下生产企业总营收结果如下：

年份	2015 年	2016 年	2017 年	2018 年	2019 年	2020 年
生产企业总数（家）	14151	15343	16124	17236	18070	26465
规模以上企业数量（家）	1919	2100	2567	2451	2580	3128
规模以下企业数量（家）	12232	13243	13557	14785	15490	23337
规模以下企业平均营收（万元）	1681	1681	1681	1681	1681	1681
规模以下企业总营收（亿元）	2056.2	2226.1	2278.9	2485.4	2603.9	3922.9

六、结论

1. 深圳市历年医疗器械生产企业总营收数据以 10 为底作对数变换后服从 Skew–T 分布，其参数较稳健，均值在 2.73 附近，方差在 0.77 附近，自由度 n 在 5 ～ 12 范围内波动。

2. 深圳市历年医疗器械规下企业平均营收呈平稳时间序列；同时验证江苏省及省内各市历年医疗器械规模以下企业平均营收均在特定区间内小幅波动。因此，结合历年 Skew–T 分布参数的稳健性，推断全国历年医疗器械规下企业平均营收也应呈现平稳性。

3. 据此以 2019 年 7200 亿元为有效参数，测算 2016—2020 年全国医疗器械规模以下生产企业平均营收在 1681 万元附近波动，继而计算得到 2020 年全国医疗器械生产企业总营收测算为 10392 亿元。

分报告一
体外诊断产业分报告

一、体外诊断概述

（一）概念

体外诊断（In-Vitro Diagnostics，IVD），是指在体外通过对人体样本（血液、体液、组织等）进行检测而获取临床信息，进而判断机体功能或疾病的产品和服务，它是现代检验医学的重要辅助手段，能提供大部分临床诊断所需要的决策信息，已成为人类疾病预防、诊断、治疗及预后的重要组成部分。

体外诊断产品包括体外诊断设备和体外诊断试剂。其中，体外诊断设备归属于医疗器械分类下的临床检验器械；按医疗器械管理的体外诊断试剂，包括在疾病的预测、预防、诊断、治疗监测、预后观察和健康状态评价的过程中，用于人体样本体外检测的试剂、试剂盒、校准品、质控品等产品。体外诊断试剂可以单独使用，也可以与仪器、器具、设备或者系统组合使用。按照药品管理的用于血源筛查的体外诊断试剂和采用放射性核素标记的体外诊断试剂，不属于其管理范围。

（二）分类

体外诊断产品涉及多学科交叉，分类较为复杂，且难以准确清晰地划分产品分类情况。近年来，随着体外诊断试剂产品在法规监管、临床应用、产品技术发展等方面的进步，对于体外诊断试剂的分类逐渐清晰，常用的分类方式如下。（表53，表54）

按照体外诊断产品的应用场景和操作者的不同，体外诊断又可分为实验室检测（Lab Test）和即时检测（Point of Care Testing，POCT）。

表 53　按照监管机构法规标准分类

种类	分类标准
体外诊断试剂	按医疗器械管理的体外诊断试剂，根据产品风险程度由低到高，分为第一类、第二类、第三类，具体参照《体外诊断试剂注册与备案管理办法》
体外诊断设备	属于临床检验器械，具体分类参照国家药品监督管理局《医疗器械分类目录》

资料来源：南方医药经济研究所整理

表 54　按照体外诊断产品检验技术手段分类

种类	细分
生化诊断	干化学、速率比浊等
免疫诊断	酶联免疫、荧光免疫、时间分辨荧光、化学发光等
分子诊断	PCR、原位杂交、基因芯片、基因测序等
微生物诊断	药敏试验、微生物培养等
血液学诊断	血细胞分析、流式细胞术等
其他	尿液诊断、光谱核型分析术等

资料来源：中国医疗器械科技创新发展报告 2019 年版

（三）发展历史

体外诊断行业的发展主要依赖于生物化学、遗传学、分子生物学、分子影像学、细胞学、免疫学、微生物学这几大学科研究的进步发展。20 世纪以前，显微镜的发明催生了以微生物镜检为主的一些传统检验手段；20 世纪初，酶催化反应、抗体抗原反应的发现为生化和免疫诊断奠定了基础，行业逐步兴起，诞生了第一台生化分析仪；20 世纪上半叶，DNA 双螺旋结构的发现、单克隆抗体和大分子标记技术的开发，使得体外诊断行业发展迈入了分子诊断的崭新时代。

体外诊断行业发展至今，涌现了一批著名的国际型企业，主要集中

在北美、欧洲等经济发达地区，这些企业产品种类丰富，同时涉及各类体外诊断以及与之相关的各类医疗技术服务体系。（表55）

表55　国外体外诊断部分企业

企业名称	国家	产品
罗氏	瑞士	生化诊断、免疫诊断、分子诊断
雅培	美国	生化诊断、免疫诊断、分子诊断、POCT
丹纳赫	美国	生化诊断、免疫诊断、分子诊断
西门子	德国	生化诊断、免疫诊断、分子诊断
Becton Dickinson	美国	分子诊断
Illumina	美国	分子诊断
Alere	美国	分子诊断、POCT
拜耳	德国	POCT

资料来源：南方医药经济研究所整理

20世纪80年代，改革开放，大量国外先进技术的进入，我国体外诊断试剂开始了产业化发展进程。到20世纪90年代初期，我国体外生化诊断试剂的生产企业超过了100家，体外免疫诊断试剂企业超过了300家；20世纪90年代后期，政府部门开始对体外诊断试剂产业开展规范整顿，我国体外诊断试剂市场逐渐进入快速健康发展阶段，行业集中度也逐渐提高。（表56）

表56　国内体外诊断部分企业

细分领域	部分企业
POCT	万孚生物、东方生物、基蛋生物、明德生物、热景生物、瑞莱生物、乐普医疗、奥普生物、诺尔曼生物、爱兴生物、普门科技、星童医疗等
免疫诊断	新产业、迈瑞医疗、安图生物、迈克生物、科华生物等
分子诊断	华大基因、达安基因、科华生物、之江生物、凯普生物、亚能生物、透景生命、艾德生物等

续表

细分领域	部分企业
体外诊断原料	菲鹏生物、蓝园生物、阿匹斯生物、诺唯赞生物、瀚海新酶生物、百川飞虹生物、华美生物、宝钛生物等
生化诊断	美康生物、九强生物、利德曼、迈瑞医疗、科华生物、迈克生物、雷杜生命、迪瑞医疗等

资料来源：南方医药经济研究所整理

二、相关政策

自 2010 年国务院提出"加快医药行业结构调整，将生物产业纳入七大战略性新兴产业"之后，各部门陆续发布鼓励企业创新发展、医药卫生体制深化改革、全面加强药品监管能力建设等一系列关于体外诊断行业发展的重要政策和法规，规范和推动行业发展，以下列举 2020 年起发布实施的部分相关政策。

1. 2020 年 6 月 30 日，《国家卫生健康委办公厅发布关于完善发热门诊和医疗机构感染防控工作的通知》（国卫办医函〔2020〕507 号），进一步规范发热门诊建设和管理。

2. 2020 年 11 月 26 日，国家药品监督管理局医疗器械技术审评中心发布关于征求《使用体外诊断试剂境外临床试验数据的技术指南（征求意见稿）》意见的通知，希望能减少体外诊断试剂申请环节的重复性临床试验，加快其在我国的上市进程，更好地满足公众对体外诊断试剂的临床需要，促进技术创新。

3. 2020 年 12 月 9 日，国家药品监督管理局发布了《家用体外诊断医疗器械注册技术审查指导原则》等 7 项注册技术审查指导原则的通告（2020 年第 80 号），指导家用体外诊断医疗器械注册申请人评估产品的安全有效性，同时也为技术审评部门审评注册申报资料提供参考。

4. 2021 年 9 月 18 日，为指导体外诊断试剂临床评价工作，国家药品监督管理局发布《关于发布免于临床试验体外诊断试剂目录的通告》（2021 年第 70 号），调整 423 个体外诊断试剂使其免于临床试验、临床评价。

5. 2021 年 9 月 24 日，根据《体外诊断试剂注册与备案管理办法》，国家药品监督管理局组织制定了《免于临床试验的体外诊断试剂临床评价技术指导原则》（2021 年第 74 号）。

6. 2021 年 9 月 27 日，为指导体外诊断试剂临床试验工作，根据《体外诊断试剂注册与备案管理办法》，国家药品监督管理局组织制定了《体外诊断试剂临床试验技术指导原则》（2021 年第 72 号）。

7. 2021 年 9 月 30 日，国家药品监督管理局发布了《体外诊断试剂注册申报资料要求和批准证明文件格式的公告》（2021 年第 122 号），指导注册申请人准备注册申报资料。

8. 2021 年 10 月 1 日，市场监管总局要求实施《体外诊断试剂注册与备案管理办法》（总局令 第 48 号），旨在落实《医疗器械监督管理条例》出台后的各项改革举措，同时完善体外诊断试剂的特殊管理要求。

9. 2021 年 10 月 29 日，国家药品监督管理局发布《体外诊断试剂分类规则》（2021 年第 129 号），明确体外诊断试剂的分类判定总体原则、分类判定具体规则和特殊规定等内容，进一步规范体外诊断试剂分类管理。

10. 2021 年 11 月 25 日，国家药品监督管理局组织制定并发布了《〈体外诊断试剂临床试验数据递交要求注册审查指导原则〉等 2 项注册审查指导原则的通告》（2021 年第 91 号），用于指导注册申请人规范递交体外诊断试剂临床试验数据及相关资料，以更好地开展临床试验资料审评相关工作等。

三、体外诊断产业链

体外诊断产业链可分为上、中、下游三大部分：上游用户主要为原材料厂家，广义的原材料包括仪器上游的核心部件和试剂上游的（非）生物活性材料，包括电子元器件、酶、抗原、抗体等原料，主要是为中游体外诊断生产企业提供基础原材料，目前该领域以海外品牌产品占主导，国产体外诊断原材料行业还处于起步阶段；中游用户主要包括体外诊断产品生产企业；下游用户主要是各级应用机构和经销商，包括流通企业、医院检验科、检验中心、独立医学实验室、疾病预防控制中心、家庭用户、在线电商等。（图 100）

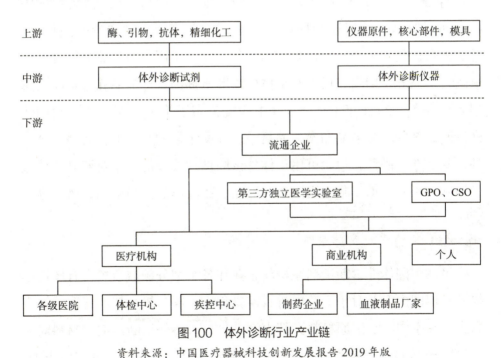

图 100　体外诊断行业产业链

资料来源：中国医疗器械科技创新发展报告 2019 年版

（一）上游原材料供应

1. 标准物质品种不断增加

在体外诊断行业，标准物质主要用来校准、对测量方法进行评价或为物质定值，是实现体外诊断试剂监督检验数据和结果准确一致性的主要工具，也是保证量值有效传递的计量实物标准。在完整的溯源、量值传递和校正过程中，标准物质起着复现量值、传递测量不确定度和实现测量一致的作用。

中国食品药品检定研究院（以下简称中检院）负责开展体外诊断试剂标准物质研究和标定工作。2019 年 8 月 29 日，标准物质管理中心公布了第六期注册检验用体外诊断试剂国家标准品和参考品目录，总品种数达到 158 个，中检院提前一年多完成了国家药品监督管理局要求的"十三五"期间完成 150 个体外诊断试剂国家标准品和参考品的研制工作任务。2022 年 1 月 7 日，中检院公布了第十一期注册检验用体外诊断试剂国家标准品和参考品目录，在第十期的基础上，新增 6 个品种，共 210 个品种，包含可用于体外诊断试剂检验的化学对照品、核酸检测标准物质、免疫测定用国家标准品、血液体液检测用标准物质等。

2. 原材料关注度提高

虽然中国体外诊断试剂原材料企业在各个细分领域市场占有率持续提升，但国内企业对于上游原材料涉猎程度不够，核心技术普遍掌握在国际巨头手中，上游原材料大都由海外进口。体外诊断试剂原材料对体外诊断产品的核心性能（灵敏度、精密度及稳定性等）有决定性作用，国外企业一旦断供，对国内体外诊断试剂生产企业的打击会很大。此外，我国体外诊断设备关键器件对进口依赖大，大多大中型仪器设备为整机的进口采购。（表 57，表 58）

表 57 体外诊断试剂主要原材料

分类	类别	应用	主要供应商
核心反应体系	酶/辅酶/酶底物	所有体外诊断子领域	德国罗氏、日本东洋纺
	引物/探针	分子诊断	
	抗原、抗体	各类免疫诊断	芬兰 Hytest、芬兰 Medix、中国 Meridian 等
信号体系	胶体金/乳胶颗粒	显色	
反应载体	NC 膜	层析	德国 Merck、美国 GE、美国 Thermo Fisher、日本 JSR
反应环境	阻断剂	防止非特异性结合	
	蛋白保护剂	提高蛋白稳定性	

资料来源：中国医疗器械科技创新发展报告 2019 年版

表 58 体外诊断仪器核心元器件

分类	应用	主要供应商
单光子计数模块	化学发光免疫分析核心部件	日本滨松（Hamamatsu）
凹面平像场光栅	高端全自动生化分析仪核心零件	日本岛津（Shimadu）
激光器	流式细胞仪、流式颗粒荧光分析仪、荧光 PCR、高端五分类血液分析仪的重要关键部件	美国相干（Coherent）
加样针	高端全自动生化分析仪和全自动化学发光免疫分析仪的关键部件	日本伊藤制作所、日本高砂和瑞士 UNIMED 等
柱塞泵	全自动生化分析仪、全自动化学发光免疫分析仪等体外诊断仪器的关键部件	美国 IDEX
无阀柱塞泵	全自动化学发光免疫分析仪的重要关键部件	日本 IWAKI
电磁阀	全自动生化分析仪、全自动化学发光免疫分析仪、五分类血液分析仪的关键部件	德国宝帝、日本 SMC
鞘流池	全自动五分类血液细胞分析仪、流式细胞仪、流式颗粒荧光分析仪的关键部件	德国 Hellma、日本 Japan cell 等

资料来源：中国医疗器械科技创新发展报告 2019 年版

2019 年底，在新型冠状病毒肺炎疫情的冲击下，体外诊断行业在暴露行业短板的同时，也为体外诊断原材料国产企业带来了新的发展机会，除了中游企业提升对上游原材料的重视外，金融资本也越来越关注体外诊断原材料行业。根据公开数据统计，2020 年体外诊断试剂原材料企业共融资超过 25 亿元，涉及领域包括抗原抗体、分子诊断、磁珠微球等。在此国内外形势下，自 2020 年以来，国务院、国家卫健委、证监会均发布了相关鼓励政策，特别强调关键体外诊断原材料供应链安全、"卡脖子"工程等问题，为体外诊断原材料的发展提供了方向性指导和重大发展机遇。（表 59）

表 59　国内体外诊断试剂原材料部分生产企业

分类	类别	部分生产企业
核心反应体系	抗原、抗体	北京春达科技有限公司、北京博尔迈生物技术有限公司、福来生物工程有限公司、基蛋生物科技股份有限公司、广州外显子生物有限公司、南京博斯金生物技术有限公司、武汉华美生物工程有限公司、杭州启泰生物技术有限公司、杭州伊佰新生物技术有限公司、菲鹏生物股份有限公司、济南博航科学仪器有限公司
	酶	菲鹏生物股份有限公司、武汉德晟生化科技有限公司、武汉瀚海新酶生物科技有限公司、北京博尔迈生物技术有限公司、北京春达科技有限公司、赛尔瑞成（北京）生命科学技术有限公司、济南博航科学仪器有限公司
信号体系	发光底物/发光剂	武汉瀚海新酶生物科技有限公司、湖州英创生物科技有限公司
	胶体金	深圳欣博盛生物科技有限公司、上海乔羽生物科技有限公司、上海延慕实业有限公司、上海古朵生物科技有限公司、湖州英创生物科技有限公司
	酶底物	北京博尔迈生物技术有限公司、上海前尘生物科技有限公司、上海阿拉丁生化科技股份有限公司
反应载体	NC 膜（硝酸纤维素膜）	福建领江生物科技有限公司、北京索莱宝科技有限公司、柏奥易杰（北京）科技有限公司

分类	类别	部分生产企业
反应载体	磁珠（磁微粒）和微球	上海玉博生物科技有限公司、深圳市纽邦生物技术有限公司、深圳市博尔熙科技发展有限公司、上海羧菲生物医药科技有限公司、苏州为度生物技术有限公司
	酶标板	无锡国盛生物工程有限公司、广州洁特生物过滤股份有限公司、厦门怡佳美实验器材有限公司、江苏康健医疗用品有限公司
反应环境	高纯度氯化钠	上海信帆生物科技有限公司、上海阿拉丁生化科技股份有限公司
	谷氨酸	上海源叶生物科技有限公司、金克隆（北京）生物技术有限公司
	柠檬酸	上海宝曼生物科技有限公司、上海阿拉丁生化科技股份有限公司、上海源叶生物科技有限公司
	牛血清白蛋白	湖州英创生物科技有限公司
	阻断剂/拮抗剂	菲鹏生物股份有限公司、广州市格瑞林生物科技有限公司、重庆艾令达生物科技有限公司、武汉原谷生物科技有限责任公司

资料来源：南方医药经济研究所整理

在利好形势下，国内原材料供应商应乘势而上，进一步提升产品质量和企业创新力，系统控制、严格把关，不断增强企业核心竞争力，以点带面，促进我国体外诊断产业健康发展。

（二）中游技术突破

1.关键领域不断取得突破

目前，体外诊断行业正处于高速发展的阶段，国家颁布了一系列支持政策，鼓励国内体外诊断生产企业坚持走研发创新路线，在产品、技术、市场上不断取得突破。

生化检测市场目前已非常成熟，整体技术水平已基本达到国际同期水平，拥有国际上普遍认可配套试剂和仪器搭配使用的封闭系统。在总体趋势上，国内企业正向着仪器与试剂协同发展的方向前进，不断提高检测精确性和稳定性。

免疫诊断是中国体外诊断市场中规模最大、新增品种最多的细分领域，其中化学发光领域最为典型，其适用人群广，市场需求大，是中国目前主流的免疫诊断方法。虽然该技术的高端市场主要由跨国企业垄断，但我国企业也不断寻求突破，逐渐从一开始的大型化向自动化（流水线）和小型化甚至是即时检测（POCT）的方向发展。

以基因测序为代表的分子诊断技术被称为新世纪的颠覆性技术，该领域发展时间较短，国内企业与海外同行技术水平差距相对较小，中国的华大基因、达安基因均发展迅速。其中，第二代测序（高通量测序）技术发展已较为成熟。2017 年 7 月，瀚海基因自主研发的第三代基因测序仪 GenoCare 正式投产，扩展了国内基因测序设备的市场，随着精准医疗发展趋势和分子诊断本身技术手段的不断升级，个体化用药将成为未来的发展趋势，分子诊断领域仍将保持快速增长。

在凝血市场领域，中国的市场占有率偏低。近两年，在分级诊疗政策的推动下，中、低端市场有所扩容，而随着自动化血凝概念的引入，国内企业也逐渐向自动化的方向迈进，不断提高自身检测速度和准确度。血液分析仪产品市场在体外诊断所有细分领域中，是国产替代最成功的，国产市场占有率达到 50% 以上。

在微生物诊断领域，博奥生物应用微流控技术研发出创新产品"恒温扩增微流控芯片核酸分析仪"并成功上市，推动了呼吸道感染诊治领域的发展，并改变了经验用药的局面。

在即时检测（POCT）领域，目前国内代表企业万孚生物、圣湘生物、东方生物已在市场上充分布局。在未来，人口老龄化带来的慢性病高发、人们收入水平的提升以及国家医保和分级诊断等政策的支持，将为定位于中低端的国产龙头企业带来新的发展良机。

在质谱技术领域，2006年，北京东西分析仪器有限公司推出首台国产商用四极杆气质联用仪GC MS3100，打破了中国在实验室质谱仪市场上近30年的沉寂。目前，很多质谱领域的关键技术已经国产化，但国产质谱仪的性能方面仍不敌国外产品，中高端质谱仪仍完全依赖进口，国产质谱仪市场仍有较大的发展空间。

近年来，以人工智能、数字化、物联网、云计算等为代表的新技术为体外诊断行业的发展提供了新动力。在互联网和移动智能终端设备普及的今天，新技术与体外诊断设备相结合，涌现出一大批创新医疗器械产品，包括非成像诊断设备、慢性病检测设备、可穿戴设备等，推动了远程医疗、移动医疗、智慧医疗、精准医疗等新模式的发展。

2.核酸检测领域异军突起

2020年，新型冠状病毒肺炎疫情席卷全球。体外诊断企业在疫情来临时反应迅速，在很短时间内就完成了新冠病毒检测试剂的研制和上市，站在抗击新型冠状病毒肺炎疫情的第一线。全球多个国家暂时放宽了监管政策，我国也开通了应急审批通道，2020年1月20日启动新冠病毒检测试剂等新型冠状病毒肺炎疫情防控产品应急审批，1月22日确定8个产品纳入应急审批，4天后即有4个新冠病毒核酸检测产品批准上市，有力地支持了新型冠状病毒肺炎疫情防控初期的工作。根据国家药品监督管理局官网数据，截至2021年底，我国已有68个新冠病毒检测试剂（34个核酸检测试剂、31个抗体检测试剂、3个抗原检测试剂）获批，产能达到5130.6万人份/天，为常态化新型冠状病毒肺炎疫情防控工作提供了有力保障。我国的核酸检测试剂在满足国内供应的基础上，同时也供应至全球，极大地缓解了全球抗疫的压力。

另外，为应对新冠病毒变异株，我国体外诊断企业启动了新冠病毒变异株监测和试剂检出能力评估工作，确保已批准试剂对新冠病毒变异株的检测质量满足需求。

（三）下游销售使用

目前，公立医院是我国体外诊断产品的主要消费市场。三级甲等医院由于就诊人流量大，偏向于使用自动化程度高、质量稳定的进口产品或高端检测方法。三级甲等以下的中层医院及基层医院因资金问题，一般选择性价比较高的国产品牌。随着民营医院、独立医学实验室和体检中心的发展壮大，体外诊断产品的终端使用客户也更加丰富。根据《2020 年我国卫生健康事业发展统计公报》，2020 年末，全国医疗卫生机构有 1022922 个，比 2019 年增加 15377 个；随着人口老龄化的加速及健康体检意识的提高，体检中心也迎来了新的发展机遇，虽然在新型冠状病毒肺炎疫情的影响下，国内体检业务受到了巨大冲击，但在常态化疫情防控下预计将得到回升。此外，第三方医学实验室由于高度专业化及规模化的运作，在新型冠状病毒肺炎疫情的推动下，相关检测业务和大筛查项目，推动其业务快速增长，一方面有效支持了新型冠状病毒肺炎疫情防控，另一方面，也促进了检测行业的快速发展。

四、体外诊断市场发展

（一）国内市场规模

随着人口老龄化加速、国民健康意识提高和人均医疗支出费用的增加，我国体外诊断产业呈现出高速增长的态势。根据行业相关数据统计和测算，2016 年中国体外诊断市场规模约为 540 亿元，2017 年为 650 亿元，同比增长超过 20%，2020 年市场规模更是突破 900 亿元，2016—2020 年的年均复合增长率高达 13.7%。（图 101）

图101 2016—2020年中国体外诊断市场规模及增速

数据来源：根据行业相关数据统计和测算

（二）上市公司发展情况

截至2020年，我国医疗器械上市企业共计104家。根据主营业务划分，涉及体外诊断领域的企业共计35家，如华大基因、万泰生物、新产业、东方生物等。（表60）

表60 我国体外诊断领域上市企业

序号	证券代码	企业简称	省份	城市
1	000710.SZ	贝瑞基因	四川	成都市
2	002022.SZ	科华生物	上海	上海市
3	002030.SZ	达安基因	广东	广州市
4	08247.HK	中生北控生物科技	北京	北京市
5	300009.SZ	安科生物	安徽	合肥市
6	300244.SZ	迪安诊断	浙江	杭州市
7	300289.SZ	利德曼	北京	北京市

序号	证券代码	企业简称	省份	城市
8	300298.SZ	三诺生物	湖南	长沙市
9	300318.SZ	博晖创新	北京	北京市
10	300396.SZ	迪瑞医疗	吉林	长春市
11	300406.SZ	九强生物	北京	北京市
12	300439.SZ	美康生物	浙江	宁波市
13	300463.SZ	迈克生物	四川	成都市
14	300482.SZ	万孚生物	广东	广州市
15	603658.SH	安图生物	河南	郑州市
16	300639.SZ	凯普生物	广东	潮州市
17	300642.SZ	透景生命	上海	上海市
18	300676.SZ	华大基因	广东	深圳市
19	603387.SH	基蛋生物	江苏	南京市
20	300685.SZ	艾德生物	福建	厦门市
21	603882.SH	金域医学	广东	广州市
22	002932.SZ	明德生物	湖北	武汉市
23	688068.SH	热景生物	北京	北京市
24	688389.SH	普门科技	广东	深圳市
25	688399.SH	硕世生物	江苏	泰州市
26	ANPC.O	安派科	浙江	丽水市
27	688298.SH	东方生物	浙江	湖州市
28	603392.SH	万泰生物	北京	北京市
29	300832.SZ	新产业	广东	深圳市
30	BNR.O	燃石医学	广东	广州市
31	GTH.O	泛生子	北京	北京市

续表

序号	证券代码	企业简称	省份	城市
32	688338.SH	赛科希德	北京	北京市
33	300869.SZ	康泰医学	河北	秦皇岛市
34	688393.SH	安必平	广东	广州市
35	688289.SH	圣湘生物	湖南	长沙市

数据来源：东方财富（choice）

截至 2020 年，35 家体外诊断上市公司 2020 年末总营收突破 800 亿元，平均营收达 22.88 亿元，2016—2020 年复合增长率达 20.72%，其中 2020 年增幅最大，增速为 31.60%。2020 年体外诊断上市企业平均利润达 4.46 亿元，2016—2020 年复合增长率达 30.20%，同比增长超过 178%。（图 102，表 61）

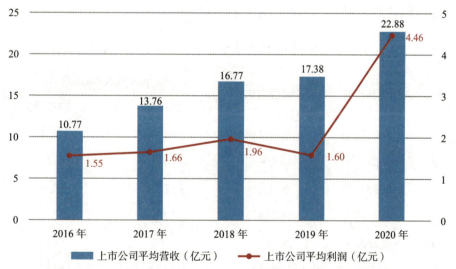

图 102 2016—2020 年中国体外诊断上市公司平均营收和平均利润

数据来源：东方财富（choice）

表 61　2016—2020 年我国体外诊断上市公司总体营收情况

年份	累计上市公司数量（家）	总营收（亿元）	平均营收（亿元）	平均利润（亿元）
2016 年	15	161.60	10.77	1.55
2017 年	21	289.05	13.76	1.66
2018 年	22	368.83	16.77	1.96
2019 年	25	434.59	17.38	1.60
2020 年	35	800.69	22.88	4.46

数据来源：东方财富（choice）

　　表 62 所示上市企业，皆以体外诊断为主营业务。国内的医疗器械企业迈瑞医疗和丽珠集团的主要营收虽然并非来自体外诊断板块，但其体外诊断板块的营收体量也较大。迈瑞医疗在 2019 年和 2020 年体外诊断营收分别为 58.14 亿元、66.46 亿元；丽珠集团在 2019 年和 2020 年体外诊断营收分别为 7.544 亿元、13.83 亿元。

表 62　我国部分体外诊断上市公司营业收入情况

序号	证券代码	证券名称	营业收入（亿元）	
			2019 年	2020 年
1	300244.SZ	迪安诊断	84.53	106.49
2	300676.SZ	华大基因	28.00	83.97
3	603882.SH	金域医学	52.69	82.44
4	002030.SZ	达安基因	10.98	53.41
5	688289.SH	圣湘生物	3.65	47.63
6	002022.SZ	科华生物	24.14	41.55
7	300463.SZ	迈克生物	32.23	37.04
8	688298.SH	东方生物	3.67	32.65
9	603658.SH	安图生物	26.79	29.78

序号	证券代码	证券名称	营业收入（亿元）	
			2019 年	2020 年
10	300482.SZ	万孚生物	20.72	28.11
11	603392.SH	万泰生物	11.84	23.54
12	300439.SZ	美康生物	31.33	23.02
13	300832.SZ	新产业	16.82	21.95
14	300298.SZ	三诺生物	17.78	20.15
15	688399.SH	硕世生物	2.89	17.40
16	300009.SZ	安科生物	17.13	17.01
17	000710.SZ	贝瑞基因	16.18	15.40
18	300869.SZ	康泰医学	3.87	14.01
19	300639.SZ	凯普生物	7.29	13.54
20	603387.SH	基蛋生物	9.68	11.23

数据来源：东方财富（choice）

2021 年，体外诊断行业迎来 18 家新的上市企业。（表 63）

表 63　2021 年体外诊断行业新上市企业

序号	证券代码	企业简称	上市时间	省份	城市
1	688656.SH	浩欧博	2021 年 1 月 12 日	江苏	苏州市
2	688317.SH	之江生物	2021 年 1 月 15 日	上海	上海市
3	02170.HK	贝康医疗—B	2021 年 2 月 8 日	江苏	苏州市
4	06606.HK	诺辉健康—B	2021 年 2 月 18 日	浙江	杭州市
5	688606.SH	奥泰生物	2021 年 3 月 24 日	浙江	杭州市
6	688468.SH	科美诊断	2021 年 4 月 8 日	北京	北京市
7	688315.SH	诺禾致源	2021 年 4 月 12 日	北京	北京市

续表

序号	证券代码	企业简称	上市时间	省份	城市
8	688767.SH	博拓生物	2021 年 4 月 28 日	浙江	杭州市
9	688217.SH	睿昂基因	2021 年 5 月 14 日	上海	上海市
10	688575.SH	亚辉龙	2021 年 5 月 14 日	广东	深圳市
11	688067.SH	爱威科技	2021 年 6 月 16 日	湖南	长沙市
12	688690.SH	纳微科技	2021 年 6 月 23 日	江苏	苏州市
13	301060.SZ	兰卫医学	2021 年 9 月 13 日	上海	上海市
14	688622.SH	禾信仪器	2021 年 9 月 13 日	广东	广州市
15	301080.SZ	百普赛斯	2021 年 10 月 18 日	北京	北京市
16	02235.HK	微泰医疗	2021 年 10 月 19 日	浙江	杭州市
17	688105.SH	诺唯赞	2021 年 11 月 15 日	江苏	南京市
18	688075.SH	安旭生物	2021 年 11 月 18 日	浙江	杭州市

数据来源：东方财富（choice）

（三）国内生产企业情况

1. 生产企业数量分析

2017—2020 年，我国可生产体外诊断产品的企业数量稳步增长，其中可生产第一类体外诊断产品的企业数量增量最多、增幅最高，年复合增长率为 32.20%；可生产第三类体外诊断产品的企业数量增幅最小，从 2017 年 490 家到 2020 年 553 家，年复合增长率仅 4.11%。其中，2020 年可生产第一类体外诊断产品的企业数量同比增长超过 45%。（图 103）

图103　2017—2020年中国体外诊断各类别生产企业数量

数据来源：国家药监局公开数据统计

2. 生产企业分布分析

（1）三类生产企业分布

根据国家药品监督管理局公开数据统计，我国体外诊断生产企业主要分布在江苏、广东、北京、浙江、上海、山东等地，总体呈现东部沿海城市快速发展、中部内地城市协同发展的区域格局。其中，我国第三类体外诊断生产企业主要分布在经济较为发达的沿海地区，其中江浙沪地区最为集中，占据全国总量的38.70%。

（2）规模以上生产企业分布

根据国家药品监督管理局公开数据统计，涉及体外诊断领域的规模以上生产企业共计413家，主要分布在我国沿海省份，其中排名前三位的依次为广东、江苏、浙江，分别有60、59、47家。

（四）注册数据分析

1. 国产注册数据分析

（1）注册数量分析

"十三五"期间，境内第一类、第二类、第三类体外诊断试剂首次注册批准数量分别占比 51.37%、39.60%、9.03%。从数据可见，中国批准的境内体外诊断试剂数量最多的是第一类体外诊断试剂，超过总量的50%，第三类体外诊断试剂的注册量相对较少，占比小于10%。（图104）

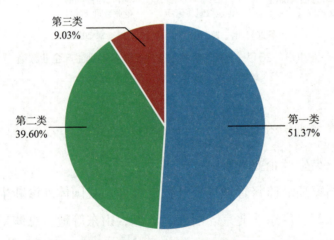

图104　中国各类别体外诊断试剂产品境内获证数量分布
数据来源：国家药监局公开数据统计

2014年以来，国家药品监督管理部门通过创建创新医疗器械优先审评审批绿色通道等措施，助力创新医疗器械和临床急需医疗器械快速获准上市。企业创新积极性高涨，体外诊断试剂产业发展迅速。

在产品创新领域，监管部门持续做好鼓励医疗器械创新相关改革工作，贯彻实施《关于改革审评审批制度鼓励药品医疗器械创新的意见》。"十三五"期间，国家药品监督管理局共批准创新医疗器械88个，其中，体外诊断试剂13个，占14.77%，填补了相关领域的空白，满足人

民群众使用高水平体外诊断试剂的需求。（表 64）

表 64 "十三五"期间批准的第三类创新医疗器械（体外诊断试剂）目录

序号	产品名称	生产企业	注册证号
1	呼吸道病原菌核酸检测试剂盒（恒温扩增芯片法）	博奥生物集团有限公司	国械注准 20163400327
2	人类 EGFR 基因突变检测试剂盒（多重荧光 PCR 法）	厦门艾德生物医药科技股份有限公司	国械注准 20183400014
3	miR-92a 检测试剂盒（荧光 RT-PCR 法）	深圳市晋百慧生物有限公司	国械注准 20183400108
4	丙型肝炎病毒核酸测定试剂盒（PCR—荧光探针法）	北京纳捷诊断试剂有限公司	国械注准 20183400157
5	人 EGFR/ALK/BRAF/KRAS 基因突变联合检测试剂盒（可逆末端终止测序法）	广州燃石医学检验所有限公司	国械注准 20183400286
6	人 EGFR、KRAS、BRAF、PIK3CA、ALK、ROS1 基因突变检测试剂盒（半导体测序法）	天津诺禾致源生物信息科技有限公司	国械注准 20183400294
7	EGFR/ALK/ROS1/BRAF/KRAS/HER2 基因突变检测试剂盒（可逆末端终止测序法）	南京世和医疗器械有限公司	国械注准 20183400408
8	人类 SDC2 基因甲基化检测试剂盒（荧光 PCR 法）	广州市康立明生物科技有限责任公司	国械注准 20183400506
9	人类 10 基因突变联合检测试剂盒（可逆末端终止测序法）	厦门艾德生物医药科技股份有限公司	国械注准 20183400507
10	人 EGFR/KRAS/BRAF/HER2/ALK/ROS1 基因突变检测试剂盒（半导体测序法）	厦门飞朔生物技术有限公司	国械注准 20203400094
11	胚胎植入前染色体非整倍体检测试剂盒（半导体测序法）	苏州贝康医疗器械有限公司	国械注准 20203400181
12	RNF180/Septin9 基因甲基化检测试剂盒（PCR 荧光探针法）	博尔诚（北京）科技有限公司	国械注准 20203400447

277

续表

序号	产品名称	生产企业	注册证号
13	KRAS 基因突变及 BMP3/NDRG4 基因甲基化和便隐血联合检测试剂盒（PCR 荧光探针法—胶体金法）	杭州诺辉健康科技有限公司	国械注准 20203400845

数据来源：国家药品监督管理局公开数据统计

（2）注册省份分析

"十三五"期间，国内共有 30 个省市获得体外诊断试剂的注册证或备案凭证，获证数量排名前十的省市包括广东省、江苏省、北京市、上海市、浙江省等，其获批数量占比总和高达 81.16%。其中，广东省作为注册大省，占比 19.27%，排名第一。（图 105）

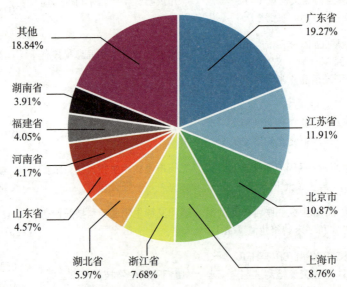

图 105　中国各省市体外诊断试剂产品境内获证数量分布

数据来源：国家药品监督管理局公开数据统计

（3）注册企业分析

"十三五"期间，国内有两千多家企业获得了体外诊断试剂的注册证或备案凭证。其中，河南赛诺特生物技术有限公司、百盛（广州）生物制品有限公司、无锡傲锐东源生物科技有限公司等三家公司的注册数量较多，均多于 400 个。

2. 进口注册数据分析

2016—2020 年，中国共批准 663 张进口第二类、第三类体外诊断试剂注册证。其中进口第二类注册证有 465 张，占 70.14%；进口第三类注册证有 198 张，占 29.86%。可见，国家药品监督管理局批准的体外诊断试剂进口注册证主要以第二类为主。

2016—2018 年，进口第二类体外诊断试剂注册批准数量持续下降，2018 年跌至 69 件，2019 年回升至 113 件，2020 年受新型冠状病毒肺炎疫情影响跌至 90 件，2020 年增速为 –20.35%。（图 106）

图106　2016—2020 年中国进口第二类体外诊断试剂注册证数量及增速

数据来源：国家药品监督管理局《药品监督管理统计年度报告》

进口第三类体外诊断试剂注册批准数量一直下降，2018 年跌至 25 件，2019 年回升至 31 件，受新型冠状病毒肺炎疫情影响，2020 年跌至 17 件，增长率跌至 –45.16%。（图 107）

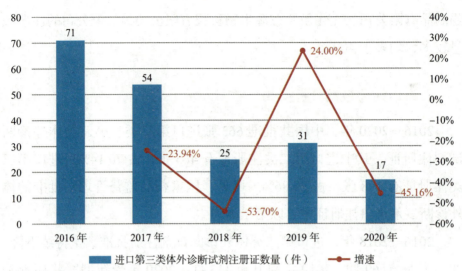

图 107　2016—2020 年中国进口第三类体外诊断试剂注册证数量及增速

数据来源：国家药品监督管理局《药品监督管理统计年度报告》

（五）进出口贸易分析

2017—2020 年，我国体外诊断产品进出口规模保持增长，但进口额大于出口额，进口依赖性相对较高。美国、德国为主要的进口来源地，上海、北京、广东、江苏、辽宁为主要的进口省市；美国、中国香港、德国为主要的出口市场，广东、江苏、浙江、上海、北京为主要出口省市。

2020 年，新型冠状病毒肺炎疫情在全球肆虐，对世界经济秩序和国际贸易都造成了严重的影响，也对全球供应链造成了一定的破坏。我国的产业体系率先恢复正常运转，生产的医疗防疫物资及相关医疗器械产品在供应国内的情况下，也积极开拓全球业务。其中，与疫情相关的新冠病毒抗体、抗原、核酸等检测试剂，出口实现了快速增长，受到全球市场的青睐，体外诊断产业整体向好。目前，我国体外诊断产品出口增速大于进口增速，未来进出口差距将不断缩小。

1. 对外贸易稳定增长

按照主要体外诊断产品的 HS 编码（30021100、30021200、30021500、30062000、38210000、38220010、38220090、84198990、90278099、90279000）数据显示，2017—2020 年，中国体外诊断产品进出口总额为 4807.96 亿元，年复合增长率为 23.44%，贸易顺差 2499.18 亿元。其中，因受新型冠状病毒肺炎疫情影响，体外诊断产品出口额呈井喷式增长，2020 年进出口总额达 1653.09 亿元，与 2019 年相比，同比增长 30.30%。（图 108）

图 108　2017—2020 年中国体外诊断产品进出口总额规模及增速

数据来源：根据中国海关总署公开数据统计

2017—2020 年，中国体外诊断产品进口总额为 3653.57 亿元，年复合增长率为 14.16%；出口总额为 1154.39 亿元，年复合增长率为 54.44%。与进口总额相比，出口总额的年均增长相对较快。（表 65）

表65　2017—2020年中国体外诊断产品年度进出口贸易情况

年份	进出口总额（亿元）	进口总额（亿元）	进口占比	出口总额（亿元）	出口占比	贸易差额（亿元）
2017—2020年	4807.96	3653.57	75.99%	1154.39	24.01%	2499.18
2017年	878.94	721.59	82.10%	157.35	17.90%	564.24
2018年	1007.27	826.53	82.06%	180.74	17.94%	645.79
2019年	1268.66	1031.95	81.34%	236.71	18.66%	795.24
2020年	1653.09	1073.50	64.94%	579.59	35.06%	493.91

数据来源：根据中国海关总署公开数据整理

2. 进口幅度下降

2017—2020年，我国体外诊断产品进口规模持续增加，2020年增速有所放缓，相比2019年，增速下降至4.03%，下降近21个百分点。细分来看，仅中国疟疾诊断试剂盒（30021100）进口额减少，其他品种均增加，供微生物（包括病毒及类似品）或植物、人体、动物细胞生长或维持用的培养基（38210000）的增长最大。（图109，表66）

图109　2017—2020年中国体外诊断试剂与仪器产品进口规模及增速

数据来源：根据中国海关总署公开数据统计

表 66 2017—2020 年中国体外诊断各 HS 编码进口额及复合增长率（单位：万元）

商品编码	2017 年	2018 年	2019 年	2020 年	复合增长率
30021100	45.15	11.46	17.11	32.97	−9.94%
30021200	1,217,130.93	1,007,302.31	1,358,183.15	1,317,930.26	2.69%
30021500	2,430,642.58	3,165,886.22	4,456,382.99	4,868,541.99	26.05%
30062000	31956.55	37730.40	32479.31	35713.73	3.77%
38210000	103,753.67	138,966.69	160,999.47	212,266.04	26.95%
38220010	228,470.31	260,559.00	265,056.04	272,676.57	6.07%
38220090	814,694.43	919,130.44	1,064,918.92	970,225.03	6.00%
84198990	515,110.99	637,917.41	612,735.47	625,048.04	6.66%
90278099	1,130,467.27	1,324,078.42	1,468,668.28	1,394,829.23	7.26%
90279000	743,608.14	773,719.32	900,030.59	1,037,747.70	11.75%

数据来源：根据中国海关总署公开数据整理

从进口市场整体情况来看，2017—2020 年，我国体外诊断产品的主要进口国家为美国和德国，两国占我国总进口金额半数以上，日本、瑞士等进口金额稳定增加。这主要是因为国外部分体外诊断试剂在稳定性和检测灵敏度等方面较之国产试剂仍有明显优势。（表 67）

表 67 2017—2020 年主要进口市场整体情况

进口国家	进口金额（亿元）	占比
全球	3653.57	/
美国	1004.00	27.48%
德国	1002.31	27.43%
瑞士	308.22	8.44%
日本	279.61	7.65%
爱尔兰	205.23	5.62%

数据来源：根据中国海关总署公开数据整理

从进口市场细分情况来看，在新型冠状病毒肺炎疫情暴发之前，爱尔兰进口增幅较大，在 2018 年、2019 年增幅分别是 105.29%、163.44%。新型冠状病毒肺炎疫情暴发后，进口市场同比增长幅度下降，部分跌至负值，爱尔兰跌至 –38.35%，英国跌至 –1.33%。（表 68）

表 68　2017—2020 年主要进口市场细分情况

序号	国家	进口金额（亿元）	占比
2017 年			
1	美国	218.85	30.33%
2	德国	212.50	29.45%
3	日本	58.18	8.06%
4	瑞士	55.37	7.67%
5	新加坡	27.34	3.79%
6	英国	20.89	2.89%
7	奥地利	18.06	2.50%
8	爱尔兰	17.40	2.41%
9	法国	14.50	2.01%
10	瑞典	9.83	1.36%
2018 年			
1	美国	238.73	28.88%
2	德国	221.05	26.74%
3	日本	67.02	8.11%
4	瑞士	62.24	7.53%
5	新加坡	43.51	5.26%
6	爱尔兰	35.72	4.32%
7	英国	25.49	3.08%
8	奥地利	18.46	2.23%

续表

序号	国家	进口金额（亿元）	占比
9	法国	17.93	2.17%
10	西班牙	15.34	1.86%
2019 年			
1	德国	268.57	26.03%
2	美国	262.49	25.44%
3	爱尔兰	94.10	9.12%
4	瑞士	90.32	8.75%
5	日本	73.08	7.08%
6	新加坡	41.18	3.99%
7	英国	27.05	2.62%
8	奥地利	26.17	2.54%
9	法国	19.60	1.90%
10	西班牙	16.91	1.64%
2020 年			
1	德国	300.19	27.96%
2	美国	283.93	26.45%
3	瑞士	100.29	9.34%
4	日本	81.33	7.58%
5	爱尔兰	58.01	5.40%
6	新加坡	36.66	3.41%
7	英国	26.69	2.49%
8	法国	24.64	2.30%
9	瑞典	21.93	2.04%
10	中国台湾	18.87	1.76%

数据来源：根据中国海关总署公开数据整理

从进口省市来看,据各地海关口岸的进口数据显示,2017—2020年,我国进口省市主要集中在粤港澳大湾区、长三角地区及京津环渤海湾三大区域。其中,上海、北京、广东、江苏、辽宁是主要的进口省市,分别占比56.41%、18.10%、8.28%、4.94%、2.06%,总占比高达89.80%。以上数据间接表明,中国体外诊断产业发展相对集聚。(图110,表69)

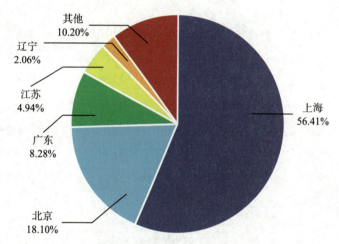

图110 2017—2020年中国各省市体外诊断产品进口数量分布

数据来源:根据中国海关总署公开数据统计

表69 2017—2020年主要省市进口情况

序号	省市	进口金额(亿元)	占比
		2017年	
1	上海市	408.99	56.68%
2	北京市	129.43	17.94%
3	广东省	66.05	9.15%
4	江苏省	32.98	4.57%
5	辽宁省	13.54	1.88%
6	河南省	9.35	1.30%

续表

序号	省市	进口金额（亿元）	占比
7	浙江省	8.91	1.23%
8	山东省	8.67	1.20%
9	福建省	6.97	0.97%
10	吉林省	6.68	0.93%
	2018 年		
1	上海市	482.50	58.38%
2	北京市	143.31	17.34%
3	广东省	60.39	7.31%
4	江苏省	33.93	4.11%
5	河南省	18.26	2.21%
6	辽宁省	16.42	1.99%
7	浙江省	11.67	1.41%
8	山东省	8.59	1.04%
9	天津市	7.34	0.89%
10	吉林省	6.44	0.78%
	2019 年		
1	上海市	566.00	54.85%
2	北京市	202.56	19.63%
3	广东省	85.96	8.33%
4	江苏省	40.03	3.88%
5	辽宁省	23.85	2.31%
6	河南省	20.24	1.96%
7	天津市	15.30	1.48%
8	浙江省	15.15	1.47%
9	山东省	10.66	1.03%

续表

序号	省市	进口金额（亿元）	占比
10	重庆市	10.13	0.98%
	2020 年		
1	上海市	603.46	56.21%
2	北京市	186.11	17.34%
3	广东省	90.10	8.39%
4	江苏省	73.60	6.86%
5	辽宁省	21.56	2.01%
6	天津市	14.88	1.39%
7	河南省	12.70	1.18%
8	浙江省	12.14	1.13%
9	山东省	11.33	1.06%
10	四川省	8.87	0.83%

数据来源：根据中国海关总署公开数据整理

3. 出口势头强劲

2017—2020 年我国体外诊断产品出口保持增长，其中，2020 年体外诊断试剂出口额增幅超 8 倍，在相关新冠病毒检测试剂出口带动下，我国体外诊断产品出口额达 579.59 亿元，同比增长 144.85%。（图 111）

在新型冠状病毒肺炎疫情暴发之前，我国体外诊断产品出口以分析检测仪器为主，亚洲是我国最大的出口市场，2019 年出口亚洲的体外诊断产品金额达 127.36 亿元，占比超 50%；新型冠状病毒肺炎疫情暴发后，我国体外诊断产品出口以新冠病毒检测试剂为主，欧洲成为我国最大的出口市场，2020 年我国出口欧洲的体外诊断产品金额达 208.89 亿元，同比增长 360.52%。（表 70，表 71）

图 111　2017—2020 年中国体外诊断试剂与仪器产品出口规模及增速

数据来源：根据中国海关总署公开数据统计

表 70　2017—2020 年主要出口市场整体情况（出口大陆）

出口大陆	出口金额（亿元）	占比
全球	1154.39	/
亚洲	481.14	41.68%
欧洲	332.04	28.76%
北美洲	233.19	20.20%
南美洲	56.24	4.87%
非洲	41.13	3.56%

数据来源：根据中国海关总署公开数据整理

表 71　2017—2020 年主要出口市场情况（出口大陆）

序号	出口大陆	出口金额（亿元）	占比
		2017 年	
1	亚洲	67.94	43.18%
2	欧洲	39.93	25.38%

续表

序号	出口大陆	出口金额（亿元）	占比
3	北美洲	36.93	23.47%
4	南美洲	5.52	3.51%
5	非洲	5.23	3.32%
	2018 年		
1	亚洲	83.11	45.98%
2	北美洲	43.59	24.12%
3	欧洲	37.86	20.95%
4	非洲	8.16	4.51%
5	南美洲	6.32	3.50%
	2019 年		
1	亚洲	127.36	53.80%
2	北美洲	46.65	19.71%
3	欧洲	45.36	19.16%
4	非洲	8.80	3.72%
5	南美洲	6.08	2.57%
	2020 年		
1	欧洲	208.89	36.04%
2	亚洲	202.73	34.98%
3	北美洲	106.02	18.29%
4	南美洲	38.32	6.61%
5	非洲	18.94	3.27%

数据来源：根据中国海关总署公开数据整理

从出口国家或地区看，2017—2020 年，美国、中国香港、德国、英国、日本是主要的出口市场，分别占比 17.91%、13.02%、7.11%、

5.40%、4.54%，共占中国出口总额的47.98%。在新型冠状病毒肺炎疫情暴发后，欧洲发达国家英、法、德大量进口我国新冠病毒检测试剂，出口额占比有所攀升。（表72，表73）

表72　2017—2020年主要出口市场整体情况（出口国家或地区）

出口国家或地区	出口金额（亿元）	占比
全球	1154.39	/
美国	206.80	17.91%
中国香港	150.33	13.02%
德国	82.12	7.11%
英国	62.32	5.40%
日本	52.36	4.54%

数据来源：根据中国海关总署公开数据整理

表73　2017—2020年主要出口市场情况（出口国家或地区）

序号	出口国家或地区	出口金额（亿元）	占比
	2017年		
1	美国	32.40	20.59%
2	德国	14.96	9.51%
3	日本	12.74	8.10%
4	中国香港	11.25	7.15%
5	韩国	5.63	3.58%
6	印度	5.55	3.53%
7	新加坡	4.13	2.62%
8	英国	3.69	2.35%
9	波兰	3.50	2.23%
10	印度尼西亚	3.05	1.94%

续表

序号	出口国家或地区	出口金额（亿元）	占比
2018 年			
1	美国	39.09	21.63%
2	日本	13.83	7.65%
3	中国香港	12.18	6.74%
4	德国	10.64	5.89%
5	新加坡	7.12	3.94%
6	韩国	6.63	3.67%
7	印度	5.45	3.02%
8	英国	4.52	2.50%
9	波兰	4.40	2.43%
10	泰国	3.75	2.08%
2019 年			
1	中国香港	52.13	22.02%
2	美国	40.92	17.29%
3	日本	12.58	5.31%
4	德国	11.76	4.97%
5	新加坡	7.91	3.34%
6	印度	7.71	3.26%
7	韩国	5.81	2.46%
8	越南	5.60	2.36%
9	印度尼西亚	5.06	2.14%
10	泰国	5.01	2.12%
2020 年			
1	美国	94.39	16.29%

序号	出口国家或地区	出口金额（亿元）	占比
2	中国香港	74.77	12.90%
3	英国	54.11	9.34%
4	德国	44.76	7.72%
5	法国	17.44	3.01%
6	巴西	16.78	2.90%
7	印度尼西亚	16.54	2.85%
8	日本	13.21	2.28%
9	新加坡	12.61	2.18%
10	意大利	11.74	2.03%

数据来源：根据中国海关总署公开数据整理

2017—2020 年，广东、江苏、浙江、上海、北京出口总量居前 5 位，分别占出口总额 20.68%、17.26%、14.34%、12.42%、6.22%，总占比为 70.92%。在新型冠状病毒肺炎疫情暴发之前，我国体外诊断产品出口主要集中在长三角和珠三角地区；新型冠状病毒肺炎疫情暴发后，东南沿海地区成新冠病毒检测试剂出口主力军，浙江省出口额增量超 90 亿元，居各省市区第一。（表 74，表 75）

表 74　2017—2020 年主要出口省市区整体情况

序号	省市区	出口金额（亿元）	占比
1	广东省	238.69	20.68%
2	江苏省	199.21	17.26%
3	浙江省	165.56	14.34%
4	上海市	143.38	12.42%
5	北京市	71.86	6.22%

数据来源：根据中国海关总署公开数据整理

表 75　2017—2020 年主要出口省市区各年情况

序号	省市区	出口金额（亿元）	占比
2017 年			
1	江苏省	40.84	25.95%
2	广东省	37.76	24.00%
3	上海市	33.77	21.46%
4	浙江省	13.69	8.70%
5	北京市	7.68	4.88%
6	山东省	4.61	2.93%
7	辽宁省	3.00	1.90%
8	湖北省	2.30	1.46%
9	天津市	1.90	1.21%
10	广西壮族自治区	1.65	1.05%
2018 年			
1	广东省	45.87	25.38%
2	江苏省	43.66	24.16%
3	上海市	35.89	19.86%
4	浙江省	17.62	9.75%
5	北京市	8.47	4.69%
6	山东省	5.26	2.91%
7	辽宁省	4.44	2.46%
8	湖北省	2.32	1.28%
9	天津市	2.26	1.25%
10	广西壮族自治区	2.10	1.16%

续表

序号	省市区	出口金额（亿元）	占比
		2019 年	
1	广东省	51.72	21.85%
2	江苏省	43.48	18.37%
3	上海市	34.01	14.37%
4	浙江省	20.91	8.83%
5	贵州省	20.51	8.66%
6	北京市	11.03	4.66%
7	云南省	9.00	3.80%
8	湖南省	7.84	3.31%
9	山东省	7.62	3.22%
10	辽宁省	5.65	2.39%
		2020 年	
1	浙江省	113.34	19.56%
2	广东省	103.34	17.83%
3	江苏省	71.23	12.29%
4	福建省	47.18	8.14%
5	北京市	44.68	7.71%
6	上海市	39.71	6.85%
7	山东省	36.28	6.26%
8	湖北省	28.34	4.89%
9	湖南省	27.32	4.71%
10	贵州省	9.32	1.61%

数据来源：根据中国海关总署公开数据整理

新型冠状病毒肺炎疫情暴发以来，我国体外诊断产品的出口总额和占比都有了很大提升。从 2021 年底市值排名前 14 的体外诊断研发生产上市公司数据来看，2019 年排名前 14 家公司的体外诊断产品合计销售额 178.72 亿元，出口额 23.17 亿元，出口占营收比重 12.96%，其中，仅东方生物一家公司出口额占比超过 30%，出口占营收比重达到 94.77%。2020 年排名前 14 家公司体外诊断产品合计销售额达 391.37 亿元，同比增长 118.99%，出口额达 155.25 亿元，同比增长超过 570%，出口占营收比重 39.67%。在出口占营收比重方面，东方生物继续以 94.87% 的出口比重领跑，华大基因、圣湘生物、万孚生物均突破 50%，新产业、万泰生物分别以 37.58%、24.80% 排在第五、六位，其余企业重心仍在国内市场。（图 112，图 113）

在统计的 14 家企业中，超过 70% 的公司覆盖分子诊断领域，2020 年出口额排名分列第一、二、三位的华大基因、东方生物、圣湘生物均以分子诊断产品为主。

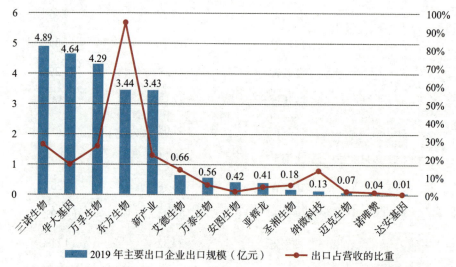

图 112 2019 年我国体外诊断产品主要出口企业出口规模及出口占营收比

数据来源：根据中国海关总署公开数据统计

图 113　2020 年我国体外诊断产品主要出口企业出口规模及出口占营收比

数据来源：根据中国海关总署公开数据统计

（六）国内企业海外布局

近年来，国内企业在"引进来"带来全球高端技术和资金的同时，也积极"走出去"探索海外市场布局，寻求国际化发展道路。我们以中国企业在加拿大、新加坡、澳大利亚的注册数据为样本，对中国体外诊断企业海外注册情况作简要分析。

1. 整体情况

2017—2020 年，我国体外诊断产品，在澳大利亚和加拿大的注册总量持续增加，在澳大利亚产品注册件数最多，占澳大利亚获批注册产品总量的比例基本上升，2020 年已达到 4.30%。值得注意的是，本报告所统计的在加拿大注册数仅包含体外诊断试剂，在新加坡的体外诊断产品注册总量基本无变化。（表 76）

表 76　2017—2020 年我国体外诊断产品在国外注册情况

序号	海外注册国	海外注册数量（存量）（件）	占比
		2017 年	
1	澳大利亚	36	1.91%
2	加拿大	27	1.00%
3	新加坡	18	0.58%
		2018 年	
1	澳大利亚	58	2.78%
2	加拿大	35	1.19%
3	新加坡	18	0.51%
		2019 年	
1	澳大利亚	65	2.22%
2	加拿大	55	1.72%
3	新加坡	18	0.49%
		2020 年	
1	澳大利亚	111	4.30%
2	加拿大	70	2.10%
3	新加坡	20	0.52%

数据来源：TGA 官网、加拿大卫生部官网、HSA 官网

2. 各国情况

（1）获澳大利亚 TGA 认证产品总量持续增加

2017—2020 年，中国体外诊断产品获得澳大利亚 TGA 认证的总量持续增加（不包含港澳台地区），年复合增长率为 45.55%。其中，2019 年产品注册增速下滑明显，仅增加了 7 个获证产品；2020 年涨幅明显，增加了 46 个获证产品，增加的数量超过了 2017 年获证总数，说明我国

企业在澳大利亚的海外布局进程不断加快。（图114）

图114 2017—2020 年获澳大利亚 TGA 认证的体外诊断产品总量及趋势

数据来源：TGA 官网

　　截至2020 年，在澳大利亚完成体外诊断产品注册的企业达50 家，浙江、广东、江苏分别以13、11、10 家注册企业居前三位，主要企业有深圳市亚辉龙生物科技股份有限公司、深圳迈瑞生物医疗电子股份有限公司、深圳市新产业生物医学工程股份有限公司，注册总量分别为20、11、6 件，从企业分布地区来看，在澳大利亚获证的中国企业主要来自于江苏、浙江、广东、上海、山东、湖北等地区，其中企业注册地址为广东地区的主要来自深圳市。（表77）

表77 2017—2020 年体外诊断产品在澳大利亚注册总量排名前十的中国企业名单

序号	企业名称	产品注册总量（件）
	2017 年	
1	深圳迈瑞生物医疗电子股份有限公司	11
2	艾博生物医药（杭州）有限公司	2

序号	企业名称	产品注册总量（件）
3	贝克曼库尔特实验系统（苏州）有限公司	2
4	福辉（中国）有限公司	2
5	杭州隆基生物技术有限公司	2
6	深圳市亚辉龙生物科技股份有限公司	2
7	深圳市中核海得威生物科技有限公司	2
8	浙江拱东医疗器械股份有限公司	2
9	苏州碧迪医疗器械有限公司	1
10	蔡司科技（苏州）有限公司	1
	2018 年	
1	深圳市亚辉龙生物科技股份有限公司	19
2	深圳迈瑞生物医疗电子股份有限公司	11
3	艾博生物医药（杭州）有限公司	4
4	贝克曼库尔特实验系统（苏州）有限公司	2
5	福辉（中国）有限公司	2
6	杭州隆基生物技术有限公司	2
7	南通伊仕生物技术股份有限公司	2
8	深圳市中核海得威生物科技有限公司	2
9	浙江拱东医疗器械股份有限公司	2
10	爱德检测科技有限公司	1
	2019 年	
1	深圳市亚辉龙生物科技股份有限公司	19
2	深圳迈瑞生物医疗电子股份有限公司	11
3	艾博生物医药（杭州）有限公司	5
4	贝克曼库尔特实验系统（苏州）有限公司	2

续表

序号	企业名称	产品注册总量（件）
5	福辉（中国）有限公司	2
6	杭州隆基生物技术有限公司	2
7	南通伊仕生物技术股份有限公司	2
8	深圳市中核海得威生物科技有限公司	2
9	武汉华大智造科技有限公司	2
10	浙江拱东医疗器械股份有限公司	2
2020 年		
1	深圳市亚辉龙生物科技股份有限公司	20
2	深圳迈瑞生物医疗电子股份有限公司	11
3	深圳市新产业生物医学工程股份有限公司	6
4	艾博生物医药（杭州）有限公司	5
5	江苏世泰实验器材有限公司	4
6	武汉华大智造科技有限公司	4
7	上海思路迪生物医学科技有限公司	3
8	杭州隆基生物技术有限公司	3
9	杭州优思达生物技术有限公司	3
10	浙江拱东医疗器械股份有限公司	3

数据来源：TGA 官网

（2）获加拿大认证产品数量平缓增加

2017—2020 年，中国体外诊断试剂产品获得加拿大认证的总量持续增加（不包含港澳台地区），复合增长率为 37.38%。三年内产品注册总量增加了 43 件，其中，2019 年增加较为明显，注册数增加了 20 件。（图 115）

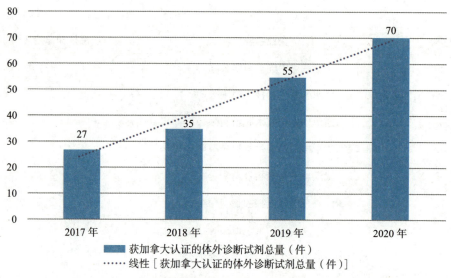

图115　2017—2020年获加拿大认证的体外诊断试剂总量及趋势

数据来源：加拿大卫生部官网

截至2020年，中国体外诊断试剂获得加拿大认证的企业仅有6家，分别来自于浙江、广东、江苏、天津和四川。其中，杭州奥泰生物技术股份有限公司注册总量最多，注册数量为37件。（表78）

表78　截至2020年体外诊断试剂在加拿大注册的中国企业名单

序号	企业名称	产品注册总量（件）
1	杭州奥泰生物技术股份有限公司	37
2	杭州安旭生物科技股份有限公司	24
3	万华普曼生物工程有限公司成都分公司	4
4	广州万孚生物技术股份有限公司	2
5	天津喜诺生物医药有限公司	2
6	南通伊仕生物技术股份有限公司	1

数据来源：加拿大卫生部官网

（3）获新加坡HSA认证产品数量保持平稳

截至2020年，中国体外诊断产品获新加坡HSA认证的总量仅为

20 件（不包含港澳台地区），复合增长率为 3.57%，数量基本保持平稳。其中，2018—2019 年没有新增产品注册，2020 年产品注册数略微增加，多了两个获证产品，说明我国体外诊断企业在新加坡的海外布局进程变化还不明显。（图 116）

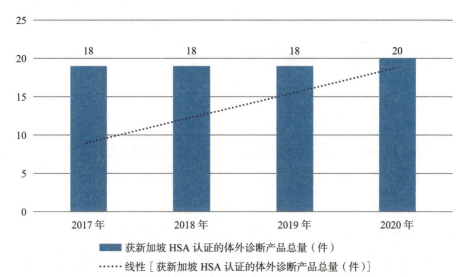

图 116 2017—2020 年获新加坡 HSA 认证的体外诊断产品总量及趋势

数据来源：HSA 官网

2017—2020 年，中国体外诊断产品获得新加坡 HSA 认证的企业仅有 5 家。其中，迪瑞医疗科技股份有限公司注册数量最多，注册数量为 8 件，根据企业分布地区来看，主要来自于浙江、北京、吉林地区。（表 79）

表 79 截至 2020 年体外诊断产品在新加坡 HSA 认证的中国企业名单

序号	企业名称	产品注册总量（件）
1	迪瑞医疗科技股份有限公司	8
2	艾博生物医药（杭州）有限公司	5
3	杭州博拓生物科技股份有限公司	5

续表

序号	企业名称	产品注册总量（件）
4	杭州协合医疗用品有限公司	1
5	蓝十字生物药业（北京）有限公司	1

数据来源：HSA 官网

五、体外诊断行业监管

（一）中国监管机制

体外诊断试剂和体外诊断设备均归属医疗器械管理，我国对其监管是在《医疗器械监督管理条例》要求下实施的全生命周期监管，实行严格的分类管理制度，对产品采取注册与备案制度，对企业的生产和经营采取许可与备案制度，并对医疗器械的上市使用进行监管。

在产品注册与备案监管环节，体外诊断试剂和体外诊断设备分别按照《体外诊断试剂注册与备案管理办法》（总局令 第48号）和《医疗器械注册与备案管理办法》（总局令 第47号）进行监管。

（二）美国监管机制

在美国，体外诊断试剂和体外诊断设备均纳入医疗器械管理，体外诊断试剂和体外诊断设备都是按照《美国联邦食品、药品和化妆品法案》的要求进行注册的，其监管都由美国食品药品管理局（Food and Drug Administration，FDA）下属器械和放射保护健康中心（CDRH）负责。

应对新型冠状病毒肺炎疫情，美国FDA在2020年2月份实施了"紧急使用授权"，简称FDAEUA认证，这是新型冠状病毒肺炎疫情防控相关产品进入美国市场的最快速通道，主要有七大类产品被列入EUA产品目录，这其中就包括了新冠病毒检测试剂。

（三）欧盟监管机制

在欧盟地区，医疗器械法规构成了欧盟医疗器械的管理框架，但不包括体外诊断医疗器械。欧盟地区的体外诊断试剂和体外诊断设备均按照体外诊断医疗器械进行管理，不纳入其常规医疗器械（MD）管理。欧洲议会和理事会于 2017 年 4 月 5 日签发了关于体外诊断医疗器械第 2017/746 号（EU）法规，并计划于 2022 年 5 月 26 日实施。自实施之日起，体外诊断医疗器械法规（IVDR）将取代原欧盟的体外诊断设备指令（IVDD）。2021 年 10 月 14 日，欧洲体外诊断医疗器械新法规（IVDR）延期提案，修正了 2017/746（EU）法规第 110 条（过渡性条款）对 IVDD 到 IVDR 过渡期的规定，给予低风险等级器械相对更长的过渡期，并将现有由公告机构监管发证的体外诊断医疗器械产品的过渡期延长到 2025 年 5 月 26 日。

根据体外诊断医疗器械法规，基于产品的风险将所有的体外诊断医疗器械由低到高分为 A、B、C、D 四类，针对不同管理类别和产品特性，明确提出了与其风险水平对应的监管要求，其中最核心的变化点在于公告机构（Notified Body，NB）介入的增加，涉及产品包括所有的 D、C、B 类和部分 A 类。

六、新型冠状病毒肺炎疫情重塑体外诊断产业业态

面对新型冠状病毒肺炎疫情，中国体外诊断企业反应迅速，争分夺秒开发出新型冠状病毒检测产品，以"黑马"的姿态迅速站上风口，在经济上获得极大收益，同时，这也引发了资本对于体外诊断企业和第三方医学检验机构的高度关注。各方投资者对于体外诊断领域的投资热情被彻底点燃，从一二级市场的交易情况来看，2020 年体外诊断企业在资本市场吸纳资金，私募融资和 IPO 并驾齐驱，均创历史新高。

新型冠状病毒检测业务的增长，使得一批体外诊断企业聚集了大量的现金，加快了体外诊断行业渗透、并购整合的步伐。为提升大规模开展新冠病毒检测的能力，各省份陆续探索开展试剂集采、价格调控的新模式，从而带动了体外诊断试剂的价格改革。

随着国内新型冠状病毒肺炎疫情的控制和缓解，体外诊断行业也迎来了新的发展格局。医保控费、分级诊疗等政策推动下，给国内优质的体外诊断企业带来了需求市场。除了常规检测业务的复苏之外，许多企业也在不断寻找新的增长点，例如传染病检测、癌症早筛、新生儿疾病筛查等。虽然国内新型冠状病毒肺炎疫情相对稳定，但海外新型冠状病毒肺炎疫情仍在肆虐，这带来极大的新型冠状病毒检测和居家检测需求，在全球供应链遭到破坏的情况下，我国生产体系率先恢复正常，企业积极开拓海外市场，为全球提供新型冠状病毒检测相关产品。新型冠状病毒肺炎疫情，让我国体外诊断行业比以往有了更多的资源和信心去扩展更大更广阔的市场。

（一）第三方医学检验行业面临机遇与挑战

新型冠状病毒肺炎疫情暴发初期，新型冠状病毒肺炎检测资源的短缺一度成为制约检测效率的瓶颈，医院和疾控中心并没有足够的人力资源和检测仪器进行所有的新型冠状病毒检测任务。为减轻疫区负担，第三方医检机构开始协助各省市医疗机构承担起大量新冠病毒核酸检测和样本运输的任务，这对第三方医检行业来说，既是挑战，也是机遇。

在挑战方面：首先，样本的检测、运输等需符合生物安全管理的相关要求，病原相关实验活动也要在具备相应防护级别的生物安全实验室开展，而很多第三方机构根本没有这样的实验室条件和检测仪器设备承担此次的新型冠状病毒核酸检测任务；其次，对于新型冠状病毒肺炎疫情的控制来说，检测质量才是重中之重。因此，在提高样本检测效率的同时，如何保证检测结果的准确度对第三方机构服务能力来说是最大考验；此外，调配好各方资源、协调好与合作医疗机构之间的工作等都对第三方医学检验机构的综合能力提出了更高的要求。

同时，第三方医学检验市场也迎来巨大机遇：首先，第三方医学检验在分级诊疗中将发挥更大作用。这次新型冠状病毒肺炎疫情更加暴露出我国医疗资源配置不合理、基层医疗机构医疗资源相对缺乏、服务能力不够等严峻问题，而第三方医学检验的专业能力恰恰是弥补基层医疗资源及服务的重要力量，能够有效提升基层医疗的检验检测能力。从这个角度来看，新型冠状病毒肺炎疫情过后，第三方医学检验在分级诊疗中的作用将会被进一步加强，在基层医疗中的地位也将进一步提高；其次，第三方医学检验机构在社会及百姓心中的地位也将提高，公信力及认可度将增强。在常态化疫情防控下，将会有更多第三方医学检验和公立医疗机构建立合作关系，共同进行新型冠状病毒检测和筛查工作，也将会有更多的群众愿意选择第三方医学检验机构接受各类检验诊断服务。

（二）产业结构加快调整

在新型冠状病毒肺炎疫情期间，上市公司利用资本市场的融资优势和杠杆作用，扩大企业知名度，加快行业渗透、整合的步伐，强化对产业链的控制，纵向上突破上游原料供应调整、规划下游医学诊断服务，横向上向生化、免疫、分子诊断等其他细分领域迈进，通过企业间的合作以及对企业的兼并重组，形成规模效应优势和竞争优势。例如，体外诊断原料企业菲鹏生物通过收购高通量基因测序研发型企业 Sequlite Genomics，进入高通量测序的新领域，不断扩展其试剂＋仪器＋服务相结合的领域。体外诊断中游企业迈瑞医疗收购体外诊断原料商 HyTest（海肽生物）及其下属子公司，向上游原料企业拓展；安图生物与积水医疗及希肯医疗皆开展了深度合作，在医学实验室领域提供更加完善的凝血检测产品与服务解决方案。

（三）试剂控费趋势显现

2020年4月，为提升开展大规模核酸和抗体检测的能力，湖北省率先开展新冠病毒检测试剂集中带量采购工作，以期通过竞争促进价格回归合理水平。自此，新型冠状病毒核酸检测试剂盒和新型冠状病毒抗体检测试剂盒的集中带量采购在全国各地陆续开展，新型冠状病毒肺炎成为体外诊断行业开始集采的切口。2021年8月，体外诊断领域的另一产品——化学发光试剂也迎来了集中带量采购，可见在新冠病毒检测试剂盒这个特殊时期的产品集采之后，免疫、生化、分子等体外诊断领域其他产品的集采也将会到来，控费大趋势已然指向体外诊断领域。

另外，2021年11月《国家医疗保障局关于印发DRG/DIP支付方式改革三年行动计划的通知》计划全面完成DRG/DIP付费方式改革任务，建立全国统一、上下联动、内外协同、标准规范、管用高效的医保支付新机制。未来，医疗行业对经销商及耗材市场管理将进行更严格的把控，这必然也会影响到体外诊断行业。

（四）分级诊疗推动县域医疗建设

按照"基层首诊、双向转诊、急慢分治、上下联动"的要求，分级诊疗政策将部分三级医院的患者向下级医院分流。另外，《中共中央 国务院关于做好2022年全面推进乡村振兴重点工作的意见》指出，要建设紧密型县域医共体，以县为中心标准化管理下级乡镇村医疗单位。此前，国家卫生健康委会同国家中医药管理局组织制定了县域慢性肾脏病等七种慢性疾病分级诊疗技术方案。

在相关政策推动下，县域医疗建设和基层医疗卫生服务能力的提升显得尤为重要，将带动基层医院医疗设备、体外诊断试剂需求量以及诊疗量的大幅增加，尤其利好能提供实验室整体解决方案的企业，例如迈瑞医疗的"标准化实验室"。

（五）传染病检测引发关注

传染性疾病一直威胁着人类的健康，新型冠状病毒肺炎疫情使得人们对呼吸道疾病及传染病有了更深刻的认识。针对传染病而言，第一时间的准确诊断和快速分流对于阻断病毒快速播散十分重要。而在这个过程中，体外诊断是其中的关键环节之一，是能够用于判断人群中有无感染者的重要手段。我国发布的《新型冠状病毒感染肺炎实验室检测技术指南》规定了新型冠状病毒感染的常规检测方法是通过实时荧光 RT-PCR 鉴定，而对于传染性极强且危害社会公共安全的传染性疾病的早期识别，需要使用不同的检测方式和工具，例如核酸、抗体、抗原检测方式等。

体外诊断的推广有利于传染性疾病的诊疗。对常见的呼吸道疾病和肠道疾病关注度的提升，带来了更多的检测需求，在新型冠状病毒肺炎疫情期间搭建的各种检测平台，未来也能继续应用在其他传染病的检测与诊断，其中，更广谱、更精准、更便捷的多重核酸检测预计将会受到临床的青睐。

（六）健康筛查市场前景广阔

在经济发展水平和居民收入水平提升的前提下，我国要加强居民的健康管理意识，早期筛查显得尤为重要。基因测序技术是肿瘤个体化治疗的重要组成部分。国家对靶向检测及靶向药物的医保政策支持，进一步扩大了国内肿瘤精准医疗靶向用药的市场容量。人们也越来越重视临床前预防，旨在通过筛查癌前病变或早期癌症，采取早发现、早诊断、早治疗的措施。由此可见，体外诊断在癌症的检测和预防方面优势明显，早期筛查的推广有利于癌症的诊疗，这将进一步促进体外诊断市场的发展。

另外，二孩、三孩政策的实施也带来了孕妇和新生儿数量的增长，遗传咨询、产前筛查、无创检测、新生儿疾病筛查等领域将有更大的市场潜力，这将推动孕产类体外诊断试剂、产前筛查、新生儿疾病筛查等所涉及的各类体外诊断产品的迅速发展。

（七）POCT 检测全球化应用

由于新型冠状病毒肺炎疫情而掀起应用热潮的 POCT 技术，在我国及海外国家因疫情防控政策方针的不同而有着不同的应用方式，我国在疫情前期主要运用"方舱快检实验室"实现新型冠状病毒肺炎筛查，2022 年第一季度增加了新冠病毒抗原自测手段作为补充，明确"社区居民有自我检测需求的，可通过零售药店、网络销售平台等渠道，自行购买新冠病毒抗原检测试剂进行自测"，海外国家则以个人居家自测为主进行检测。

在新型冠状病毒肺炎疫情暴发初期，实现快速且准确的病毒诊断对于控制疫情发展极为关键。常规核酸检测对于检测条件和人员要求较高、检测时间较长，而 POCT（即时检测）可以突破场所和人员的限制，展现出极为明显的优势。为落实"应收尽收、应治尽治"而在全国多地建立起的方舱医院，就是最适合开展 POCT 的应用场景之一。"方舱快检实验室"POCT 项目全面，设备体积小，仪器安装简单，可快速建立实验室所需项目，能基本覆盖患者所需检测指标；项目操作简单，经培训后工作人员均能快速上手，同时污染废弃物处理方便，能为检测人员提供最大程度的生物安全保障。同时，随着中国方舱医院模式在国际的分享传播，"方舱快检实验室"也在印度尼西亚等地得到了应用，为我国体外诊断产业进军海外奠定了基础。

2021 年，海外迎来了"居家自测"的热潮，居家自测不受环境限制，具有安全、便捷、私密、节约医疗资源等特点，更适用于新型冠状病毒肺炎疫情和医疗资源紧张的特殊形势下的普通人群筛查。美国、欧盟、马来西亚等监管部门开始重视居家自测，批准了我国多款新冠病毒抗原检测试剂的上市。其中，东方生物、艾康生物和九安医疗等企业的新冠病毒抗原检测试剂均得到 FDA EUA 授权，获得进入美国市场销售的资格。美国向永安医疗下单采购新冠病毒抗原检测试剂，订单高达上亿元人民币，九安医疗也因此在资本市场上收获了多个涨停。目前，海外新型冠状病毒肺炎疫情仍在持续，变异病毒的快速传播对新冠病毒抗原检测产品的需求仍在上升，因此，国内抗击新型冠状病毒产品生产企业在海外居家检测市场有望进一步扩容。

2021 年 12 月 31 日，诺辉健康的产品"幽门螺杆菌抗原检测试剂（乳胶法）"获得国家药品监督管理局批准的第三类医疗器械注册证书，成为首个适用于"消费者自测"的幽门螺杆菌检测产品。另外，新一轮新型冠状病毒肺炎疫情防控进入关键时刻，像自测验孕棒一样简便，新冠病毒抗原检测试剂盒有利于居民进行早期感染新冠病毒的筛查，也有利于早发现、早处理。截至 2022 年 3 月 23 日，国家药监局批准了 19款新冠病毒抗原检测试剂盒，个人新冠病毒抗原检测试剂盒的批准，将有力推动我国疾病防控向个人使用检测乃至个人治疗使用方向进一步升级演变。

国内外 POCT 及个人使用医疗器械的推行潜移默化地改变着人们对于检测产品的认识和消费习惯，这预示着在全球范围内，体外诊断的 POCT 细分领域有可能在未来走进千家万户，推动人们日常生活健康管理。

（八）体外诊断企业加速海外扩张

随着国内新冠病毒检测市场毛利率的下降及产品同质化现象的加剧，国内体外诊断竞争白热化趋势越发明显，而国外仍有广阔的市场机会等待挖掘。因此，推动新冠病毒抗原检测产品出口、大力拓展海外市场成为体外诊断企业的市场增长点。新型冠状病毒肺炎疫情暴发以来，专注于体外诊断试剂产品出口的企业，其营业收入基本有了很大提升。2020 年出口额排名前三的华大基因、东方生物、圣湘生物，其出口占营收比重均超过 50%。2021 年，受新型冠状病毒变异影响，国外新型冠状病毒肺炎疫情严峻，对新冠病毒检测试剂需求大幅增加，根据海关总署的数据，按照主要诊断试剂的 HS 编码（38220010、30021500、38220090）来看，上半年我国诊断试剂产品出口额达 513.06 亿元，同比增长 258%，出口额实现了大幅增长。

对我国体外诊断企业来说，海外市场拥有广阔的开拓空间，新型冠状病毒肺炎疫情加速了国内体外诊断企业拓展海外市场的进度，积累了一定的海外销售渠道和客户资源。未来，国内体外诊断企业可凭借其优秀的产品和创新能力，持续深耕，实现国际市场的高质量开拓，推动体外诊断产业国际化进程。

分报告二
中国医疗器械产业
综合发展指数

一、概述

（一）背景

随着中国科技进步，政策环境日益优化，产业规模不断壮大，监管机制不断完善，中国医疗器械发展迅猛。"十三五"期间，中国医疗器械产业规模和效益实现两位数增幅的增长。中共中央办公厅 国务院办公厅《关于深化审评审批制度改革鼓励药品医疗器械创新的意见》颁布以来，提出加快上市审评审批、加强医疗器械全生命周期管理和提升技术支撑能力等重要内容，并在 2021 年 6 月 1 日起正式实施新修订的《医疗器械监督管理条例》，后续发布《医疗器械注册与备案管理办法》等系列配套法规和技术指导原则。这对中国医疗器械产业创新发展、规范发展作出了重要的指导，为中国医疗器械创新提速发展注入新的动能。

此外，《中华人民共和国国民经济和社会发展第十四个五年规划和2035 年远景目标纲要》（以下简称规划）提出"坚持创新在我国现代化建设全局中的核心地位，把科技自立自强作为国家发展的战略支撑"，指出面向"人民生命健康"构建国家创新体系，加快建设科技强国这一战略目标。规划还将"生命健康领域"列为战略性的国家重大科技项目，并明确指出"完善创新药物、疫苗、医疗器械等快速审评审批机制，加快临床急需和罕见病治疗药品、医疗器械审评审批，促进临床急需境外已上市新药和医疗器械尽快在境内上市"的重要工作目标。

医疗器械产业作为中国医药大健康领域中的新兴力量，正势不可挡进入其发展的"黄金时代"。

（二）相关概念

1.医疗器械产业评价

医疗器械产业是关系国计民生的重要产业，是现代产业体系中具有较强成长性、关联性和带动性的战略新兴产业。医疗器械产业的覆盖非常广泛，其中包括直接或间接用于人体的仪器、设备、器具、体外诊断试剂及校准物、材料以及其他类似或者相关的物品，还包括所需要的计算机软件。

医疗器械产业评价涵盖了其规模效益、创新发展、产业生态和国际竞争等多个方面。其中规模效益是产业发展的基础体现，直接反映了产业的综合发展情况；创新发展是医疗器械产业发展的核心驱动力，是医疗器械产业竞争力的体现；产业生态是政府政策、专业服务机构、产业投资机构等促进产业发展环境支撑和综合服务的统称，是产业高质量发展的重要支撑和助推器；国际竞争，体现了医疗器械产业的国际竞争力，是实现医疗器械产业借助成本优势或者技术创新路径，突破"走出去"的重要能力。

2.产业综合发展指数

产业综合发展指数是衡量某一个产业发展程度的数据标准。如果以某一具体时期为基准，以1或100为基数，使该产业在基准时期产生的原始数据与基数相对应，则基数与基准时期原始数据之比乘以考察时期产生的原始数据即为该产业在考察时期的发展指数。该指数是对某一个产业的综合评估所得出的数据，对该数据的分析可以清晰地了解该产业所存在的问题以及对该行业未来的展望。

（三）目的和方法

1. 目的

为紧跟政策方针，促进中国医疗器械产业发展，本文构建中国医疗器械产业综合发展指数，并据实测数据，分析医疗器械产业的发展现状和趋势特点，以此为中国医疗器械产业经济高质量发展提供建议，为中国医药产业建设赋能添力。

2. 方法

为了科学、客观、合理开展研究，实现研究目的，中国医疗器械产业综合发展指数研究包括以下三个方面，每个方面根据需求和可操作性采取不同的研究方法，包括构建指数体系、确定测算权重、实施测算并分析评价。具体实施步骤和研究方法如图1。

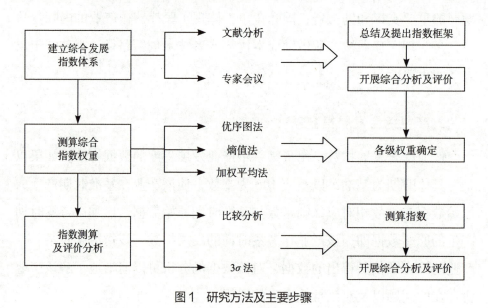

图1　研究方法及主要步骤

二、中国医疗器械产业综合发展指数的构建

（一）指标体系构建

1.构建原则

为能够制定系统、科学、合理的中国医疗器械产业综合发展指标体系，通过编委会讨论，确定了构建指标体系的基本原则。

一是整体性原则。充分考虑医疗器械产业发展的内外部影响因素，涉及技术发展、市场竞争、产业发展环境等各方面，全面的考虑和平衡指标结构，系统、全面的整理与产业综合发展有关因素。

二是重要性原则。与医疗器械产业经济相关的指标较多，以规模效益的指标为例，医疗器械产业涉及反映产业发展的企业数量、企业营业收入、资产、负债等指标，以及利润总额、利润率、成本、亏损企业数量等盈利能力等指标，以及上市公司资产、主营业务收入等企业的发展情况等指标，这些指标超过二十项。如果过度强调指标体系的全面性，将使得具体指标信息缺失或重叠等影响准确性，同时也会给实际工作带来大量困难。因此，研究考虑选取较为公认的、具有代表性的重要指标，在一定的程度上能反映其内涵信息。

三是可行性原则。指标体系的最终目的是能应用于实际，指导现实工作，指标的选取是基于现有、可获取的信息。因此，在设计指标体系和遴选指标中，充分考虑指标数据的可获取性，保证在实际测量指数时能够收集到相关有效的数据资料。关注指数结果起到观测发展变化的可行性，还需考虑指标的敏感性和可靠性，保证所选指标灵敏度和特异度。

四是相对独立性原则。产业综合发展指数涉及多个方面和数个

指标，不同指标之间可能存在一定的相关性。因此，筛选指标时，应根据常识挑选相对独立的指标，以避免由于信息重叠导致重复计算问题。

2. 确定综合发展指数体系

根据中国医疗器械产业综合发展指数构建和评价的目的，采用文献分析的方法，系统收集相关信息，经研究者系统整理和归纳后得到中国医疗器械产业综合发展指标的备选指标集，供专家会议筛选和补充。具体指标在主报告均有解释说明和分析，此处不再赘述。

开展编写专家会议实施"头脑风暴"，基本确立了中国医疗器械产业综合发展指数体系的基础体系框架。

在基础体系框架确定后，系统收集、整理了备选指标的数据。再次采用专家讨论方法，征求专家的意见，遵循指标整体性、重要性、可行性和相对独立性的筛选原则对指标进一步讨论、补充、筛选，形成了中国医疗器械产业综合发展指数的指标体系。指标充分考虑反映中国医疗器械产业发展内在、外在因素，确定了规模效益、创新发展、产业生态、国际竞争四大维度作为二级指标，以及21个三级指标。（表1）

表1　中国医疗器械产业发展综合指数框架

一级指标	二级指标	三级指标
中国医疗器械产业综合发展指数	规模效益	营业收入
		规模以上生产企业利润总额
		规模以上生产企业营业利润率
		生产企业数量
		注册产品数量（增量）

续表

一级指标	二级指标	三级指标
中国医疗器械产业综合发展指数	创新发展	高新技术企业数量占比
		高技术企业研发投入规模
		高技术企业研发投入占比
		高技术企业研发人员占比
		创新医疗器械产品上市数量（三类）
		进入国家级创新审批通道（三类）
		企业新增实用新型专利数量
		企业新增发明专利数量
	产业生态	检验检测机构数量
		公立医院检查收入及卫生材料收入
		产业园区数量
		产业园区集聚度
	国际竞争	出口额
		进口额
		获美国 FDA 认证产品数量
		获得其他主要国际市场（加拿大、新加坡、澳大利亚）认证产品数量

（二）权重确定

权重计算方法有 AHP 层次分析法、优序图法、熵值法、独立性权重法、信息量权重法、主成分法、因子分析法等。不同分析法各有优劣，本文选取主观赋权和客观赋权综合方式，既关注指标的现实内涵和意义，又防止过度主观评价下忽略的数据波动信息。考虑数据信息量和可操作性，主观赋权采用优序图法，客观赋权采用熵值法。

1. 采用优序图法确定权重

优序图法，是基于主观判断的一种方法。通过对多个指标进行两两相对比较，最后给出重要性次序或者优先次序。优序图法由多个专家针对目的，对系统指标进行两两对比，最终确定系统指标重要程度，以便对系统进行评价。

（1）专家对各指标重要性进行评价

设计了专家问卷，收集专家对各指标（X_1，X_2，$\cdots$，X_n）重要性的评价意见，分值越高，代表越重要。计算各指标专家评分平均值。

（2）进行两两对比

将指标平均重要性得分值（平均值）大小进行两两对比，若指标 X_i 比指标 X_j 重要，则 X_i 得 1 分；若同等重要则 X_i 得 0.5 分；若指标 X_j 比指标 X_i 重要，则 X_i 得 0 分。得到得分 a_{ij}，（其中 i, j=1, 2, $\cdots$, n）。（表 2）

表 2　指标两两对比评分结果示例

	X_1	X_2	$\cdots$	X_n
X_1	a_{11}	a_{12}	$\cdots$	a_{1n}
X_2	a_{21}	a_{22}		a_{2n}
$\cdots$			$\cdots$	
X_n	a_{n1}	a_{n2}		a_{nn}

（3）计算各指标得分及权重

构建完成优序图权重计算表格之后，针对每行进行加和，得到指标的分值，A_i（i=1, 2, $\cdots$, n）。公式如下：

$$A_i = \sum_{j=1}^{n} a_{ij}$$

得到全部指标的分值，计算得到各指标的权重值 W_i（i=1, 2, $\cdots$, n）。

公式如下：

$$W_i = A_i \Big/ \sum_{i=1}^{n} A_i$$

	X_1	X_2	$\cdots$	X_n	指标得分 A_{ij}	权重值 W_i
X_1	a_{11}	a_{12}	$\cdots$	a_{1n}	$A_1 = \sum_{j=1}^{n} a_{1j}$	$W_i = A_i \big/ \sum_{i=1}^{n} A_i$
X_2	a_{21}	a_{22}		a_{2n}	$A_2 = \sum_{j=1}^{n} a_{2j}$	$W_2 = A_2 \big/ \sum_{i=1}^{n} A_i$
$\cdots$			$\cdots$		$\cdots$	
X_n	a_{n1}	a_{n2}		a_{nn}	$A_n = \sum_{j=1}^{n} a_{nj}$	$W_n = A_n \big/ \sum_{i=1}^{n} A_i$

2. 采用熵值法确定权重

客观赋值的方法采用熵值法（又称熵权法），这是不需要征求主观意见的客观赋权法。基本思路是根据指标变异性的大小来确定客观权重。某个指标的信息熵越小，表明变异程度越大，提供的信息量越多，在综合指数体系中所能起到的作用就越大，其权重也就越大。相反，某个指标的信息熵越大，表明指标变异程度越小，提供的信息量也越少，在综合指标体系中起到的作用也越小，其权重也就越小。熵值法的特点是精度较高、客观性强，可以用于任何需要确定权重的指标体系，也可以结合其他方法共同使用。熵值法适合于评判模糊性和不确定的问题，常用于社会经济系统问题的评价。但熵值法也存在着不足，缺乏各指标之间的横向比较，权数较为依赖于样本，熵值法容易受到离散极值的影响。

（1）数据预处理

首先，进行指标数据一致化处理，三级指标均为正向化指标。

其次，进行数据无量纲化处理。常用的无量纲化方法有比值法、标准化处理法、极值处理法、线性比例法、归一化处理法、向量规范化和功效系数法等。

本次研究目标是回顾"十三五"中国医疗器械产业经济发展的情况，展现中国医疗器械产业经济发展的动态趋势，运用比值法，更加符合本项目研究的需求。比值法不仅可以更好地表现各期对于基准期动态变化趋势特征，同时避免数据间量纲单位所带来的不便。

比值法进行无量纲化，需确定基准期。"十三五"期间为2016—2020年，基准水平为2016年的年初水平，也就是2015年为期末水平。因此基准期确定为2015年的数值。

采用比值法进行去量纲化处理。假设给定 m 个指标 X_1, X_2, $\cdots$, X_m，其中 $Xi = \{x_1, x_2, \cdots, x_n\}$

具体公式如下：

$$Y_{ij} = X_i / X_1$$

式中：X_i 是观察期数值（2016—2020年），X_1 是基期（2015年末）数值。

得到 Y_1, Y_2, $\cdots$, Y_m。

（2）计算各指标的信息熵

熵的概念来自信息论，目前已经在社会经济等领域得到广泛的应用。信息熵计算公式如下：

$$E_j = \text{Ln}(n)^{-1}\sum_1^n p_{ij} \text{Ln} \, p_{ij}$$

其中，$p_{ij} = Y_{ij}/\sum_1^n y_{ij}$。$P_{ij}=0$，定义 $E_j=0$。$i=1$, $\cdots$, m; $j=1$, $\cdots$, n。

（3）确定权重

得到各指标的信息熵后，计算各指标权重，公式为：

$$W_j = \frac{1-E_j}{k-\sum E_j}$$

3. 综合权重

综合考虑以上两种方法，将客观赋权的熵值法与主观赋权的优序图法相结合，在减少主观模糊性的同时，减少离散数据对权重的影响，充分考虑统计学意义上权重的合理性。

最终，主观和客观结合确定的权重为：

$$W_i = \frac{W_i' W_i''}{\sum_{i=1}^n W_i' W_i''}$$

式中：W_i' 为优序图法确定的第 i 个指标的权重；W_i'' 为熵值法确定的第 i 个指标的权重。

通过以上方法得出各指标的权重。二级指标的权重则为对应的三级指标权重的和。

（三）实施测算

实施测算的原始数据见表3。

表3　三级指标原始数据表

指标	2015 年	2016 年	2017 年	2018 年	2019 年	2020 年
营业收入（亿元）	6297.57	7116.19	7373.67	6792.3	7200	10392.08
规模以上生产企业利润总额（亿元）	402.43	510.30	539.00	531.70	588.40	1129.19
规模以上生产企业营业利润率	9.49%	10.44%	10.58%	12.35%	12.80%	17.45%
生产企业数量（家）	14151	15343	16124	17236	18070	26465
注册产品数量（增量）	7790	7022	6860	5070	7202	14656

续表

指标	2015 年	2016 年	2017 年	2018 年	2019 年	2020 年
高新技术企业数量占比	3.42%	5.06%	7.16%	7.71%	10.78%	8.69%
高技术企业研发投入规模	66.37	72.7	73.54	101.45	108.85	108.85*
高技术企业研发投入占比	2.73%	2.53%	2.61%	3.89%	3.76%	3.76%*
高技术企业研发人员占比	6.21%	6.25%	6.08%	7.10%	7.79%	7.79%*
创新医疗器械产品上市数量（三类）（件）	9	10	12	21	19	26
进入国家级创新审批通道（三类）（件）	29	45	63	45	36	54
企业新增实用新型专利数量（件）	13502	13607	14593	20196	29404	35480
企业新增发明专利数量（件）	10968	12682	16304	20717	22436	20577
检验检测机构数量（家）	59	152	289	386	420	467
公立医院检查收入及卫生材料收入（亿元）	4357.88	5073.96	5759.94	6508.06	7479.31	7170.05
产业园区数量（家）	125	162.00	193.00	228.00	260.00	307.00
产业园区集聚度	61.27%	72.82%	81.75%	82.57%	90.23%	73.97%
出口额（亿美元）[a]	211.7	205.05	217.03	236.3	287.02	732.04
进口额（亿美元）[b]	173.19	184.05	203.57	221.65	267.85	305.16

续表

指标	2015 年	2016 年	2017 年	2018 年	2019 年	2020 年
获美国 FDA 认证产品数量（件）	1236	1405	1631	1868	2095	2384
获得其他主要国际市场（加拿大、新加坡、澳大利亚）认证产品数量（件）	1926	2494	3073	3616	4250	6260

注：* 表示数据未披露，沿用上一年度数据。

a：为便于连续性比较，采用中国医药保健品进出口商会统计报告数据。由于统计口径不同，数据与正文出口额数据有差异。

b：为便于连续性比较，采用中国医药保健品进出口商会统计报告数据。由于统计口径不同，数据与正文进口额数据有差异。

1. 权重计算结果

根据前文所述方法和原始样本数据，计算权重，权重见表 4。

表 4　中国医疗器械产业发展综合指数体系

一级指标	二级指标	权重	三级指标	权重
中国医疗器械产业综合发展指数（I）	规模效益（M）	24.4%	营业收入	2.39%
			规模以上生产企业利润总额	9.18%
			规模以上生产企业营业利润率	3.60%
			生产企业数量	1.59%
			注册产品数量（增量）	7.68%
	创新发展（D）	42.5%	高新技术企业数量占比	5.01%
			高技术企业研发投入规模	3.03%
			高技术企业研发投入占比	2.11%
			高技术企业研发人员占比	0.57%

续表

一级指标	二级指标	权重	三级指标	权重
中国医疗器械产业综合发展指数（I）	创新发展（D）	42.5%	创新医疗器械产品上市数量（三类）	13.71%
			进入国家级创新审批通道（三类）	5.82%
			企业新增实用新型专利数量	9.50%
			企业新增发明专利数量	2.75%
	产业生态（E）	2.6%	检验检测机构数量	0.62%
			公立医院检查收入及卫生材料收入	0.37%
			产业园区数量	1.23%
			产业园区集聚度	0.37%
	国际竞争（C）	30.5%	出口额	23.77%
			进口额	1.42%
			获美国 FDA 认证产品数量	2.53%
			获得其他主要国际市场（加拿大、新加坡、澳大利亚）认证产品数量	2.76%

2. 综合发展指数计算

为了确定中国医疗器械产业综合发展指数以及各二级指标对产业的影响程度，按如下方法计算：

$$M_j = \sum_{i=1}^{n} X_{ij} W_i \quad (j=1,\ 2,\ \cdots,\ m)$$

$$D_j = \sum_{i=1}^{n} X_{ij} W_i \quad (j=1,\ 2,\ \cdots,\ m)$$

$$E_j = \sum_{i=1}^{n} X_{ij} W_i \quad (j=1,\ 2,\ \cdots,\ m)$$

$$C_j = \sum_{i=1}^{n} X_{ij} W_i \quad (j=1,\ 2,\ \cdots,\ m)$$

$$I_j = (M_j + D_j + E_j + C_j) \times 100$$

式中：M、D、E、C 分别代表规模效益、创新发展、产业生态和国际竞争。

X_{ij} 为数据无量纲处理后，第 i 个三级指标在第 j 个年份的值；W_i 为指标权重，M_j、D_j、E_j，C_j 为各二级指标在第 j 年的得分；I_j 为第 j 年综合发展指数。

3. 测算结果

测算采用数据采集和来源解释在主报告有所说明，在此不做赘述，测算的综合发展指数及各二级指标得分见表5。

表 5 指数测算结果

指数	2015 年	2016 年	2017 年	2018 年	2019 年	2020 年
综合发展指数	100	111	127	148	166	259
规模效益	24.4	26.9	27.7	26.3	30.1	53.7
创新发展	42.5	50.3	61.7	80.0	86.8	101.9
产业生态	2.6	3.2	3.7	4.2	4.7	5.1
国际竞争	30.5	31.0	33.8	37.4	44.8	98.6

4. 确定评价区间

本研究通过 3σ 方法来设定中国医疗器械产业综合发展的评价标准。

3σ 方法是通过科学的数据采集和统计分析，追寻误差的根本，并找到消除误差的方法。采用 3σ 方法对中国医疗器械产业综合发展区间进行划分，其基本原理如下：若医疗器械产业综合发展指标数据样本值分布，离中心值越近，概率就越高。反之，离中心值越远，概率就越低。由统计学原理可知，样本值落入期望值的 1 倍标准差范围内，可能性有 68.26%；落入 2 倍标准差范围内，可能性为 95.45%；落入 3 倍标准差范围内，可能性为 99.73%。

产业发展阶段不同，则选择不同的标准。考虑本文研究的实际情况，选择 2 倍标准差以上作为异常，即以（-∞, X-2σ）、（X-2σ, X-σ）、（X-σ, X+σ）、（X+σ, X+2σ）、（X+2σ, +∞）分别表示中国医疗器械产业综合发展情况处于衰退区间、下行区间、平稳发展区间、快速上升区间、新发展区间，见表 6。

表 6　中国医疗器械产业综合发展指数评价区间

指数	衰退区间	下行区间	平稳发展区间	快速上升区间	新发展区间
综合发展指数	< 36.35	36.35 ~ 94.16	94.16 ~ 209.78	209.78 ~ 267.59	> 267.59
规模效益	< 9.48	9.48 ~ 20.51	20.51 ~ 42.58	42.58 ~ 53.61	> 53.61
创新发展	< 24.82	24.82 ~ 47.46	47.67 ~ 93.38	93.38 ~ 116.23	> 116.23
产业生态	< 2.04	2.04 ~ 2.97	2.97 ~ 4.83	4.83 ~ 5.76	> 5.76
国际竞争	< -6.57	-6.57 ~ 19.72	19.72 ~ 72.29	72.29 ~ 98.58	> 98.58

衰退区间指医疗器械产业较基准期出现明显衰退，处于规模和效益明显下降，产业发展环境恶化、创新不足、国际竞争能力较弱等发展态势。

下行区间指医疗器械产业综合发展在初级发展阶段或者较基准期呈现下行趋势，处于规模小、效益不高、创新投入不足，国际竞争参与程度不高等发展态势。

平稳发展区间指医疗器械产业发展较基准期呈现基本良性发展态势，处于规模效益显现，经济稳步发展等的发展态势。

快速上升区间指医疗器械产业呈现快速发展趋势，处于规模和效益出现较大幅度增加、创新投入增加、创新成果涌现、产业环境不断优化，国际竞争能力提升等的发展态势。

新发展区间指医疗器械产业综合发展较基准期来说，呈现新的发展阶段，各方面发展呈现"跨越式"的变化。

三、综合发展指数分析

（一）中国医疗器械产业综合发展指数

"十三五"期间，中国医疗器械产业总体发展势头良好。2015—2020 年中国医疗器械产业综合发展指数（2015 年作为基准期）呈现上升趋势。2016—2019 年上升趋势稳定，中国医疗器械产业处在平稳发展的区间，2020 年出现明显上升，进入快速上升区。如图 2 所示。

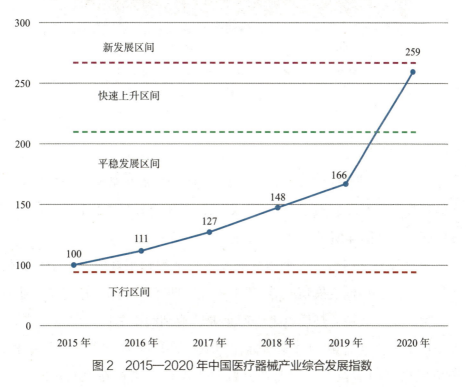

图 2　2015—2020 年中国医疗器械产业综合发展指数

四大子指数对综合发展指数的贡献情况如图 3 所示。其中，国际竞争子指数变化幅度最大，其次是创新发展子指数，两者的快速上升对综合发展指数起到了明显的拉升作用。这表明，中国医疗器械产业综合发展的快速提升得益于国际竞争能力和创新能力的有力推动。规模效益子指数和产业生态子指数维持平稳的发展态势。

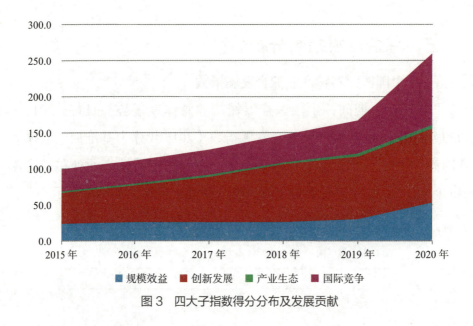

图 3　四大子指数得分分布及发展贡献

（二）规模效益子指数分析

"十三五"期间，中国医疗器械产业综合发展指数中，规模效益子指数稳步上行发展，到"十三五"期末，出现较为明显的上升，进入新发展区间。如图 4 所示。

规模效益子指数下 5 个指标的发展特征解释了规模效益子指数发展趋势。从各指标发展情况看，"十三五"期间，中国医疗器械营业收入、生产企业数量、规模以上生产企业营业利润率总体呈现上升趋势。规模以上生产企业利润总额指标在 2016—2019 年期间总体发展平稳，2020 年出现明显拉升。注册产品数量（增量）指标在 2016—2018 年期间较基准期出现下滑趋势，2019 年反弹上升超过基准期水平，到了"十三五"期末的 2020 年，出现明显抬升。综合来看，"十三五"期间，中国医疗器械产业规模扩大，盈利水平得到提升，产业呈现良好发展态势。从 2015 年至 2019 年规模与效益呈稳定增长，2020 年则出现了大幅增加，这可能与新型冠状病毒肺炎疫情全球大流行后卫生材料和核酸

图 4 规模效益子指数发展趋势

检测产品需求大幅增加有关，其间卫生材料的利润率也显著增加。预计全球新型冠状病毒肺炎疫情得到有效控制后，规模与效益增幅会出现放缓并恢复到疫情前的增幅。整体较基准期发展趋势如图 5 所示。

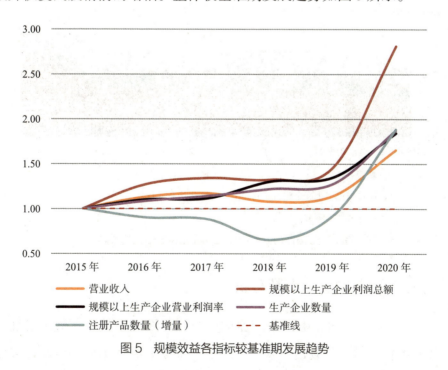

图 5 规模效益各指标较基准期发展趋势

各指标对规模效益子指数的贡献如图6所示。各指标中,规模以上生产企业利润总额指标所占权重最高,同时在"十三五"期末,其变化最大,对规模效益变化的拉升贡献最大。其次是注册产品数量(增量)指标。注册产品数量在2018年有所减少,主要体现在第二类医疗器械首次注册增量放缓,有两个方面原因:一是新修订《医疗器械监督管理条例》实施对医疗器械行业质量要求更严格。二是2017年开始对医疗器械实施注册收费,企业申报更加慎重。但第三类医疗器械注册增量近年来总体保持增加,并在2019年、2020年大幅增加,这是医疗器械审评审批制度改革以来高端医疗器械注册产品数量增加最直接的体现。

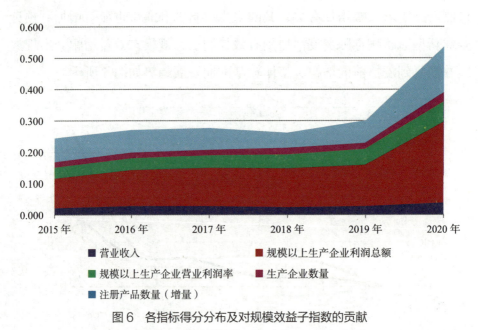

图6 各指标得分分布及对规模效益子指数的贡献

(三)创新发展子指数分析

"十三五"期间,中国医疗器械产业综合发展指数中,创新发展子指数取得较为显著的发展,从"十三五"期初基础较为低的区间逐步发

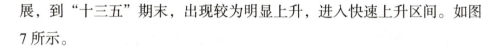

展，到"十三五"期末，出现较为明显上升，进入快速上升区间。如图 7 所示。

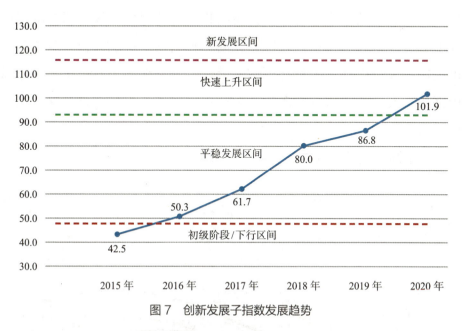

图 7　创新发展子指数发展趋势

从创新发展子指数的各项指标较基准期发展情况来看，医疗器械高新技术企业数量指标和创新医疗器械产品上市数量指标，在"十三五"期间较基期增长最快。两个指标均呈现出阶梯向上的发展特征。值得关注的是，高新技术企业数量指标波峰和波谷出现在创新医疗器械产品上市数量指标波峰和波谷出现的前置位上。也就是说，医疗器械高新技术企业"增长潮"后将迎来一次创新医疗器械产品的"上市潮"。

企业新增实用新型专利数量指标较基准期发展呈现明显提高；进入国家级创新审批通道（三类）指标出现了明显的波浪形发展趋势；高新技术企业研发投入规模指标、高技术企业研发投入占比指标、高技术企业研发人员占比指标、企业新增发明专利数指标在 2016—2017 年发展平缓，2018—2020 年有了一定程度的提高，表明中国医疗器械创新投入在稳步提高，也从侧面说明 2017 年国家提出持续深化医疗器械审评审批制度改革鼓励医疗器械创新的战略措施的效果。另外，从底层数据来看，新型冠状病毒肺炎疫情对创新发展指标的影响并不大，该指标的快速增长主要原因仍为创新环境的改善，除了审评审批制度改革以外，经济环境和鼓励创新的其他各类政策也为医疗器械创新发展营造了有利的条件，预计该指标在未来数年仍会保持高速增长。

各指标较基准期发展趋势如图 8 所示。

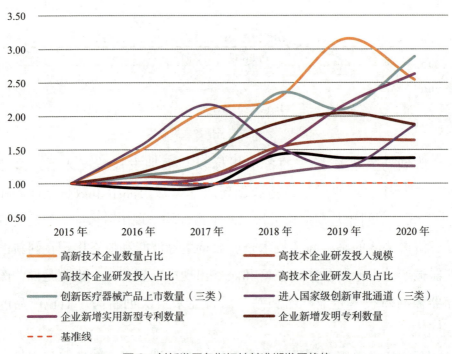

图 8 创新发展各指标较基准期发展趋势

从各指标对创新发展子指数的贡献看，虽然高新技术企业数量占比指标在"十三五"期间较基准期变化最大，但受到该指标的权重的影响，其变化对创新发展子指数的贡献并不高。贡献最高的指标是权重占比较高且同样在"十三五"期间较基准期变化较大的创新医疗器械产品上市数量（三类），根据专家调研显示，该指标更能反映医疗器械创新水平。具体情况如图9所示。

图9 各指标得分分布及对创新发展子指数的贡献

（四）产业生态子指数分析

"十三五"期间，中国医疗器械产业生态指数呈现稳步增长，并保持稳定的增幅。从2015年初级阶段区间的2.6逐年增长至2020年的5.1，已经达到了快速上升期。如图10所示。

产业生态指标主要涵盖了检验检测机构数量、公立医院检查收入及卫生材料收入、产业园区数量和产业园区集聚度等多项指标，其中产业园区数量指标在"十三五"期间大幅提高，这体现了医疗器械产业生态的显著改善以及各级政府和各级部门对医疗器械产业的重视，据统计，获得经过各级政府和部门认定的医疗器械产业园已经超过50个，较"十二五"期间有了大幅增长，且产业园数量目前仍呈现上升趋势。另外，医疗器械相关检验检测机构数量在"十三五"期间也保持着较快的增长，目前我国医疗器械检验检测机构市场化程度越来越高，比较直观地反映了医疗器械产业配套资源的改善和相应检验检测需求的增长等变化。公立医院检查和卫生材料收入在"十三五"期间也保持着较快的增长，直观反映了医疗器械需求的发展趋势，但随着医用耗材集采政策的推进，该指标可能在"十四五"期间出现波动。

图 10　产业生态子指数发展趋势

　　各指标较基准期发展趋势如图 11 所示。

　　各指标对产业生态子指数的贡献如图 12 所示。各指标中，产业园区数量指标所占权重最高，同时在"十三五"期末，其变化最大，对产业生态变化的拉升贡献最大。检验检测机构数量指标的权重在产业生态指标中相对较高，其平稳发展对产业生态稳定发展发挥积极作用。

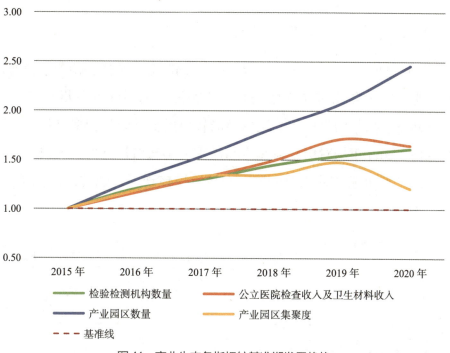

图 11 产业生态各指标较基准期发展趋势

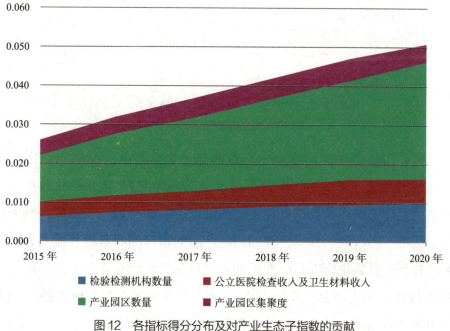

图 12 各指标得分分布及对产业生态子指数的贡献

（五）国际竞争子指数分析

"十三五"期间，中国医疗器械产业国际竞争总体保持着平稳增长的态势，2020 年出现了大幅的拉升，2020 年的国际竞争指数是 2019 年国际竞争指数的近两倍。这两年的较快增长可能与新型冠状病毒肺炎疫情下国际市场对医疗器械产品需求的迅猛增长有关，中国作为医疗器械产业链完备的工业大国，在该阶段体现了较强的国际竞争力。（图 13）

图 13　国际竞争指标发展趋势

医疗器械产业的国际竞争指数涵盖了医疗器械产品的出口额、医疗器械产品进口额、中国医疗器械产品获美国 FDA 认证产品数量，以及中国医疗器械产品获得其他主要国际市场（加拿大、新加坡、澳大利亚）认证产品数量。其中，医疗器械产品的出口额和获得其他主要国际市场认证产品数量两项指标在近两年出现了大幅增长，其中国内诊疗设备和 IVD 试剂等产品的增幅显著，这体现了中国医疗器械产品国际竞争力的显著提高。各指标较基准期发展趋势如图 14 所示。

图 14　国际竞争各指标较基准期发展趋势

　　出口额指标是国际竞争子指数中权重最大的指标，2016—2019 年中国医疗器械出口稳定发展，2020 年，出口额指标受全球疫情防控医疗器械产品需求暴增的影响，出现明显上升，这大大拉升了国际竞争子指数。如图 15 所示。

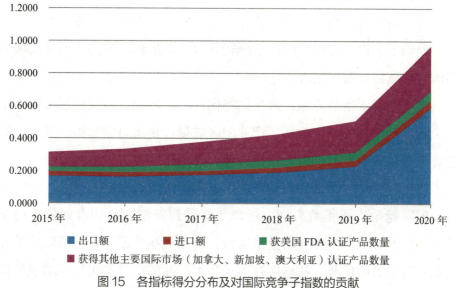

图 15　各指标得分分布及对国际竞争子指数的贡献

四、小结与展望

指数研究所示，总体上中国医疗器械产业综合发展水平不断提升，"十三五"期间，从较为初级的发展阶段，稳步发展，进入到了快速发展阶段。中国医疗器械产业规模稳健增长，规模效应逐渐体现，产业盈利水平保持高位。在政策积极鼓励以及产业生态环境不断优化下，中国医疗器械产业发展进入良性循环，创新投入不断增加，创新水平有所上升。同时，中国医疗器械产业国际参与度在不断提升，在全球新型冠状病毒肺炎疫情下，中国医疗器械产业把握住了机遇，也经受住了挑战，在全球供应链和产业链中的地位日益提高。

在规模效益子指数中，同样也受全球新型冠状病毒肺炎疫情的影响，该指标近两年出现了明显的拉升，预计全球新型冠状病毒肺炎疫情结束后将恢复到新型冠状病毒肺炎疫情前的增幅，且受到集采的直接影响，该指标也将进一步承压，增幅可能会短期内放缓。

未来随着医疗器械审评审批制度改革的持续推进，技术创新环境的不断改善，预计创新发展指数将保持较快速的增长。为了能够更加符合技术创新的发展态势，未来在指标的完善中，在整体性、重要性、可行性等原则下，探讨增加反映产学研转化效率等指标，更为全面地反映我国医疗器械创新发展情况。

产业生态子指数方面，未来仍将保持一定增长，但受到集采等因素的影响，其增速可能会放缓，产业园区数量近年来急剧增加，从目前的趋势来看，各地在鼓励医疗器械产业发展战略并没有发生明显改变，未来仍将保持一定的增速并拉动产业生态指标的增长。

国际竞争力子指数方面，近两年来受到新型冠状病毒肺炎疫情全球大流行的影响，我国在产业链完备、新型冠状病毒肺炎疫情防控等方面都具备显著的优势，我国医疗器械各类产品的出口都出现了明显的拉升，国际竞争力在短期内显著升高。随着疫情的控制，其他国家在常态化疫情防控时期对医疗器械产业战略意义更加重视，部分医疗器械产业可能会出现回流，另外受到创新规律的影响，短期内我国创新医疗器械也难以实现较大的突破，我国医疗器械的国际竞争力增幅预计会恢复到新型冠状病毒肺炎疫情暴发以前的水平。

附　表

表 80　截至 2020 年 12 月 31 日中国医疗器械上市企业

序号	证券代码	证券名称	证券板块	首发上市日期
1	000710.SZ	贝瑞基因	A 股主板	1997.4.22
2	002022.SZ	科华生物	A 股主板	2004.7.21
3	002030.SZ	达安基因	A 股主板	2004.8.9
4	002223.SZ	鱼跃医疗	A 股主板	2008.4.18
5	002382.SZ	蓝帆医疗	A 股主板	2010.4.2
6	002432.SZ	九安医疗	A 股主板	2010.6.10
7	002551.SZ	尚荣医疗	A 股主板	2011.2.25
8	002690.SZ	美亚光电	A 股主板	2012.7.31
9	002901.SZ	大博医疗	A 股主板	2017.9.22
10	002932.SZ	明德生物	A 股主板	2018.7.10
11	002950.SZ	奥美医疗	A 股主板	2019.3.11
12	600055.SH	万东医疗	A 股主板	1997.5.19
13	600587.SH	新华医疗	A 股主板	2002.9.27
14	603301.SH	振德医疗	A 股主板	2018.4.12
15	603309.SH	维力医疗	A 股主板	2015.3.2
16	603387.SH	基蛋生物	A 股主板	2017.7.17
17	603392.SH	万泰生物	A 股主板	2020.4.29
18	603658.SH	安图生物	A 股主板	2016.9.1
19	603880.SH	南卫股份	A 股主板	2017.8.7
20	603987.SH	康德莱	A 股主板	2016.11.21
21	603990.SH	麦迪科技	A 股主板	2016.12.8
22	605369.SH	拱东医疗	A 股主板	2020.9.16
23	605186.SH	健麾信息	A 股主板	2020.12.22
24	600645.SH	中源协和	A 股主板	1993.5.4
25	603882.SH	金域医学	A 股主板	2017.9.8

序号	证券代码	证券名称	证券板块	首发上市日期
26	603108.SH	润达医疗	A 股主板	2015.5.27
27	300003.SZ	乐普医疗	创业板	2009.10.30
28	300009.SZ	安科生物	创业板	2009.10.30
29	300030.SZ	阳普医疗	创业板	2009.12.25
30	300206.SZ	理邦仪器	创业板	2011.4.21
31	300238.SZ	冠昊生物	创业板	2011.7.6
32	300246.SZ	宝莱特	创业板	2011.7.19
33	300273.SZ	和佳医疗	创业板	2011.10.26
34	300289.SZ	利德曼	创业板	2012.2.16
35	300298.SZ	三诺生物	创业板	2012.3.19
36	300314.SZ	戴维医疗	创业板	2012.5.8
37	300318.SZ	博晖创新	创业板	2012.5.23
38	300326.SZ	凯利泰	创业板	2012.6.13
39	300396.SZ	迪瑞医疗	创业板	2014.9.10
40	300406.SZ	九强生物	创业板	2014.10.30
41	300439.SZ	美康生物	创业板	2015.4.22
42	300453.SZ	三鑫医疗	创业板	2015.5.15
43	300463.SZ	迈克生物	创业板	2015.5.28
44	300482.SZ	万孚生物	创业板	2015.6.30
45	300529.SZ	健帆生物	创业板	2016.8.2
46	300562.SZ	乐心医疗	创业板	2016.11.16
47	300595.SZ	欧普康视	创业板	2017.1.17
48	300633.SZ	开立医疗	创业板	2017.4.6
49	300639.SZ	凯普生物	创业板	2017.4.12
50	300642.SZ	透景生命	创业板	2017.4.21
51	300653.SZ	正海生物	创业板	2017.5.16
52	300676.SZ	华大基因	创业板	2017.7.14
53	300677.SZ	英科医疗	创业板	2017.7.21
54	300685.SZ	艾德生物	创业板	2017.8.2

序号	证券代码	证券名称	证券板块	首发上市日期
55	300753.SZ	爱朋医疗	创业板	2018.12.13
56	300760.SZ	迈瑞医疗	创业板	2018.10.16
57	300832.SZ	新产业	创业板	2020.5.12
58	300869.SZ	康泰医学	创业板	2020.8.24
59	300888.SZ	稳健医疗	创业板	2020.9.17
60	300896.SZ	爱美客	创业板	2020.9.28
61	300813.SZ	泰林生物	创业板	2020.1.14
62	300358.SZ	楚天科技	创业板	2014.1.21
63	300049.SZ	福瑞股份	创业板	2010.1.20
64	300143.SZ	盈康生命	创业板	2010.12.9
65	300244.SZ	迪安诊断	创业板	2011.7.19
66	688013.SH	天臣医疗	科创板	2020.9.28
67	688016.SH	心脉医疗	科创板	2019.7.22
68	688026.SH	洁特生物	科创板	2020.1.22
69	688029.SH	南微医学	科创板	2019.7.22
70	688050.SH	爱博医疗	科创板	2020.7.29
71	688068.SH	热景生物	科创板	2019.9.30
72	688085.SH	三友医疗	科创板	2020.4.9
73	688108.SH	赛诺医疗	科创板	2019.10.30
74	688139.SH	海尔生物	科创板	2019.10.25
75	688198.SH	佰仁医疗	科创板	2019.12.9
76	688277.SH	天智航—U	科创板	2020.7.7
77	688289.SH	圣湘生物	科创板	2020.8.28
78	688298.SH	东方生物	科创板	2020.2.5
79	688301.SH	奕瑞科技	科创板	2020.9.18
80	688310.SH	迈得医疗	科创板	2019.12.3
81	688338.SH	赛科希德	科创板	2020.8.6
82	688358.SH	祥生医疗	科创板	2019.12.3
83	688363.SH	华熙生物	科创板	2019.11.6

序号	证券代码	证券名称	证券板块	首发上市日期
84	688366.SH	昊海生科	科创板	2019.10.30
85	688389.SH	普门科技	科创板	2019.11.5
86	688393.SH	安必平	科创板	2020.8.20
87	688399.SH	硕世生物	科创板	2019.12.5
88	688580.SH	伟思医疗	科创板	2020.7.21
89	002105.SZ	信隆健康	中小板	2007.1.12
90	002980.SZ	华盛昌	中小板	2020.4.15
91	00853.HK	微创医疗	香港交易所主板	2010.9.24
92	01066.HK	威高股份	香港交易所主板	2010.7.29
93	01302.HK	先健科技	香港交易所主板	2013.11.6
94	01358.HK	普华和顺	香港交易所主板	2013.11.8
95	01501.HK	康德莱医械	香港交易所主板	2019.11.8
96	01789.HK	爱康医疗	香港交易所主板	2017.12.20
97	01858.HK	春立医疗	香港交易所主板	2015.3.11
98	02500.HK	启明医疗	香港交易所主板	2019.12.10
99	01931.HK	华检医疗	香港交易所主板	2019.7.12
100	08247.HK	中生北控生物	香港交易所创业板	2006.2.27
101	09997.HK	康基医疗	香港交易所主板	2020.3.27
102	BNR.O	燃石医学	美国纳斯达克	2020.6.12
103	GTH.O	泛生子	美国纳斯达克	2020.6.19
104	ANPC.O	安派科	美国纳斯达克	2020.1.30

资料来源：南方医药经济研究所整理

表81 2015—2020 年中国医疗器械上市企业首发募集资金情况

年份	证券代码	证券名称	首发募集资金（元）	首发上市日期
2015	300463.SZ	迈克生物	1,048,500,000	2015.5.28
2015	03600.HK	现代牙科	874,650,000	2015.12.15
2015	300439.SZ	美康生物	779,633,400	2015.4.22
2015	603108.SH	润达医疗	401,200,000	2015.5.27

年份	证券代码	证券名称	首发募集资金（元）	首发上市日期
2015	603309.SH	维力医疗	385,000,000	2015.3.2
2015	300482.SZ	万孚生物	352,000,000	2015.6.30
2015	300453.SZ	三鑫医疗	255,598,200	2015.5.15
2015	01858.HK	春立医疗	211,210,411	2015.3.11
2016	603658.SH	安图生物	612,360,000	2016.9.1
2016	603987.SH	康德莱	499,700,000	2016.11.21
2016	300529.SZ	健帆生物	453,600,000	2016.8.2
2016	300562.SZ	乐心医疗	231,324,000	2016.11.16
2016	603990.SH	麦迪科技	193,800,000	2016.12.8
2016	01612.HK	永胜医疗	110,016,720	2016.7.13
2017	01696.HK	复锐医疗科技	834,977,626	2017.9.19
2017	603387.SH	基蛋生物	734,250,000	2017.7.17
2017	300676.SZ	华大基因	546,964,000	2017.7.14
2017	300642.SZ	透景生命	541,500,000	2017.4.21
2017	300677.SZ	英科医疗	495,677,400	2017.7.21
2017	603882.SH	金域医学	475,952,400	2017.9.8
2017	002901.SZ	大博医疗	463,556,000	2017.9.22
2017	01789.HK	爱康医疗	425,145,656	2017.12.20
2017	300639.SZ	凯普生物	413,775,000	2017.4.12
2017	300595.SZ	欧普康视	404,770,000	2017.1.17
2017	603880.SH	南卫股份	293,000,000	2017.8.7
2017	300685.SZ	艾德生物	277,200,000	2017.8.2
2017	300653.SZ	正海生物	234,400,000	2017.5.16
2017	300633.SZ	开立医疗	209,252,300	2017.4.6
2018	300760.SZ	迈瑞医疗	5,934,080,000	2018.10.16
2018	603301.SH	振德医疗	495,500,000	2018.4.12
2018	002932.SZ	明德生物	340,416,600	2018.7.10
2018	300753.SZ	爱朋医疗	319,160,000	2018.12.13
2019	02500.HK	启明医疗—B	2,680,209,230	2019.12.10

年份	证券代码	证券名称	首发募集资金（元）	首发上市日期
2019	688363.SH	华熙生物	2,368,594,600	2019.11.6
2019	688029.SH	南微医学	1,748,683,000	2019.7.22
2019	688366.SH	昊海生科	1,588,294,000	2019.10.30
2019	688139.SH	海尔生物	1,231,031,100	2019.10.25
2019	688358.SH	祥生医疗	1,010,600,000	2019.12.3
2019	01931.HK	华检医疗	898,451,421	2019.7.12
2019	01501.HK	康德莱医械	855,398,336	2019.11.8
2019	688016.SH	心脉医疗	832,140,000	2019.7.22
2019	688399.SH	硕世生物	685,794,800	2019.12.5
2019	688198.SH	佰仁医疗	568,320,000	2019.12.9
2019	002950.SZ	奥美医疗	529,440,000	2019.3.11
2019	688310.SH	迈得医疗	518,111,000	2019.12.3
2019	688068.SH	热景生物	458,103,000	2019.9.30
2019	688389.SH	普门科技	391,300,000	2019.11.5
2019	688108.SH	赛诺医疗	349,500,000	2019.10.30
2020	300888.SZ	稳健医疗	3,715,000,000	2020.9.17
2020	300896.SZ	爱美客	3,571,754,000	2020.9.28
2020	09997.HK	康基医疗	3,286,979,809	2020.6.29
2020	09996.HK	沛嘉医疗—B	2,465,147,629	2020.5.15
2020	688301.SH	奕瑞科技	2,176,720,000	2020.9.18
2020	688289.SH	圣湘生物	2,019,200,000	2020.8.28
2020	GTH.O	泛生子	1,815,372,800	2020.6.19
2020	BNR.O	燃石医学	1,578,517,875	2020.6.12
2020	300832.SZ	新产业	1,293,268,000	2020.5.12
2020	688580.SH	伟思医疗	1,154,717,000	2020.7.21
2020	688085.SH	三友医疗	1,075,950,160	2020.4.9
2020	688338.SH	赛科希德	1,027,744,200	2020.8.6
2020	688050.SH	爱博医疗	882,029,500	2020.7.29
2020	688393.SH	安必平	713,270,400	2020.8.20

年份	证券代码	证券名称	首发募集资金（元）	首发上市日期
2020	688298.SH	东方生物	637,500,000	2020.2.5
2020	605369.SH	拱东医疗	633,000,000	2020.9.16
2020	688277.SH	天智航—U	504,476,000	2020.7.7
2020	300869.SZ	康泰医学	416,560,000	2020.8.24
2020	688026.SH	洁特生物	412,250,000	2020.1.22
2020	603392.SH	万泰生物	381,500,000	2020.4.29
2020	688013.SH	天臣医疗	372,400,000	2020.9.28

资料来源：南方医药经济研究所整理

表82 2015—2020年中国医疗器械上市企业历年营业总收入前20

年份	序号	证券代码	证券名称	营业总收入（亿元）	省份	城市
2015	1	600587.SH	新华医疗	75.54	山东省	淄博市
	2	01066.HK	威高股份	59.19	山东省	威海市
	3	300003.SZ	乐普医疗	27.69	北京市	北京市
	4	00853.HK	微创医疗	24.41	上海市	上海市
	5	002223.SZ	鱼跃医疗	21.04	江苏省	丹阳市
	6	002551.SZ	尚荣医疗	16.66	广东省	深圳市
	7	002382.SZ	蓝帆医疗	15.09	山东省	淄博市
	8	002030.SZ	达安基因	14.74	广东省	广州市
	9	03600.HK	现代牙科	11.86	广东省	深圳市
	10	002022.SZ	科华生物	11.56	上海市	上海市
	11	300463.SZ	迈克生物	10.65	四川省	成都市
	12	002690.SZ	美亚光电	8.41	安徽省	合肥市
	13	600055.SH	万东医疗	8.18	北京市	北京市
	14	300273.SZ	和佳医疗	7.91	广东省	珠海市
	15	300439.SZ	美康生物	6.83	浙江省	宁波市
	16	300289.SZ	利德曼	6.82	北京市	北京市
	17	300298.SZ	三诺生物	6.46	湖南省	长沙市

年份	序号	证券代码	证券名称	营业总收入（亿元）	省份	城市
	18	300009.SZ	安科生物	6.36	安徽省	合肥市
2015	19	01358.HK	普华和顺	6.34	北京市	北京市
	20	300396.SZ	迪瑞医疗	5.67	吉林省	长春市
	1	600587.SH	新华医疗	83.64	山东省	淄博市
	2	01066.HK	威高股份	67.3	山东省	威海市
	3	300003.SZ	乐普医疗	34.68	北京市	北京市
	4	00853.HK	微创医疗	27.05	上海市	上海市
	5	002223.SZ	鱼跃医疗	26.33	江苏省	丹阳市
	6	002551.SZ	尚荣医疗	19.46	广东省	深圳市
	7	002030.SZ	达安基因	16.13	广东省	广州市
	8	300463.SZ	迈克生物	14.89	四川省	成都市
	9	03600.HK	现代牙科	14.69	广东省	深圳市
	10	002022.SZ	科华生物	13.97	上海市	上海市
2016	11	002382.SZ	蓝帆医疗	12.89	山东省	淄博市
	12	603987.SH	康德莱	11.32	上海市	上海市
	13	300439.SZ	美康生物	10.55	浙江省	宁波市
	14	603658.SH	安图生物	9.8	河南省	郑州市
	15	300273.SZ	和佳医疗	9.19	广东省	珠海市
	16	002690.SZ	美亚光电	9.01	安徽省	合肥市
	17	300009.SZ	安科生物	8.49	安徽省	合肥市
	18	600055.SH	万东医疗	8.13	北京市	北京市
	19	300298.SZ	三诺生物	7.96	湖南省	长沙市
	20	300562.SZ	乐心医疗	7.71	广东省	中山市
	1	600587.SH	新华医疗	99.83	山东省	淄博市
	2	01066.HK	威高股份	62.93	山东省	威海市
2017	3	300003.SZ	乐普医疗	45.38	北京市	北京市
	4	002223.SZ	鱼跃医疗	35.42	江苏省	丹阳市
	5	00853.HK	微创医疗	29.02	上海市	上海市
	6	300676.SZ	华大基因	20.96	广东省	深圳市

年份	序号	证券代码	证券名称	营业总收入（亿元）	省份	城市
2017	7	002551.SZ	尚荣医疗	20.06	广东省	深圳市
	8	300463.SZ	迈克生物	19.7	四川省	成都市
	9	03600.HK	现代牙科	18.23	广东省	深圳市
	10	300439.SZ	美康生物	18.05	浙江省	宁波市
	11	300677.SZ	英科医疗	17.5	山东省	淄博市
	12	002022.SZ	科华生物	15.94	上海市	上海市
	13	002382.SZ	蓝帆医疗	15.76	山东省	淄博市
	14	002030.SZ	达安基因	15.42	广东省	广州市
	15	603658.SH	安图生物	14	河南省	郑州市
	16	603987.SH	康德莱	12.56	上海市	上海市
	17	000710.SZ	贝瑞基因	11.71	四川省	成都市
	18	300482.SZ	万孚生物	11.45	广东省	广州市
	19	300273.SZ	和佳医疗	11.12	广东省	珠海市
	20	300009.SZ	安科生物	10.96	安徽省	合肥市
2018	1	300760.SZ	迈瑞医疗	137.53	广东省	深圳市
	2	600587.SH	新华医疗	102.84	山东省	淄博市
	3	01066.HK	威高股份	88.09	山东省	威海市
	4	300003.SZ	乐普医疗	63.56	北京市	北京市
	5	00853.HK	微创医疗	45.95	上海市	上海市
	6	002223.SZ	鱼跃医疗	41.83	江苏省	丹阳市
	7	300439.SZ	美康生物	31.35	浙江省	宁波市
	8	300463.SZ	迈克生物	26.85	四川省	成都市
	9	002382.SZ	蓝帆医疗	26.53	山东省	淄博市
	10	300676.SZ	华大基因	25.36	广东省	深圳市
	11	03600.HK	现代牙科	20.29	广东省	深圳市
	12	002022.SZ	科华生物	19.9	上海市	上海市
	13	603658.SH	安图生物	19.3	河南省	郑州市
	14	300677.SZ	英科医疗	18.93	山东省	淄博市
	15	300482.SZ	万孚生物	16.5	广东省	广州市

年份	序号	证券代码	证券名称	营业总收入（亿元）	省份	城市
2018	16	002551.SZ	尚荣医疗	16.3	广东省	深圳市
	17	300298.SZ	三诺生物	15.51	湖南省	长沙市
	18	002030.SZ	达安基因	14.79	广东省	广州市
	19	300009.SZ	安科生物	14.62	安徽省	合肥市
	20	603987.SH	康德莱	14.5	上海市	上海市
2019	1	300760.SZ	迈瑞医疗	165.56	广东省	深圳市
	2	01066.HK	威高股份	103.64	山东省	威海市
	3	600587.SH	新华医疗	87.67	山东省	淄博市
	4	300003.SZ	乐普医疗	77.96	北京市	北京市
	5	00853.HK	微创医疗	55.36	上海市	上海市
	6	002223.SZ	鱼跃医疗	46.36	江苏省	丹阳市
	7	002382.SZ	蓝帆医疗	34.76	山东省	淄博市
	8	300463.SZ	迈克生物	32.23	四川省	成都市
	9	300439.SZ	美康生物	31.33	浙江省	宁波市
	10	300676.SZ	华大基因	28	广东省	深圳市
	11	603658.SH	安图生物	26.79	河南省	郑州市
	12	002022.SZ	科华生物	24.14	上海市	上海市
	13	002950.SZ	奥美医疗	23.52	湖北省	宜昌市
	14	03600.HK	现代牙科	21.49	广东省	深圳市
	15	300677.SZ	英科医疗	20.83	山东省	淄博市
	16	300482.SZ	万孚生物	20.72	广东省	广州市
	17	688363.SH	华熙生物	18.86	山东省	济南市
	18	603301.SH	振德医疗	18.68	浙江省	绍兴市
	19	603987.SH	康德莱	18.17	上海市	上海市
	20	300298.SZ	三诺生物	17.78	湖南省	长沙市
2020	1	300760.SZ	迈瑞医疗	210.26	广东省	深圳市
	2	300677.SZ	英科医疗	138.37	山东省	淄博市
	3	300888.SZ	稳健医疗	125.34	广东省	深圳市
	4	01066.HK	威高股份	113.45	山东省	威海市

年份	序号	证券代码	证券名称	营业总收入（亿元）	省份	城市
2020	5	603301.SH	振德医疗	103.99	浙江省	绍兴市
	6	600587.SH	新华医疗	91.51	山东省	淄博市
	7	300676.SZ	华大基因	83.97	广东省	深圳市
	8	300003.SZ	乐普医疗	80.39	北京市	北京市
	9	002382.SZ	蓝帆医疗	78.69	山东省	淄博市
	10	002223.SZ	鱼跃医疗	67.26	江苏省	丹阳市
	11	002030.SZ	达安基因	53.41	广东省	广州市
	12	688289.SH	圣湘生物	47.63	湖南省	长沙市
	13	00853.HK	微创医疗	42.33	上海市	上海市
	14	002022.SZ	科华生物	41.55	上海市	上海市
	15	002950.SZ	奥美医疗	38.34	湖北省	宜昌市
	16	300463.SZ	迈克生物	37.04	四川省	成都市
	17	688298.SH	东方生物	32.65	浙江省	湖州市
	18	603658.SH	安图生物	29.78	河南省	郑州市
	19	300482.SZ	万孚生物	28.11	广东省	广州市
	20	603987.SH	康德莱	26.45	上海市	上海市

资料来源：南方医药经济研究所整理

表 83　经过各级政府和部门认定的医疗器械产业园

园区名称	省份	城市	级别名称	颁发部门
中国医药城	江苏省	泰州市	国家级医药高新区	科技部、原国家卫生计生委、原国家食品药品监督管理总局、国家中医药管理局与江苏省人民政府共同建设
进贤医疗器械产业园	江西省	南昌市	省级产业园	江西省政府
西太湖科技产业园	江苏省	常州市	省级开发区	
江苏医疗器械科技产业园	江苏省	苏州市	国家级医疗器械专业孵化器	
东莞松山湖科技产业园区	广东省	东莞市	国家级新区	广东省人民政府

园区名称	省份	城市	级别名称	颁发部门
苏州生物纳米科技园	江苏省	苏州市	省级生物医药专业孵化器	江苏省科技厅
成都海峡两岸科技产业开发园	四川省	成都市	国家级海峡两岸科技产业开发园	国台办和科技部
宁波（江北）高新技术产业园	浙江省	宁波市	省级开发园区（高新园区）	
光谷生物城	湖北省	武汉市	国家级产业基地	
河南省国家大学科技园西区	河南省	郑州市	国家级孵化器	国家科技部
江苏无锡（惠山）生命科技产业园	江苏省	无锡市	省级特色产业园	江苏省商务厅
合川工业园	重庆市	重庆市	市级特色工业园区	国家发改委
广州国际生物岛	广东省	广州市	广州国家生物产业基地	国家发改委
广州民营科技园	广东省	广州市	国家级科技园	国家科技部
沈阳联东U谷	辽宁省	沈阳市	国家级新区	
华南新材料创新园	广东省	广州市	广州市特色产业园	广州市工业和信息化局
火炬翔安产业区	福建省	厦门市	国家级高新技术产业开发区	国务院
中关村生命科学园	北京市	北京市	国家级生物技术和新医药高科技产业的创新基地	
天和高科技园	浙江省	杭州市	国家级孵化器	
中国归谷嘉善科技园	浙江省	嘉兴市	浙江省开发区特色品牌园区	
南京生物医药谷	江苏省	南京市	国家级科技企业孵化器	
苏州纳米城	江苏省	苏州市	国家科技企业孵化器	国家火炬部
全至科技创新园	广东省	深圳市	国家级科技企业孵化器	
桃花工业园	安徽省	合肥市	省级工业开发区	
西安高新国家级·科技企业加速器	陕西省	西安市	国家级科技企业孵化器	科技部火炬中心

园区名称	省份	城市	级别名称	颁发部门
新昌省级高新技术产业园区	浙江省	绍兴市	省级开发区	国家发改委
福州软件园	福建省	福州市	国家火炬计划软件产业基地	国家科技部
山东国际生物科技园	山东省	烟台市	国家级科技企业孵化器	
彭场工业园	湖北省	仙桃市	省级工业园	
天大科技园	天津市	天津市	国家级大学科技园	国家科技部、教育部
上海青浦工业园区	上海市	上海市	市级工业开发区	上海市政府
四川新津工业园区	四川省	成都市	四川省中小企业创业基地	
潍坊生物医药科技产业园	山东省	潍坊市	国家级创新创业服务中心	
中国无锡传感网大学科技园	江苏省	无锡市	国家级大学科技园	
北海市工业园区	广西壮族自治区	北海市	自治区级开发区	广西壮族自治区人民政府
沣京工业园	陕西省	西安市	省级开发区	陕西省人民政府
海陵工业园区	江苏省	泰州市	省级经济开发区	江苏省政府批准、国家发改委
合肥创新产业园	安徽省	合肥市	合肥国家级动漫产业发展基地	
青海生物科技产业园	青海省	西宁市	国家级高新技术产业开发区	
上海宝山城市工业园区	上海市	上海市	市级工业园区	上海市政府
万轮科技园	浙江省	杭州市	国家级科技企业孵化器	国家科技部
迪亚创业基地	山东省	济南市	国家级科技企业孵化器	国家科技部
杭州市高科技企业孵化园区	浙江省	杭州市	国家级科技企业孵化器	国家科技部
建桥工业园	重庆市	重庆市	市级工业园区	重庆市政府

园区名称	省份	城市	级别名称	颁发部门
南昌民营科技园	江西省	南昌市	省第一家民营科技产业园	江西省科技厅
宁波望春工业园区	浙江省	宁波市	省级工业园区	国家发改委
中国·江苏医疗器械科技产业园	江苏省	苏州市	国家级医疗器械科技产业园	
丰城工业园区	江西省	宜春市	省级高新技术产业园	江西省人民政府
临沂科技创业园	山东省	临沂市	国家级科技企业孵化器	国家科技部
永清工业园区	河北省	廊坊市	省级开发区	河北省人民政府
周至县集贤产业园	陕西省	西安市	省级重点建设县域工业园	陕西省人民政府

资料来源：南方医药经济研究所整理

表84　2020年中国医疗器械企业集聚区前50

集聚区	城市	数量
深圳市高新技术产业园区	深圳市	1951
河北衡水高新技术产业开发区	衡水市	949
中关村科技园区海淀园	北京市	904
武汉东湖新技术开发区	武汉市	893
北京经济技术开发区	北京市	790
广东佛山南海经济开发区	佛山市	735
杭州余杭经济技术开发区	杭州市	719
西安高新技术产业开发区	西安市	708
济南高新技术产业开发区	济南市	699
郑州高新技术产业开发区	郑州市	687
长沙高新技术产业开发区	长沙市	641
河北冀州高新技术产业开发区	冀州市	629
中关村科技园区昌平园	北京市	619
苏州工业园区	苏州市	619

集聚区	城市	数量
广州番禺经济技术开发区	广州市	609
泰州医药高新技术产业开发区	泰州市	594
成都高新技术产业开发区	成都市	581
珠海高新技术产业开发区	珠海市	565
中国（上海）自由贸易试验区	上海市	562
江西进贤产业园	南昌市	560
苏州高新技术产业开发区	苏州市	554
广州高新技术产业开发区	广州市	521
上海松江经济开发区	上海市	508
江苏武进经济开发区	常州市	508
张家港经济技术开发区	张家港市	503
江苏扬州广陵经济开发区	扬州市	494
广州经济技术开发区	广州市	471
上海嘉定工业园区	上海市	459
天津滨海高新技术产业开发区	天津市	453
石家庄高新技术产业开发区	石家庄市	437
东莞松山湖高新技术产业开发区	东莞市	426
上海浦东新区开发区	上海市	397
长垣县产业集聚区	长垣市	385
中关村科技园区大兴生物医药产业基地	北京市	340
吴中经济技术开发区	苏州市	334
上海宝山工业园区	上海市	328
中山火炬高技术产业开发区	中山市	327
上海益田经济开发区	上海市	319
重庆经济技术开发区	重庆市	318
安平城西开发区	衡水市	317
江苏泰州港经济开发区	泰州市	314
中关村科技园区丰台园	北京市	309
闵行经济技术开发区	上海市	304

集聚区	城市	数量
合肥高新技术产业开发区	合肥市	299
上海奉贤经济开发区	上海市	295
萧山经济技术开发区	杭州市	288
长春净月高新技术产业开发区	长春市	284
顺德高新技术产业开发区	顺德市	284
中国（福建）自由贸易试验区厦门片区	厦门市	277
江苏常州天宁经济开发区	常州市	276

资料来源：南方医药经济研究所整理

表85　2020年中国医疗器械企业主题园区前50

主题园区	城市	数量
进贤医疗器械产业园	南昌市	545
中国医药城	泰州市	470
武汉高科医疗器械园	武汉市	206
天津华苑科技园	天津市	202
海凭国际（麓谷）医疗器械产业园	长沙市	179
江苏医疗器械科技产业园	苏州市	163
苏州生物纳米科技园	苏州市	153
时代总部基地	济南市	151
郑州市电子产业园西区标准厂房	郑州市	150
西太湖科技产业园	常州市	145
进贤医疗器械科技产业园	南昌市	131
宁波（江北）高新技术产业园	宁波市	130
深城投＆中城生命科学园	深圳市	118
海泰绿色产业基地	天津市	107
成都海峡两岸科技产业开发园	成都市	106
南屏科技工业园	珠海市	103
光谷生物城	武汉市	102
麓谷国际工业园	长沙市	101

主题园区	城市	数量
广州开发区科技企业加速器	广州市	101
上海张江医疗器械产业基地	上海市	99
余杭生物医药高新技术产业园	杭州市	98
厦门生物医药港	厦门市	98
三河口工业园	常州市	98
初村威高工业园	威海市	94
草滩生态产业园	西安市	94
唐阁工业广场	广州市	93
联东U谷永乐产业园	北京市	92
济南药谷产业园	济南市	91
高淳经济开发区医疗器械产业园	南京市	91
河南省国家大学科技园西区	郑州市	90
济南鑫茂齐鲁科技城	济南市	85
合川工业园	重庆市	85
南京江北新区智能制造产业园智合园区	南京市	83
永丰县工业园	吉安市	79
好景象科技园	北京市	79
上海国际医学园区医谷现代商务园	上海市	78
两江产业园	重庆市	75
天津医药医疗器械工业园	天津市	73
深圳生物医药创新产业园	深圳市	73
漕河泾开发区创新创业园	上海市	73
江苏无锡（惠山）生命科技产业园	无锡市	72
麓谷企业广场	长沙市	70
桂林国家高新区信息产业园	桂林市	70
东莞松山湖科技产业园区	东莞市	70
华南新材料创新园	广州市	69
哈尔滨科技创新城创新创业广场	哈尔滨市	69
中关村生命科学园	北京市	67

主题园区	城市	数量
光谷生物医药加速器	武汉市	67
长汀县医疗器械产业园工业新区园区	汀州市	66
银湖科技企业总部基地	孝感市	66

资料来源：南方医药经济研究所整理

表86　116项医疗器械相关的商品编码

序号	商品海关编码	商品名	类别
1	63079000	6301至6307的未列名制成品，包括服装裁剪样［医用防护口罩（执行国家强制标准GB 19083-2010）、无纺布鞋套、医用外科口罩（执行行业标准 YY 0469-2011）、纯棉手术巾、普通医用口罩、捆绑器、广告旗、无纺布口罩］	医用耗材
		纯棉手术巾	
		广告旗	
		捆绑器	
		普通医用口罩	
		无纺布口罩	
		无纺布鞋套	
		医用防护口罩（执行国家强制标准 GB 19083-2010）	
		医用外科口罩（执行行业标准 YY 0469-2011）	
2	62101030	防护用品套装	
		化纤毡呢或无纺织物制服装（无纺布防护服、一次性防护服、防护用品套装、无纺布手术衣）	
		无纺布防护服	
		无纺布手术衣	
		一次性防护服	
3	40151900	硫化橡胶制其他分指、连指及露指手套	
		乳胶手套	
		医用检查手套	
4	90183100	甘舒霖笔	
		注射器，不论是否装有针头	

序号	商品海关编码	商品名	类别
5	90200000	防护面具	医用耗材
		其他呼吸器具及防毒面具	
6	90211000	矫形骨折用器具	
		矫形或骨折用器具	
7	90213100	XAT 生产医用人造关节（钛合金）	
		人造关节	
8	90213900	其他人造的人体部分	
		人工晶体	
9	90215000	心脏起搏器，不包括零件、附件	
		植入式心脏起搏器	
10	90219090	其他为弥补生理缺陷或残疾而穿戴、携带或植入人体内的其他器具	
		人工耳蜗系统	
11	90223000	X 射线管	
		球管	
12	30065000	急救包	
		急救药箱、药包	
13	30067000	专用于人类或兽药的凝胶制品，作为外科手术或体检时躯体部位的润滑剂，或者作为躯体和医疗器械之间的耦合剂	
14	30069100	可确定用于造口术的用具（艺舒造口袋）	
		艺舒造口袋	
15	37021000	X 光用成卷的感光卷片［富士医用 X 光胶片大轴、FUJIFILM 牌工业 X 光胶片（大轴）］	
		富士医用 X 光胶片大轴、FUJIFILM 牌工业 X 光胶片（大轴）	
16	39262011	聚氯乙烯制手套（分指手套、连指手套等）	
		医用塑料手套	
17	39262019	其他塑料制手套（分指手套、连指手套等）	
		医用塑料手套	

序号	商品海关编码	商品名	类别
18	39269090	防护面罩	
		未列名塑料制品	
19	40141000	硫化橡胶制安全套	
		硫化橡胶制避孕套	
20	40151100	硫化橡胶制外科用分指、连指及露指手套	
		医用外科手套	
21	40149000	硫化橡胶制其他卫生及医疗用品	
22	90219011	血管支架	
23	90219019	其他人体支架	
24	90222100	医用 α、β、γ 射线的应用设备	
25	90229010	X 射线影像增强器	
26	30063000	X 光检查造影剂；用于病人的诊断试剂	
27	34070090	其他塑型用膏	
28	90183210	管状金属针头	医用耗材
29	90183220	缝合用针	
30	90183900	其他针、导管、插管及类似品	
31	90189091	宫内节育器	
32	85392110	科研、医疗专用卤钨灯	
33	85392210	其他科研医疗专用白炽灯，功率 ≤ 200W，额定电压 > 100V	
34	85392910	科研、医疗专用未列名白炽灯泡	
35	85393110	科研、医疗专用热阴极荧光灯	
36	85393290	其他金属卤化物灯	
37	85393910	其他科研、医疗专用放电灯管	
38	40159010	硫化橡胶制医疗用衣着用品及附件（不包括手套）	
39	48189000	纸浆、纸等制的其他家庭、卫生或医院用品	
40	37024292	未曝光红色或红外激光胶片，宽 > 610mm，长 > 200m	
41	37079010	冲洗照相胶卷及相片用化学制剂	

序号	商品海关编码	商品名	类别
42	90121000	200kV 场发射透射电子显微镜（品牌：FEI）	诊疗设备
		场发射扫描电子显微镜	
		扫描电镜	
		扫描电子显微镜/品牌：捷克 FEI	
		透射电子显微镜/品牌：捷克 FEI	
		透射电子显微镜 Transmission Electron Microscope	
		显微镜（光学显微镜除外）；衍射设备	
		压电力显微镜（品牌：AsylumResearch）	
		原子力显微镜（品牌：BRUKER）	
43	90221200	CT 机/X 射线断层扫描的医用设备	
		X 射线断层检查仪	
		X 射线计算机断层摄影设备	
		X 射线计算机断层摄影设备（多层螺旋 CT）	
		全身 X 射线计算机断层扫描系统	
44	90181310	成套的核磁共振成像装置	
		磁共振成像系统	
		磁共振系统	
		核磁共振成像仪	
		开放式永磁磁共振成像系统	
45	90192000	（臭氧、氧气、喷雾）治疗器、人工呼吸器等	
		呼吸机	
		呼吸机主板	
46	84196019	其他制氧机	
		制氧机	
47	90181299	超声 CT	
		未列名超声波扫描装置	
48	90181990	电阻抗断层成像仪（EIT）	
		未列名电气诊断装置［电阻抗断层成像仪（EIT）］	

序号	商品海关编码	商品名	类别
49	90185000	全自动验光仪	
		眼科用其他仪器及器具	
50	90189060	输血设备	
		体外膜肺氧合（ECMO）设备	
51	90189070	麻醉设备	
		麻醉系统	
52	94029000	其他医用家具及其零件（医疗病床）	
		医疗病床	
53	90221400	其他，医疗、外科或兽医用 X 射线应用设备	
54	90229090	X 光发生器等、检查用家具等；9022 设备零件	
55	90214000	助听器，不包括零件、附件	
56	90129000	显微镜（光学显微镜除外）及衍射设备的零件	
57	90181100	心电图记录仪	
58	90181210	B 型超声波诊断仪	
59	90181291	彩色超声波诊断仪	诊疗设备
60	84196011	制氧量≥15000 立方米/小时的制氧机	
61	87059040	机动医疗车	
62	90111000	立体显微镜	
63	90118000	未列名复式光学显微镜	
64	90119000	复式光学显微镜的零件、附件	
65	90181390	核磁共振成像装置的零件	
66	90181400	闪烁摄影装置	
67	90181930	病员监护仪	
68	90181941	听力计	
69	90181949	其他听力诊断装置	
70	90182000	紫外线及红外线装置	
71	90189010	听诊器	
72	90189020	血压测量仪器及器具	
73	90189030	内窥镜	

序号	商品海关编码	商品名	类别
74	90189040	肾脏透析设备（人工肾）	诊疗设备
75	90189050	透热疗法设备	
76	30021200	C- 反应蛋白检测试剂盒	体外诊断试剂
		安博灵（人血白蛋白）	
		甲胎蛋白/游离 hCGβ 亚基双标测定试剂盒（时间分辨荧光法）	
		静脉注射用人免疫球蛋白	
		静注人免疫球蛋白	
		抗血清及其他血份	
		抗组织谷氨酰胺转移酶抗体	
		尿微量白蛋白检测试剂盒	
		人血白蛋白（奥克特珐玛）	
		新生儿促甲状腺素测定试剂盒	
		游离 hCGβ 亚基双标测定试剂盒	
		重组人促红素注射液	
		重组人粒细胞刺激因子注射液	
77	38220090	化学试剂	
		其他诊断或实验用试剂及配制试剂；有证标准样品	
		试剂	
		兽用诊断试剂	
		新型冠状病毒 2019-nCoV 核酸检测试剂盒（荧光 PCR 法）	
		诊断试剂	
78	30021500	α- 干扰素	
		免疫制品，已配定剂量或制成零售包装（α- 干扰素）	
79	30062000	血型试剂	
80	38210000	制成的微生物或植物、人体、动物细胞培养基	
81	38220010	附于衬背上的诊断或实验用试剂及配制试剂	
82	30021100	疟疾诊断试剂盒	

序号	商品海关编码	商品名	类别
83	90279000	放大器板	
		检镜切片机；9027 所列仪器及装置的零附件	
		钠型样品处理柱	
		气体检测器安装连接件	
		气相色谱柱等	
		吸头	
		紫外检测器	
84	90275090	高光谱成像系统（品牌：Themis Vision Systems）	体外诊断仪器
		高内涵细胞分析系统（品牌：BD）	
		红外光学传递函数测试仪（品牌：Trioptics）	
		流式细胞仪	
		全自动生化分析仪	
		未列名使用光学射线（紫外线、可见光、红外线）的仪器及装置	
85	90278099	DNA 质谱阵列基因分析系统（品牌：美国西格诺）	
		品目 9027 所列的其他仪器及装置	
86	84198990	未列名利用温度变化处理材料的机器、装置等	
87	90275010	基因测序仪	
88	52081100	棉 ≥ 85% 未漂平纹布，平米重 ≤ 100g（未漂白纯棉医用纱布、棉布、未漂白棉布）	医用敷料
		棉布	
		未漂白纯棉医用纱布	
		未漂白棉布	
89	30051090	康惠尔渗液吸收贴	
		康惠尔透明贴	
		未列名胶粘敷料及其他有胶粘涂层的物品	
90	30059010	酒精棉球及酒精棉签	
		药棉、纱布、绷带	
		医用纱布片	

序号	商品海关编码	商品名	类别
91	30059090	未列名软填料及类似物品（医用无纺布片） 医用无纺布片	医用敷料
92	30051010	橡皮膏	
93	30061000	无菌外科肠线，昆布，止血材料，阻隔材料	
94	30064000	牙科粘固剂及其他牙科填料；骨骼粘固剂	
95	33069090	其他口腔清洁剂，包括假牙稳固剂及粉	
96	34070010	成套、零售包装或制成片状、马蹄形、条纹及类似形状的牙科用蜡及造型膏	
97	34070020	以熟石膏为基本成分的牙科用其他制品	
98	90184100	牙钻机，可与其他牙科设备组装在同一底座上	口腔设备与材料
99	90184910	装有牙科设备的牙科用椅	
100	90184990	牙科用未列名仪器及器具	
101	90212100	假牙	
102	90212900	牙齿固定件	
103	90221300	其他，牙科用X射线应用设备	
104	94021090	牙科椅和理发用类似椅及其零件	
105	90049090	近视镜 唯美牌矫正视力用近视镜 未列名矫正视力、护目等用途的眼镜等物品（眼镜、唯美牌矫正视力用近视镜、近视镜） 眼镜	保健康复
106	84231000	电子秤 体重计，包括婴儿秤；家用秤	
107	87131000	非机械驱动残疾人用车	
108	87139000	其他残疾人用车	
109	90013000	隐形眼镜片	
110	90273000	分光仪 使用光学射线的分光仪、分光光度计及摄谱仪 原子吸收分光光度计	其他

序号	商品海关编码	商品名	类别
111	84192000	医用或实验室用消毒器具（蒸汽消毒器）	其他
		蒸汽消毒器	
112	90251990	红外测温仪	
		未列名温度计及高温计，未与其他仪器组合	
113	70179000	其他实验室、卫生及配药用玻璃器皿	
114	90189099	其他医疗、外科或兽医用仪器及器具	
115	90191090	机械疗法器具及心理功能测验装置	
116	90251100	液体温度计，可直接读数	

资料来源：南方医药经济研究所整理

表 87　卫生材料及医药用品制造

277	2770	卫生材料及医药用品制造	
		指卫生材料、外科敷料以及其他内、外科用医药制品的制造	
		包括下列卫生材料及医药用品制造活动	
		—	经药物浸涂的胶粘敷料：医用橡皮膏、创可贴止血膏布、消炎喷雾胶布、新霉素软膏纱布、其他有胶粘涂层的医用软填料
		—	医用敷料：皮肤敷料、液体敷料
		—	牙科粘固剂、骨骼粘固剂及其他牙科填料及类似制品
		—	牙科填料：义齿材料、齿科植入材料、根管充填材料、永久性充填材料、暂封性充填材料、牙科粘固剂、骨骼粘固剂、其他牙科填料
		—	牙科用造型膏及类似制品：牙科用蜡、牙科用造型膏、牙科用熟石灰制品
		—	外科及牙科用无菌材料
		—	医用高分子材料及制品：软组织修复及整形外科材料、心脑血管系统修复材料、药物控释载体及系统

277	2770	卫生材料及医药用品制造	
			下列产品制造活动列入本分类
		—	医用耗材（皮肤掩膜、医用导管、皮肤粘合剂、组织粘合剂、血液净化及吸附材料）
		—	牙科用生物材料
		—	卫生材料及敷料
		—	病人医用试剂
		—	非病人用诊断检验
		—	实验用试剂
		—	各类体外诊断用试剂
		—	试纸
		—	其他配套设备与耗材
			生物陶瓷类骨修复材料（胶原基、聚乳酸基、钽基等）
		—	活性硅酸钙、磷酸钙复合骨水泥
		—	人工骨、金属骨固定材料
		—	人工椎间盘等骨植入材料
		—	种植牙引导胶原膜、齿科专用胶原止血海绵
			牙周组织引导胶原膜、齿科专用胶原止血海绵
		—	昆虫动物源的生物可容性皮肤修复材料
		—	美容控缓释药用生物膜材料
		—	脑血管栓塞剂
			α-氰基丙烯酸正辛酯液态血管栓塞剂
		—	聚乙烯醇等栓塞剂
			基因重组血红蛋白携氧治疗剂
			脂质体包囊血红蛋白携氧治疗剂
			聚合血红蛋白携氧治疗剂
		—	牛跟腱I型胶原膜
			猪源心包膜
		—	牛心包膜
			膨体聚四氟乙烯等硬脑膜修补材料

277	2770	卫生材料及医药用品制造	
		—	中枢神经修复材料
		—	透明质酸及胶原蛋白等软组织填充材料
		—	细胞组织诱导性生物材料
		—	止血生物活性敷料（壳聚糖基/海藻酸钠基）
		—	抗炎生物活性敷料（壳聚糖基/海藻酸钠基）
		—	修复功能生物活性敷料（壳聚糖基/海藻酸钠基）
		不包括：	
		—	玻璃安瓿、药水瓶等医疗卫生用玻璃器皿的生产，列入 3053（玻璃仪器制造）
		—	药用铝箔的生产，列入 3389（其他金属制日用品制造）
		—	药用包装复合膜的生产，列入 2921（塑料薄膜制造）
		—	牙医配的假牙、人工器官等制造，列入 3586（康复辅具制造）
		—	医用橡胶制品制造，分别列入橡胶制品制造中的 2912（橡胶板、管、带制造）或 2915（日用及医用橡胶制品制造）
		—	医用塑料制品制造，列入 2929（塑料零件及其他塑料制品制造）

资料来源：南方医药经济研究所整理

表 88　医疗仪器设备及器械制造

358		医疗仪器设备及器械制造	
	3581	医疗诊断、监护及治疗设备制造	
		指用于内科、外科、眼科、妇产科等医疗专用诊断、监护、治疗等方面的设备制造	
		包括对下列医疗仪器设备及器械的制造活动：	
			医用 X 射线设备

358		医疗仪器设备及器械制造	
	3581	医疗诊断、监护及治疗设备制造	
		—	X射线诊断设备：常规透视用X射线机、乳腺X射线机、泌尿系统诊断X射线机、胃肠检查用X射线机、X射线骨密度测量设备、摄影用X射线机、骨科X射线设备、胸部荧光缩影X射线装置、数字减影X射线机、便携式X射线机、其他X射线诊断设备
		—	射线断层摄影设备（CT机）：头部CT机、全身CT机、螺旋CT机、螺旋扇扫CT机、其他射线断层摄影设备
		—	牙科用X射线应用设备：牙科（单牙）X射线机、口腔颌面全景X射线机、其他牙科用X射线应用设备
		—	医疗用X射线应用设备：深层治疗X射线设备、浅层治疗X射线设备、接触治疗X射线设备、其他医用X射线治疗设备
		—	外科用X射线应用设备：X射线手术影像设备、手术用床旁X射线机、介入治疗X射线机、其他外科用X射线应用设备
		—	兽医用X射线应用设备
		—	低剂量X射线安全检查设备
		—	其他医用X射线设备
			X射线附属设备及部件
			X射线管、管组件或源组件：X射线管、医用固定阳极X射线管、旋转阳极X射线管、X射线CT管、栅极X射线管及管组件、其他X射线附属设备及部件
		—	X射线相关附属设备及部件：X射线影像增强器、医用透视荧光屏、医用增感屏、X光发生器、其他X射线相关附属设备及部件
		—	医用X射线机配套用家具：X射线检查用电动胃肠床、电动摄影平床、电动导管床、电动断层床、无轨悬吊装置、X射线管用电动立柱式支持装置、其他医用X射线机配套用家具

358			医疗仪器设备及器械制造
	3581		医疗诊断、监护及治疗设备制造
		—	医用 X 线设备零件
			医用 α、β、γ 射线应用设备
		—	医用高能射线治疗设备：医用电子直线加速器、医用回旋加速器、医用中子治疗机、医用质子治疗机、其他医用高能射线治疗设备
		—	医用放射性核素诊断设备：PECT（正电子发射断层扫描装置）、SPECT（单光子发射断层扫描装置）、放射性核素透视机、γ 射线探测仪、放射性核素扫描仪、甲状腺放射性核素显像、放射性核素骨密度测量设备、核素听诊器、其他医用放射性核素诊断设备
		—	医用放射性核素治疗设备：钴 60 治疗机、核素后装近距离治疗机、医用核素远距离治疗装置、植入式放射源、其他医用放射性核素治疗设备
		—	核素标本测定装置：放射免疫测定仪、其他核素标本测定装置
		—	医用离子射线检验设备
		—	其他医用射线应用设备
			医用超声诊断、治疗仪器及设备
		—	医用超声诊断仪器设备：B 型超声波诊断仪、彩色超声波诊断仪、M 型超声波诊断仪、A 型超声波诊断仪、C 型超声波诊断仪、超声多普勒设备、超声血流检测设备、超声骨密度检测设备、超声胃镜、超声结肠镜、超声内窥镜、超声宫内镜、复合式扫描超声诊断仪、相控阵超声诊断仪、多普勒超声血流成像仪、超声胎儿监护仪、其他医用超声诊断仪器设备
		—	超声手术及聚焦治疗装置：眼科乳化手术系统、超声手术刀、超声癌症治疗机、超声外科吸引装置、经颅超声多普勒、高强度聚焦超声系统（HIFO）、其他超声手术及聚焦治疗装置

358		医疗仪器设备及器械制造	
	3581	医疗诊断、监护及治疗设备制造	
		—	超声治疗设备：超声治疗机、超声雾化器、穴位超声治疗机、超声骨折治疗机、超声洁牙机、超声去脂仪、超声理疗美容仪、其他超声治疗设备
		—	超声换能器（探头）：腔内换能器、导管式换能器、穿刺换能器、血管换能器、线阵换能器、凸阵换能器、环阵换能器、单晶片换能器、相控阵换能器、连续多普勒笔形换能器、声表面波换能器、浅表高频换能器、食道超声换能器、其他超声换能器（探头）
		医用电气诊断仪器及装置	
		—	心电诊断仪器：心电图记录仪、心音描记器、心动冲击图仪器、心磁图仪器、心输出量测定仪器、心脏检查器、心电阻描记器、心电分析仪、晚电位测试仪、无损伤心功能检测仪、心率变异性检测仪、运动心电功量计、心电遥测仪、心电电话传递系统、实时心律分析记录仪、长程心电记录仪、心电标测图仪、心电工作站、其他心电诊断仪器
		—	脑电诊断仪器：脑电图机、脑电阻仪、脑电流描记器、脑电波分析仪、脑地形图仪、脑电实时分析记录仪、其他脑电诊断仪器
			医用磁共振设备：核磁共振成像装置、骨密度仪、甲状腺功能测定仪、永磁型共振成像系统、常导型磁共振成像系统、超导型磁振成像系统、其他医用磁共振设备
			血流量、容量测定装置：脑血流描述器，阻抗血流图仪，电磁血流量计，无创心输出量计，脉搏描述器，心脏血管功能综合测试仪，其他血流量、容量测定装置
			电子压力测定装置：无创性电子血压计，插入式血压计，体脂肪计，电子血压脉搏仪，动态血压监护仪，眼压、眼震电图仪，视网膜电描述器，其他电子压力测定装置

358		医疗仪器设备及器械制造	
	3581	医疗诊断、监护及治疗设备制造	
		—	电声诊断仪器：听力计及类似设备、心音图仪、舌音图仪、胃肠电流图仪、诱发电位检测系统、其他电声诊断仪器
		—	闪烁摄影装置：医用伽玛（γ）照相机、闪烁扫描器、其他闪烁摄影装置
		—	紫红外线诊断、治疗设备：医用红外热像仪，红外经乳腺诊断仪，红外线凝固仪器，紫外线治疗机，红外线治疗机，远红外辐射治疗机，其他紫红外线诊断、治疗设备
		—	其他医用电气诊断仪器及装置
			医用激光诊断、治疗仪器及设备
		—	激光诊断仪器：氦镉激光器、激光白内障诊断装置、激光眼科诊断仪、激光肿瘤光谱诊断装置、激光荧光肿瘤诊断仪、眼科激光扫描仪、2 类（弱激光）激光诊断仪、激光血液分析仪、激光多普勒血流仪、其他激光诊断仪器
		—	激光手术和治疗设备：气体激光手术设备、眼科激光光凝机、固体激光手术设备、3B 类半导体激光治疗仪、4 类（强激光）半导体激光治疗仪、氮分子激光治疗仪、晶体激光乳化设备、激光血管焊接机、介入式激光诊治仪器、其他激光手术和治疗设备
		—	弱激光体外治疗仪器：氦氖激光治疗机、氦镉激光治疗机、3A（弱激光）半导体激光治疗机、激光针灸治疗仪、其他弱激光体外治疗仪器
		—	激光手术器械：激光显微手术器、LASIK 用角膜板层刀、其他激光手术器械

358		医疗仪器设备及器械制造	
	3581	医疗诊断、监护及治疗设备制造	
			医用高频仪器设备
		—	高频手术和电凝设备：高频电刀、高频扁桃体手术器、高频息肉手术器、高频眼科电凝器、内窥镜高频手术器、后尿道电切开刀、高频腋臭治疗仪、高频鼻甲电凝器、高频痔疮治疗仪、射频控温热凝器、其他高频手术和电凝设备
		—	高频电熨设备：高频电灼器、高频妇科电熨器、高频五官科电熨器、其他高频电熨设备
			微波、射频、高频诊断治疗设备
		—	微波诊断设备：微波肿瘤诊断仪、其他微波诊断设备
		—	微波治疗设备：微波手术刀、微波肿瘤热疗仪、微波前列腺治疗仪、微波治疗机、其他微波治疗设备
		—	射频治疗设备：射频前列腺治疗仪、射频消融治疗仪、内生物肿瘤热疗系统、肿瘤射频热疗机、短波治疗机、超短波电疗机、其他射频治疗设备
		—	高频电极装置：电凝钳、电凝镊、手术电极、其他高频电极装置
			其他微波、射频、高频诊断治疗设备
			中医诊断、治疗仪器设备
		—	中医诊断仪器：中医诊断仪、痛阈测量仪、经络分析仪、其他中医诊断仪器
		—	中医治疗仪器：综合电针仪、电麻仪、定量针麻仪、电子穴位测定治疗仪、探穴针麻仪、穴位测试仪、耳穴探测治疗机、其他中医治疗仪器

358		医疗仪器设备及器械制造	
	3581	医疗诊断、监护及治疗设备制造	
		—	临床检验分析仪器及诊断系统
		—	血液分析仪器设备：血红蛋白测定仪、血小板聚集仪、全自动血细胞分析仪、全自动涂片机、流式细胞分析仪、全自动凝血纤溶分析仪、半自动血细胞分析仪、血凝分析仪、自动血库系统、血糖分析仪、血流变仪、血液粘度计、红细胞变形仪、血液流变参数测试仪、血栓弹力仪、其他血液分析仪器设备
		—	血气分析系统：全自动血气分析仪、组织氧含量测定仪、血氧饱和度测试仪、CO_2 红外分析仪、经皮血氧分压监测仪、血气酸碱分析仪、电化学测氧仪、其他血气分析系统
		—	生理研究实验仪器：方波生理仪、生物电脉冲分析仪、生物电脉冲频率分析仪、微电极控制器、微操纵器、微电极监视器、其他生理研究实验仪器
		—	生化分析仪器：全自动生化分析仪、全自动快速（干式）生化分析仪、全自动多项电解质分析仪、半自动生化分析仪、半自动单/多项电解质分析仪、其他生化分析仪器
		—	免疫分析系统：全自动免疫分析仪、特定蛋白分析仪、化学发光测定仪、荧光免疫分析仪、酶免仪、半自动酶标仪、荧光显微检测系统、其他免疫分析系统
		—	细菌分析系统：细菌测定系统、结核杆菌分析仪、药敏分析仪、快速细菌培养仪、幽门螺旋杆菌测定仪、其他细菌分析系统
		—	基因和生命科学仪器：全自动医用 PCR 分析系统、精子分析仪、生物芯片阅读仪、PCR 扩增仪、其他基因和生命科学仪器、自动尿液分析仪、临床医学检验辅助设备、其他临床检验分析仪器及诊断系统

358		医疗仪器设备及器械制造	
	3581	医疗诊断、监护及治疗设备制造	
			医用电泳仪
		—	低压电泳仪：核酸电泳仪（低压）、毛细管电泳仪（低压）、细胞电泳仪（低压）、其他低压电泳仪
		—	中压电泳仪：核酸电泳仪（中压）、毛细管电泳仪（中压）、细胞电泳仪（中压）、其他中压电泳仪
		—	高压电泳仪：核酸电泳仪（高压）、毛细管电泳仪（高压）、细胞电泳仪（高压）、其他高压电泳仪
			医用化验和基础设备器具
		—	医用培养箱：二氧化碳培养箱、超净恒温培养箱、厌氧培养装置、其他医用培养箱
		—	病理分析前处理设备：切片机（医用）、整体切片机、自动组织脱水机、染色机、包埋机、组织处理机、其他病理分析前处理设备
		—	血液化验器具：红白细胞吸管、采血管、微量血液搅拌器、微量血液振荡器、其他血液化验器具
		—	其他医用化验和基础设备器具
			内窥镜
		—	诊断用内窥镜：观察用硬管内窥镜—膀胱镜、诊断用纤维内窥镜—支气管镜、诊断用纤维内窥镜—上消化道镜、诊断用纤维内窥镜—结肠镜、诊断用纤维内窥镜—大肠镜、观察用硬管内窥镜—喉镜、观察用硬管内窥镜—鼻镜、观察用硬管内窥镜—子宫镜、观察用硬管内窥镜—直肠镜、观察用硬管内窥镜—羊水镜、内窥镜冷光源、胰腺电子内窥镜、其他诊断用内窥镜

358		医疗仪器设备及器械制造	
	3581	医疗诊断、监护及治疗设备制造	
		—	手术用窥镜：有创内窥镜—腹腔镜、有创内窥镜—关节镜、有创内窥镜—肾镜、有创内窥镜—胰腺镜、有创内窥镜—椎间盘镜、有创内窥镜—脑窦镜、有创内窥镜—胆道镜、心内窥镜、血管内窥镜、腔内手术用内窥镜—经尿道电切镜、高频电切手术用窥镜、其他手术用窥镜
		—	其他内窥镜
		—	眼科专用仪器及器具：弱视镜、眼膜曲率器、视网膜镜、斜视镜、角膜散光计、角膜镜、验光镜箱、眼压计、开睑器、检眼镜、其他眼科专用仪器及器具
			下列产品制造活动列入本分类
		—	临床诊断材料（生物传感器、生物及细胞芯片以及分子影像剂等）
		—	病人监护设备及器具
		—	多能多排螺旋计算机断层成像（CT）
		—	脑磁图（MEG）
		—	功能近红外光谱成像（fNIRS）
		—	正电子发射断层成像（PET）
		—	高性能超声成像（USI）
		—	一体化多模态混合成像设备
		—	高性能电子内窥/腔镜（ES）（如胃镜、喉镜、支气管镜、腹腔镜、关节镜等）
		—	超声、光学相干、荧光、共聚焦等复合模态成像系统
		—	高性能数字放射摄像（DR）
		—	数字血管造影（DSA）
		—	胃肠、乳腺、膀胱、口腔等专科数字放射摄像
		—	手提式、便携式、可移动、车载等医学成像配套设备

358		医疗仪器设备及器械制造	
	3581	医疗诊断、监护及治疗设备制造	
		—	高场超导磁体
		—	超导射频阵列表面线圈
		—	MRI 用低温制冷机
		—	高热容量 X 线球管
		—	快速多排 CT 探测器
		—	非晶硅/氧化物平板平 X- 射线探测器
		—	磁兼容全数字固体 PET 探测器
		—	高密度面阵超声探头
		—	低剂量探测器
		—	放射治疗系统
		—	高精度治疗计划系统
		—	磁感应治疗监测设备
		—	高强度聚焦超声（HIFU）治疗监测设备
		—	射频治疗监测设备
		—	微波治疗监测设备
		—	氩氦刀治疗监测设备
		—	硼中子捕捉治疗系统
		—	眼科准分子激光治疗仪
		—	泌尿激光治疗仪
		—	内镜激光治疗仪
		—	三维标测系统
		—	射频消融治疗系统
		—	心电检测分析仪
		—	脑电检测分析仪
		—	肌电检测分析仪
		—	诱发电位检测分析仪
		—	眼肌电检测分析仪

358		医疗仪器设备及器械制造	
	3581	医疗诊断、监护及治疗设备制造	
		—	血管功能测试分析仪
		—	心功能测试分析仪
		—	肺功能及心肺功能测试分析仪
		—	心电连续动态检测分析仪
		—	脑电连续动态检测分析仪
		—	血压连续动态检测分析仪
		—	血糖连续检测分析仪
		—	血红蛋白连续检测分析仪
		—	低生理低心理负荷呼吸睡眠监测分析仪
		—	多功能多参数生理参数监护仪
		—	多普勒血流成像仪
		—	超声骨密检测分析仪
		—	眼科光相干层析成像（OCT）诊断设备
		—	无创/微创血糖测试仪
		—	无创活体生化分析装置
		—	全科检查装置（基于物联网、可穿戴、传感网络、移动通信、全球定位等技术）
		—	生命信息监测装置（基于物联网、可穿戴、传感网络、移动通信、全球定位等技术）
		—	肺癌筛查诊断设备
		—	胃癌筛查诊断设备
		—	肝癌筛查诊断设备
		—	肠癌筛查诊断设备
		—	乳腺癌筛查诊断设备
		—	宫颈癌筛查诊断设备
		—	其他癌症和重大疾病筛查诊断设备
		—	生化检测分析仪器
		—	电解质检测分析仪器

358		医疗仪器设备及器械制造	
	3581	医疗诊断、监护及治疗设备制造	
		—	血细胞检测分析仪器
		—	血红蛋白检测分析仪器
		—	糖化血红蛋白检测分析仪器
		—	血凝检测分析仪器
		—	尿液检测分析仪器
		—	粪便检测分析仪器
		—	血气检测分析仪器
		—	体液检测分析仪器
		—	阴道分泌物检测分析仪器
		—	特定蛋白检测分析仪器、诊断和筛查系统
		—	微生物检测分析仪器、诊断和筛查系统
		—	代谢检测分析仪器、诊断和筛查系统
		—	营养检测分析仪器、诊断和筛查系统
		—	酶联光度免疫分析系统仪器
		—	电化学免疫分析系统仪器
		—	化学发光免疫分析系统仪器
		—	电化学发光免疫分析系统仪器
		—	荧光免疫分析系统仪器
		—	时间分辨荧光免疫分析系统仪器
		—	均相时间分辨荧光免疫分析系统仪器
		—	组织/细胞检测分析仪器
		—	免疫组化自动化染色仪及其配套试剂
		—	医用质谱分析仪
		—	医用色谱分析仪
		—	微量分光光度计
		—	自动化血型测定仪
		—	流式细胞分析仪

358		医疗仪器设备及器械制造	
	3581	医疗诊断、监护及治疗设备制造	
		—	共聚焦扫描仪
		—	现场快速多参数生化检测仪（POCT）
		—	微生物培养仪
		—	实时荧光定量 PCR 仪
		—	荧光原位杂交仪
		—	高通量基因测序仪
		—	恒温芯片核酸实时检测系统
		—	生物芯片阅读仪
		—	生物芯片杂交仪
		—	生物芯片洗干仪
		—	超分辨分子显微成像系统
		—	快速全自动核酸提取仪
		—	动物疫病分子诊断与检测试剂盒
		—	特殊细胞培养反应器
		—	生物大分子产品专用分离设备
	不包括：		
		—	医用光学仪器的制造，列入 4040（光学仪器制造）
	3582	口腔科用设备及器具制造	
	指用于口腔治疗、修补设备及器械的制造		
	包括对下列口腔科用设备及器具的制造活动：		
		—	牙钻机：电动牙钻机、涡轮牙钻机、其他牙钻机
		—	口腔综合治疗设备：牙科综合治疗机、牙科综合治疗台、其他口腔综合治疗设备
		—	牙钻机配件：牙钻机专用牙钻、牙钻机专用金刚砂片、牙钻机专用刷子、其他牙钻机配件

358		医疗仪器设备及器械制造	
	3582	**口腔科用设备及器具制造**	
		—	牙科手机：牙科直手机、连扣直手机、牙科弯手机、连扣弯手机、低速牙科手机、涡轮手机、电动手机、其他牙科手机
		—	洁牙、补牙设备：牙根管长度测定仪，牙打磨机，牙抛光机，牙冠机，光固化机（器），医用洁牙机，牙髓活力测试仪，根管治疗仪，包埋材料搅拌机，其他洁牙、补牙设备
		—	口腔综合治疗设备配件：三用喷枪、强力吸引器、吸唾器、电动抽吸系统、牙模测试仪、银汞调和器、其他口腔综合治疗设备配件
		—	口腔科手术器械：口腔科用刀，口腔科用凿，口腔科用剪，口腔科用牙钳，口腔科用牙挺，口腔科专用镊、夹，切除颌骨用器械
		—	口腔治疗用器械：治疗牙神经用器械、清洁牙龈及牙槽专用器械、口腔镜、口腔治疗用枪头、口腔治疗通用器械、其他口腔治疗用器械
		—	口腔治疗设备
		不包括：	
		—	假牙的制造，列入 3586（康复辅具制造）
		—	牙科用粘合剂、固化材料、生物材料，牙科用充填材料等，分别列入 2770（卫生材料及医药用品制造）、2780（药用辅料及包装材料制造）
	3583	**医疗实验室及医用消毒设备和器具制造**	
		指医疗实验室或医疗用消毒、灭菌设备及器具的制造	
		包括对下列医疗实验室及医用消毒设备和器具的制造活动：	
		—	热力消毒设备及器具：压力蒸汽灭菌设备、干热消毒灭菌设备、煮沸消毒设备、其他热力消毒设备及器具

358		医疗仪器设备及器械制造	
	3583	**医疗实验室及医用消毒设备和器具制造**	
		—	气体消毒灭菌设备：环氧乙烷灭菌器、轻便型自动气体灭菌器、其他气体消毒灭菌设备
		—	特种消毒灭菌设备：辐射消毒灭菌设备、超声波消毒设备、微波消毒设备、真空蒸气灭菌器、高压电离灭菌设备、医用内窥镜清洗机、其他特种消毒灭菌设备
		—	医用消毒灭菌器具：灭菌指示条、其他医用消毒灭菌器具
	3584	**医疗、外科及兽医用器械制造**	
		指各种手术室、急救室、诊疗室等医疗专用及兽医用手术器械、医疗诊断用品和医疗用具的制造	
		包括对下列医疗、外科及兽医用器械的制造活动：	
			诊断专用器械
		—	体温计：无电能体温计、电能体温计、听诊器（无电能）、叩诊锤（无电能）、血压测量仪器及器具、血压计（无电能）、电子血压计、表面张力计、示波计
		—	测颅器、骨盆测量器
		—	呼吸功能测定装置：综合肺功能测定器、呼吸功能测试仪、肺通气功能测试仪、肺内气体分布功能测试仪、肺量计（电能）、肺活量计、其他呼吸功能测定装置
			诊察治疗设备：舌象仪、脉象仪、脑脊液贮存器、耳鼻喉科检查治疗台、其他诊察治疗设备
		—	检镜及反光器具：额带反光镜、电额灯、反光喉镜、反光灯、检眼灯、其他反光器具
		—	其他诊断专用器械

358		医疗仪器设备及器械制造	
	3584	**医疗、外科及兽医用器械制造**	
			注射穿刺器械
		—	注射器：玻璃注射器、一次性注射器、其他注射器
		—	管状金属针头：静脉采血针、一次性注射针、一次性静脉输液针、一次性使用光纤针、留置针
		—	医用缝合针，套针，套管、插管、导管、吸管及类似品，其他注射穿刺器械
			兽医专用仪器及机械
		—	阉割、牲畜生产用仪器及器械：去势器、阉割夹钳、阉割虎钳及镊子、卵巢切除器械、产科专用钳子及钩子、牲畜生产机械助产器、其他牲畜生产用仪器及器械
		—	牲畜乳房疾病治疗仪器：乳头扩张器、乳头穿刺探针、母牛产褥热治疗器械、母牛生乳热治疗器械、其他牲畜乳房疾病治疗仪器
		—	其他兽医专用器械：人工授精器、剪尾器、截角器、器官疾病治疗喷雾器、专用控制器械、药物特殊注射器、远距离注射器、投药器械、检查鸡雏雌雄用内窥器、其他未列明兽医专用器械
			外科手术器械
		—	显微外科手术器械：显微外科用刀、凿，显微外科用剪，显微外科用钳，显微外科用镊、夹，显微外科用针、钩，显微合拢器，其他显微外科手术器械
		—	基础外科手术器械：通用外科用刀，通用外科用剪，通用外科用钳，通用外科用镊、夹，通用外科用针、钩，通用外科用开口器，通用外科用皮肤刮匙，其他基础外科手术器械
		—	神经外科手术器械：神经外科脑内用刀、神经外科脑内用钳、神经外科脑内用镊、神经外科脑内用钩、神经外科脑内用刮匙、后颅凹牵开器、脑膜剥离器、脑活检抽吸器、脑吸引器、脑打针锤、手摇颅骨钻、其他神经外科手术器械

358		医疗仪器设备及器械制造	
	3584	**医疗、外科及兽医用器械制造**	
		—	眼科手术器械：眼科手术用刀剪，眼科手术用钳，眼科手术用镊、夹，眼科手术用针、钩，角膜环钻，眼用板铲，玻璃体切割器，其他眼科手术器械
		—	耳鼻喉科手术器械：耳鼻喉科用刀，耳鼻喉科用凿，耳鼻喉科用剪，耳鼻喉科用钳，耳鼻喉科用镊、夹，耳鼻喉科用针，耳鼻喉科用钩，耳用刮匙，耳鼻喉科用镜，乳突牵开器，扁桃体吸引管，乳突吸引管，其他耳鼻喉科手术器械
		—	胸腔心血管外科手术器械：胸腔心血管外科用刀，胸腔心血管外科用剪，胸腔心血管外科用钳、夹，血管阻断钳，胸腔心血管止血钳，胸腔心血管外科用夹器，胸腔心血管外科用针、钩，胸腔心血管外科用吸引器，胸腔心血管外科用扩张器，胸腔心血管外科用剥离器具，胸腔心血管外科用钻、打洞器，其他胸腔心血管外科手术器械
		—	腹部外科手术器械：腹部外科用剪、腹部外科用钳、腹外科用针、腹外科用钩、荷包成型器、腹壁固定牵开器、单（双）胆石匙、其他腹部外科手术器械
		—	泌尿肛肠外科手术器械：泌尿肛肠科用剪、泌尿肛肠科用钳、泌尿肛肠科用针、泌尿肛肠科用钩、尿道扩张器、肛门镜、其他泌尿肛肠外科手术器械
		—	妇产科用手术器械：妇产科用剪、妇产科用钳、妇产科用镊、妇产科用针、妇产科用钩、妇科用牵开器、输卵管通液器（输卵管通气管）、骨盆测量计、子宫刮匙、宫内节育器、其他妇产科用手术器械

358		医疗仪器设备及器械制造
	3584	**医疗、外科及兽医用器械制造**
	—	矫形外科（骨科）手术器械：矫形外科（骨科）用刀、矫形外科（骨科）用锥、矫形外科（骨科）用钻、矫形外科（骨科）用剪、矫形外科（骨科）用钳、矫形外科（骨科）用锯、矫形外科（骨科）用凿、矫形外科（骨科）用锉、矫形外科（骨科）用钩、矫形外科（骨科）用针、矫形外科（骨科）用刮器、矫形外科（骨科）用有源器械、矫形外科（骨科）固定用器械、其他矫形外科（骨科）手术器械
	—	烧伤（整形）科手术器械：烧伤（整形）用刀、烧伤（整形）用凿、烧伤（整形）用钳、烧伤（整形）用镊、夹、烧伤（整形）科用设备、烧伤（整形）科用器具、其他烧伤（整形）科手术器械手术机器人
	—	手术导航系统
	—	脑立体定向仪
	—	其他外科手术器械
		手术室、急救室、诊疗室设备及器具
	—	输血设备：单采血浆机、人体血液处理机、腹水浓缩机、血液成分输血装置、血液成分分离机、血液过滤装置、血液净化管路、人工心肺机血路、自体血回输装置、吸附器、血液解毒（灌流灌注）器、血液净化体外循环血路（管道）、其他输血设备
	—	麻醉设备及附件：立式麻醉机、综合麻醉机、小儿麻醉机、麻醉开口器、麻醉咽喉镜、麻醉面罩、其他麻醉设备及附件
	—	呼吸机：电动呼吸机、气动呼吸机、高频喷射呼吸机、同步呼吸机、其他呼吸机
	—	呼吸设备配件
	—	手术及急救装置：止血带，输液、注射辅助装置，洗胃机，灌肠机（医疗），洗肠机，胃肠冲吸器，胃肠减压器，输卵管通气机，其他手术及急救装置

358		医疗仪器设备及器械制造	
	3584	医疗、外科及兽医用器械制造	
		—	负压吸引装置：流产吸引器、负压吸引器、其他负压吸引装置
		—	中医治疗器具：中医用针，中医用钩、叉，灸类器械，拔火罐类器械，中医骨伤器具，其他中医治疗器具
		—	其他医疗、外科及兽医用器械
		—	诊断专用器械
		—	注射穿刺器械
		—	眼科专用仪器及器具
		—	医专用仪器及机械
		—	外科手术器械
		—	诊疗室设备及器具
		—	中医治疗器具
		—	术中定位设备
		—	术中成像设备
		—	术中监护设备
		—	影像导航设备
		—	数字化手术室设备
		—	一体化的外科手术设备
		—	介入治疗手术室设备
		—	术中治疗手术室设备
		—	微创治疗手术室设备
		—	腹腔微创手术器械
		—	胸腔微创手术器械
		—	泌尿微创手术器械
		—	骨科微创手术器械
		—	介入微创手术器械
		—	手术辅助机器人
		—	激光新型手术器

358				医疗仪器设备及器械制造
	3584			**医疗、外科及兽医用器械制造**
			—	超声新型手术器
			—	等离子新型手术器
			—	高频新型手术器
			—	数字麻醉机工作站
			—	中医治疗设备
			—	高性能呼吸机
			—	持续血液净化系统
			—	血液灌流设备和耗材
			—	血浆吸附设备和耗材
			—	血浆置换设备和耗材
			—	无创/微创颅内压监测仪
			—	无汞体温计
			—	动植物生物反应器及产品
		不包括:		
			—	病房护理设备制造，列入3585（机械治疗及病房护理设备制造）
	3585			**机械治疗及病房护理设备制造**
		指各种治疗设备、病房护理及康复专用设备的制造		
		包括对下列机械治疗及病房护理设备的制造活动:		
				病人监护设备及器具
			—	无创病人监护仪器：心律失常监护报警器、麻醉气体监护扩护仪、呼吸功能监护仪、睡眠监护评价系统、分娩监护仪、带T段分析监护仪、其他无创病人监护仪器
			—	有创式电生理仪器：体外震波碎石机、病人有创监护系统、颅内压监护仪、有创心输出量计、有创多导生理记录仪、心内希氏束电图机、心内外膜标测图仪、有创性电子血压计、其他有创式电生理仪器

358		医疗仪器设备及器械制造	
	3585	机械治疗及病房护理设备制造	
		—	生物反馈仪：肌电生物反馈仪、温度生物反馈仪、心率反馈仪、其他生物反馈仪
		—	体外反搏及其辅助循环装置：气囊式体外反搏装置、睡眠呼吸治疗系统、心电电极、心电导联线、其他体外反搏及其辅助循环装置
		—	医用记录仪器：热笔记录仪、热阵记录仪、喷笔记录仪、光记录仪、磁记录仪、X-Y记录仪、固态记录仪、其他医用记录仪器
			其他病人监护设备及器具
			机械治疗器具
		—	电动按摩器具：震颤按摩器、超声波安眠器、磁力按摩床、按摩褥垫、其他电动按摩器具
		—	手动式按摩器：手握式按摩圈、足底按摩轮、橡胶滚筒按摩器具、其他手动式按摩器
		—	机械疗法器械：上肢综合训练器、手指功能恢复器具、旋转活动脚部器具、活动躯干器具、练习行走器具、下肢康复运动器、机动式多功能器具、其他机械疗法器械
		—	氧气治疗器：空气加压氧舱、氧气加压氧舱、其他氧气治疗器
		—	臭氧治疗器、喷雾治疗器、人工呼吸器
		—	心理功能测验装置：测验下意识反应能力装置、测验肢体灵巧程度装置、旋转椅、智商测试装置、其他心理功能测验装置
		—	牵引装置、胸背部矫正装置、防治打鼾器械、仿真性辅助器具
			其他机械治疗器具
		—	电疗仪器：音频电疗机、差频电疗机、体内低频脉冲治疗仪、电化学癌症治疗机、离子导入治疗仪、高压低频脉冲治疗机、高压电位治疗仪、场效应治疗仪（热垫式治疗仪）、电击治疗设备、其他电疗仪器

358		医疗仪器设备及器械制造
	3585	**机械治疗及病房护理设备制造**
	—	光谱辐射治疗仪器：常规光源医疗机、光量子血液治疗机、光谱治疗仪、强光辐射治疗仪、其他光谱辐射治疗仪器
	—	透热疗法设备
	—	磁疗设备：磁疗机、磁感应电疗机、低频电磁综合电疗机、特定电磁波治疗机
	—	离子电渗治疗设备
	—	眼科康复治疗仪器：视力训练仪、弱视治疗仪、其他眼科康复治疗仪器
	—	水疗仪器
	—	低温治疗仪器：液氮冷疗机、宫腔冷冻治疗仪、冷冻低温治疗机、低温变速降温仪、压缩式冷冻治疗仪、体内肿瘤低温治疗仪、肝脏冷冻治疗仪、直肠癌低温治疗仪、其他低温治疗仪器
		医用刺激器：带刺激器心脏工作站、声刺激器、光刺激器、电刺激器、磁刺激器、其他医用刺激器
		体外循环设备
	—	肾脏透析设备（人工肾）：血液透析机、血液透析管、血液透析装置、血液透析滤过装置、透析血路、中空纤维透析器、多层平板型透析器、其他肾脏透析设备（人工肾）
	—	人工心肺设备及辅助装置：人工心肺机、气泡去除器、微栓过滤器、其他人工心肺设备及辅助装置
	—	氧合器：鼓泡式氧合器、膜式氧合器、其他氧合器
	—	其他体外循环设备
	—	婴儿保育设备：早产儿培养箱、辐射式新生儿抢救台、新生儿运输培养箱、其他婴儿保育设备

358		医疗仪器设备及器械制造	
	3585	机械治疗及病房护理设备制造	
		—	医院制气供气设备及装置：医用制氧机、氧浓度监察仪、氧气减压装置、手提氧气发生器、制氧袋、吸排氧三通阀箱、吸氧调节器、排氧装置、其他医院制气供气设备及装置
		—	呼吸器具：自备式呼吸器具、带呼吸装置辐射防护服、其他呼吸器具
		—	防毒面具
		—	其他未列明的机械医疗及病房护理设备
		—	医用低温设备：冷冻干燥血浆机，真空冷冻干燥箱，尸体冷冻、冷藏箱，低温生物降温仪，其他医用低温设备
		—	声、光动力学治疗及其增敏剂
		—	超快电磁脉冲康复理疗设备
		—	超高静电场康复理疗设备
		—	大功率激光康复理疗设备
		—	电磁场康复理疗设备
		—	电磁波康复理疗设备
		—	超声康复理疗设备
		—	光学康复理疗设备
		—	力学康复理疗设备
		—	体外膜肺氧合系统
		—	心脏功能辅助装置
		—	腹膜透析机
		—	人工肝治疗仪
		—	重症监护系统

358		医疗仪器设备及器械制造	
	3586	**康复辅具制造**	
		指用于改善、补偿、替代人体功能和辅助性治疗康复辅助器具的制造，适用于残疾人和老年人生活护理、运动康复、教育和就业辅助、残疾儿童康复等；主要包括假肢、矫形器、轮椅和助行器、助听器和人工耳蜗等产品和零部件的制造，也包括智能仿生假肢、远程康复系统、虚拟现实康复训练设备等其他康复类产品的制造	
		包括下列康复辅具制造活动：	
			个人医疗辅助器具
	—		呼吸辅助器具：吸入气体的预处理器、吸入器、呼吸罩、供氧器、吸引器、呼吸台和垫子、呼吸肌训练器
			循环治疗辅助器具：用于上肢、下肢和身体其他部位的抗水肿袜套，治疗血液循环障碍的充气服和加压装置
	—		预防疤痕形成的辅助器具
	—		身体控制和促进血液循环的压力衣
	—		光疗辅助器具：紫外线 A 段（UVA）灯、可选的紫外线光疗法（SUP）和紫外线 B 段（UVB）灯、光疗护目镜
	—		给药辅助器具：确保正确用药的药物计量、调剂或改变辅助器具，注射枪，注射器（一次性使用），注射器（可重复使用），注射针（一次性使用），注射针（可重复使用或永久使用），输液泵，无动力输液系统，插入栓剂的辅助器具，给药辅助器具的配件
	—		认知测试和评估材料：语言测试和评估材料、心理测试和评估材料、教育能力测试和评估材料

358			医疗仪器设备及器械制造
	3586		**康复辅具制造**
		—	认知治疗辅助器具
		—	刺激器：减痛刺激器、肌肉刺激器（不当作矫形器用）、振动器、声音刺激器、刺激感觉和灵敏度的辅助器具、刺激细胞生长的辅助器具
		—	热疗或冷疗辅助器具：热疗辅助器具、冷疗辅助器具
		—	保护组织完整性的辅助器具：保护组织完整性的座垫和衬垫、保护组织完整性的靠背垫和小靠背垫、躺卧保护组织完整性的辅助器具、保护组织完整性的特殊设备
		—	知觉训练辅助器具：知觉辨别和知觉匹配训练辅助器具、感觉统合训练辅助器具
		—	脊柱牵引辅助器具
		—	运动、肌力和平衡训练的设备：训练和功率自行车，行走训练辅助器具，站立架和站立支撑台，手指和手训练器械，上肢训练器械、躯干训练器械和下肢训练器械，负荷环带，斜面台，运动、肌力和平衡训练的生物反馈仪器，治疗期间身体定位辅助器具，颈训练器械
			技能训练辅助器具
		—	沟通治疗和沟通训练辅助器具：语音训练和言语训练辅助器具、阅读技能开发训练材料、书写技能开发训练材料
		—	替代增强沟通训练辅助器具：手指拼读训练辅助器具、手势语训练辅助器具、唇读训练辅助器具、提示语言训练辅助器具、盲文训练辅助器具、除盲文外其他可触摸符号训练辅助器具、图标和符号训练辅助器具、布利斯语言沟通训练辅助器具、图片和绘画沟通训练辅助器具、莫尔斯电码沟通训练辅助器具
		—	失禁训练辅助器具：失禁报警器

358		医疗仪器设备及器械制造	
	3586	**康复辅具制造**	
		—	认知技能训练辅助器具:记忆训练辅助器具、排序训练辅助器具、注意力训练辅助器具、概念启发训练辅助器具、分类训练辅助器具、训练解决问题的辅助器具、归纳(演绎)推理训练辅助器具、因果关系启发理解辅助器具
		—	基本技能训练辅助器具:早期计算训练辅助器具、编码和解码书写语言辅助器具、时间理解训练辅助器具、货币理解训练辅助器具、度量衡理解训练辅助器具、基本几何技巧训练辅助器具
		—	各种教育课程训练辅助器具:母语训练辅助器具、外语训练辅助器具、人文科学课程训练辅助器具、社会科学课程训练辅助器具、数学和物理科学课程训练辅助器具
		—	艺术训练辅助器具:音乐技能训练辅助器具、绘图和绘画技能训练辅助器具、戏剧和舞蹈训练辅助器具
		—	社交技能训练辅助器具:休闲娱乐活动训练辅助器具、社会行为训练辅助器具、个人安全训练辅助器具、旅行训练辅助器具
		—	输入器件及操作产品和货物的训练控制辅助器具:鼠标控制训练辅助器具、操纵杆操纵训练的辅助器具、开关控制训练辅助器具、打字训练辅助器具、选择技能训练辅助器具
		—	日常生活活动训练辅助器具:矫形器和假肢使用训练辅助器具、个人日常活动训练辅助器具、个人移动训练辅助器具
			矫形器和假肢
		—	脊柱和颅部矫形器:骶髂矫形器、腰部矫形器、腰骶矫形器、胸部矫形器、胸腰矫形器、胸腰骶矫形器、颈部矫形器、颈胸矫形器、颈胸腰骶矫形器、颅矫形器、悬雍垂矫形器、脊柱矫形器铰链

358		医疗仪器设备及器械制造	
	3586	**康复辅具制造**	
		—	腹部矫形器：腹肌托、腹疝托
		—	上肢矫形器系统：指矫形器、手矫形器、手－指矫形器、腕手矫形器、腕－手－指矫形器、肘矫形器、肘腕手矫形器、前臂矫形器、肩矫形器、肩肘矫形器、手臂矫形器、肩肘腕手矫形器、手—指铰链、腕铰链、肘铰链、肩铰链
		—	下肢矫形器：足矫形器、踝足矫形器、膝矫形器、膝踝足矫形器、小腿矫形器、髋矫形器、髋膝矫形器、大腿矫形器、髋膝踝足矫形器、胸腰（腰）骶髋膝踝足矫形器、足－趾铰链、踝铰链、膝铰链、髋铰链
		—	功能性神经肌肉刺激器和混合力源矫形器
		—	上肢假肢：部分手假肢、腕离断假肢、前臂假肢、肘离断假肢、上臂假肢、肩离断假肢、肩胛胸廓假肢、假手、钩状手、有特殊功能假手的器械或工具、腕组件（腕关节）、肘组件（肘关节）、肩组件（肩关节）、上肢假肢的外部关节、肱骨旋转装置、附加肱骨屈曲组件（屈肘倍增器）
		—	下肢假肢：部分足假肢、踝部假肢、小腿假肢、膝离断假肢、大腿假肢、髋离断假肢、半骨盆假肢、半体假肢、踝足装置、减扭器、减震器、膝组件（膝关节）、髋组件（髋关节）、下肢假肢的外部关节、内衬套、预制接受腔、下肢假肢的对线装置、下肢截肢者临时假肢
		—	不同于假肢的假体：背部填充物、假乳房、假眼、假耳、假鼻、面部合成假体、假腭、假牙、皮肤覆盖物
		—	矫形鞋：预防畸形的矫形鞋、减少畸形的矫形鞋、控制畸形的矫形鞋、限制踝足关节活动范围的矫形鞋、增大踝足关节活动范围的矫形鞋、腿和足部加长的矫形鞋（补高鞋）、改善腿和足部外形的矫形鞋（补缺鞋）、补偿肌力的矫形鞋、控制肌肉过度活动作用的矫形鞋、减小或分散组织受力的矫形鞋（免荷鞋）、个人生活自理和防护辅助器具

358		医疗仪器设备及器械制造	
	3586	**康复辅具制造**	
			个人生活自理和防护辅助器具
		—	穿着式身体防护辅助器具：头部防护辅助器具、眼睛防护和面部防护辅助器具、耳防护和听觉防护辅助器具、肘防护或臂防护辅助器具、手部防护辅助器具、膝防护或腿防护辅助器具、足跟防护或足趾防护或足部防护辅助器具、躯干防护或全身防护辅助器具、气道防护辅助器具
		—	固定身体的辅助器具
		—	如厕辅助器具：坐便椅，坐便器，坐便器座，框架型加高的坐便器座，嵌入型加高的坐便器座，安装在坐便器上加高的坐便器座，内置帮助起身、坐下的升降机构的坐便器座，装配在坐便器上的扶手和靠背，落地式坐便器的扶手和靠背，手纸夹，卫生间里的滚动架子（手纸盒），便盆，作为坐便器附件的冲洗器和风干器，安装在墙上的尿池，能搬运的卫生间
		—	气管造口护理辅助器具：气管造口套管、气管造口保护器
		—	肠造口护理辅助器具：一件式封口造口袋、两件式封口造口袋、带防回流阀的一件式开口造口袋、带防回流阀的两件式开口造口袋、造口袋支撑和压固辅助器具、造口护理压板和带子、造口护理胶粘器具、造口袋密封件、造口护理气味吸收器和除臭器、造口袋的护套、灌肠辅助器具、造口防护罩、瘘口导液管、造口护理用冲洗注射器、一件式开口造口袋、两件式开口造口袋、造口护理皮肤遮盖层、术后造口袋及配件
		—	排尿装置：长期留置导尿管、间歇性导尿管、阴茎尿套、尿引流器、女用穿戴式软尿壶、自我导尿辅助器具、男用穿戴式软尿壶
		—	尿便收集器：封口贮尿袋、开口贮尿袋、非穿戴式尿壶和贮尿瓶、集尿器悬吊架和固定装置、尿收集系统、粪便收集袋

358		医疗仪器设备及器械制造
	3586	**康复辅具制造**
	—	尿便吸收辅助器具：成人一次性衬垫、成人一次性尿布、成人一次性防护内衣、男性一次性失禁用品、无防水材料的一次性成人失禁用品、成人一次性大便失禁用品、可洗成人失禁裤、尿便吸收贴身用品固定辅助器具
	—	防止大小便失禁的辅助器具：阻尿器、阻便塞
	—	清洗、盆浴和淋浴辅助器具：盆浴或淋浴椅（有轮和无轮）、浴缸坐板、凳子、靠背和座，防滑浴盆垫、防滑淋浴垫和防滑带，淋浴器及其元件，洗浴床、淋浴桌和更换尿布桌，洗盆，坐浴盆，浴缸，浴缸架，用于减少浴缸的长度或深度的辅助器具，带有把手、手柄和握把的洗澡布、海绵和刷子，自我擦干的辅助器具，漂浮辅助器具，潜水通气管，浴缸温度计
	—	护发辅助器具：用洗发剂洗头发的辅助器具、梳子和头发刷、吹风机
	—	牙科护理辅助器具：无动力（手动）牙刷、动力（电动）牙刷
	—	面部护理辅助器具：修胡刷、剃刀和（电动）剃须刀，化妆品使用辅助器具，脸部保养用的镜子
	—	性活动辅助器具：性活动仿造性器官、勃起辅助器具、性活动用振动器和按摩器具、性习惯训练和性康复辅助器具
		个人移动辅助器具
	—	单臂操作助行器：手杖、肘拐、前臂支撑拐、腋杖、三脚或多脚手杖、带座手杖、单侧助行架
	—	双臂操作助行器：框式助行器、轮式助行器、座式助行器、台式助行器

358		医疗仪器设备及器械制造	
	3586	**康复辅具制造**	
		—	助行器附件：助行器支脚，正确握持助行器的器具，支撑身体特定部位的助行器配件，防止擦伤或皮肤损伤的垫子、衬垫和其他助行器配件，助行器座椅，固定或携带物品的助行器配件，助行器停放的固定器具，帮助操纵助行器的配件，轮式助行器和框式助行器调节高度的配件，助行器的灯和安全信号装置，助行器的轮胎和轮子
		—	手动轮椅车：双手轮驱动轮椅车、摆杆驱动轮椅车、单手驱动轮椅车、动力辅助手动轮椅车、脚驱动轮椅车、护理者操控的手动轮椅车、护理者操控的动力辅助轮椅车
		—	动力轮椅车：手动转向的电动轮椅车、动力转向的电动轮椅车、机动轮椅车、护理者操控的电动轮椅车、爬楼梯轮椅
		—	轮椅车配件：轮椅车转向和控制系统、手动轮椅车推进装置、轮椅车车灯和安全信号装置、轮椅车车闸、轮椅车轮胎和车轮、轮椅车电池和电池充电器、清洁轮椅车或轮椅车各部分的装置、轮椅车乘坐者约束系统、轮椅车和轮椅车上的人防晒和防降水的装置、轮椅车与自行车的连接装置、便于上下楼梯的轮椅加装装置、安装在轮椅车上悬挂或携带物品的辅助器具、轮椅车周围环境观察装置
		—	升降人的辅助器具：带吊索座转移坐着的人的移动移位机，转移站着的人的移动移位机，带硬座转移坐着的人的移动移位机，转移躺着的人的移动移位机，安装在墙上、地板和（或）天花板上的固定移位机，固定、安置在另一个产品上的固定移位机，固定自立式移位机，移位机的身体支撑部件
		—	导向辅助器具：盲杖、电子定位辅助器具、听觉导向辅助器具、指南针、触觉地图、触觉导向材料、视觉导向材料

358			医疗仪器设备及器械制造
	3586		**康复辅具制造**
			家庭和其他场所使用的家具及其适配件
		—	坐具：椅子、高脚凳和站立椅、髋关节椅、躺椅和安乐椅、特殊坐具、椅子升降和移动装置组合座位系统
		—	坐具配件：靠背、坐垫和衬垫、扶手、头托和颈托、腿托和足托、躯干托和骨盆托、加装在椅座上帮助人起身或坐下的垫子和系统、可安装在座椅上的膝上托盘和桌子
		—	床具：不可调节的床和可拆分的床板（床架）、手工调节的床和可拆分的床板（床架）、电动调节的床和可拆分的床板（床架）、床升降机、床上用品、床垫和床罩、毯子支撑架、床分离可调靠背和腿托、床栏杆和固定在床上用于自己站起的栏杆、床缩短辅助器具、床伸展器
		—	可调节家具高度的辅助器具：(家具)腿增高器、高度可调的支座和支架、底座和高度固定的支座、支架
		—	支撑栏杆和扶手杆：手栏杆和支撑栏杆、固定抓握栏杆和把手、可移动栏杆和把手、铰链式栏杆和扶手
			沟通和信息辅助器具
		—	视力辅助器具：滤光器（吸收滤光器）、眼镜和隐形眼镜、具有放大功能的眼镜、镜片、助视系统、双筒望远镜和单筒望远镜、扩大和调整视野范围和视觉角度的辅助器具、影像放大视频系统
		—	助听器：助听筒、佩戴式（盒式）助听器、眼镜式助听器、耳内助听器、耳背助听器、骨导式助听器、植入式助听器、头戴式耳机、助听器配件
		—	发声辅助器具：语音发生器、个人用语音放大器
		—	面对面沟通辅助器具：字母和符号卡、板、通讯放大器、对话装置、面对面沟通用软件

358		医疗仪器设备及器械制造	
	3586	**康复辅具制造**	
		—	报警、指示、提醒和讯号辅助器具：视觉信号指示器、声信号指示器、机械信号指示器、时钟和计时器、日历和时间表、帮助记忆的产品、个人紧急报警系统、环境紧急报警系统、监测和定位系统、标记材料和标记工具
		—	计算机和终端设备：台式（非便携式）计算机、便携式计算机和个人数字助理（PDA）；公共信息交易终端、操作软件、浏览器软件和沟通软件、用于计算机和网络的附件
		—	计算机输出设备：盲文计算机显示器
			操作物体和器具的辅助器具
		—	操作容器的辅助器具：开启器、挤管器
		—	操控设备的辅助器具：按钮、固定把手和固定球形手柄、旋转把手和旋转球形把手、脚踏板（机械）、手轮和曲柄把手、电气开关（开关或其他功能）
		—	协助或代替臂部功能或手部功能或手指功能或他们的组合功能的辅助器具：抓握装置、握持适配件和附件、穿戴式抓握器、物品稳定器、操纵杆、指向灯、送纸夹、文稿夹持架、手工活动用的前臂支撑托
		—	延伸取物辅助器具：手动抓取钳、电动抓取钳、无抓握功能的延伸器
		—	定位辅助器具：位置固定系统、旋转和滑动系统、升降和倾斜系统
			就业和职业训练辅助器具
		—	工作场所的家具和装饰元素：工作桌、作业台、工作椅和办公椅、工作场所用高脚凳和站立辅助器具、工作场所用垫子
		—	工作场所健康保护和安全辅助器具：工作场所个人防护设备、工作场所照明控制辅助器具、工作场所减小振动的辅助器具、工作场所降低噪声的辅助器具、工作场所及工作周围区域的安全设备

358		医疗仪器设备及器械制造	
	3586	**康复辅具制造**	
		不包括：	
		—	矫形用手术器械，列入 3584（医疗、外科及兽医用器械制造）
	3587	**眼镜制造**	
		指眼镜成镜、眼镜框架和零配件、眼镜镜片、角膜接触镜（隐形眼镜）及护理产品的制造	
		包括下列眼镜制造活动：	
			眼镜成镜
		—	矫正视力用眼镜：老花成镜、低视力助视镜、其他矫正视力用眼镜
		—	护目眼镜：太阳眼镜、运动眼镜、防护眼镜、活络眼镜、水下作业用护目镜、偏光立体电影专用眼镜、其他护目眼镜
			眼镜片
		—	角膜接触镜（隐形眼镜）
		—	光学玻璃制眼镜片：光学玻璃制矫正视力用眼镜片、光学玻璃制太阳眼镜片、光学玻璃制变色眼镜片、其他光学玻璃制眼镜片
		—	树脂材料制眼镜片：树脂材料制矫正视力用眼镜片、树脂材料制太阳眼镜片、树脂材料制变色眼镜片、其他树脂材料制眼镜片
		—	其他眼镜片
			眼镜框架及其零件
		—	眼镜框架：塑料制眼镜框架、金属制眼镜框架、混合材料制眼镜框架、其他眼镜框架
		—	眼镜架零件
		不包括：	
		—	眼镜毛坯制造，列入 3052（光学玻璃制造）

358		医疗仪器设备及器械制造	
	3587	**眼镜制造**	
		—	眼镜专用品的制造应分别列入相应的行业，如眼镜盒列入 4119（其他日用杂品制造），眼镜布的制作，列入 1779（其他家用纺织制成品制造）
		—	验光、配镜专用设备，列入 3581（医疗诊断、监护及治疗设备制造）
	3589	**其他医疗设备及器械制造**	
		指外科、牙科等医疗专用及兽医用家具器械的制造和人工器官及植（介）入器械制造，以及其他未列明的医疗设备及器械的制造	
		包括下列其他医疗设备及器械制造活动：	
		—	矫形或骨折用器具：颌骨治疗器具，肱骨夹，矫治脊柱器具，疝带及疝气治疗器具，脚部矫形器具，特种鞋垫，牙箍、圈环，其他矫形或骨折用器具
		—	其他矫形器具
		—	有创医用传感器（植入体内）
		—	心脏起搏器：植入式心脏起搏器、体外心脏起搏器、心脏除颤器、心脏调搏器、主动脉内囊反搏器、心脏除颤起搏器、其他心脏起搏器
		—	植入人体支夹（器）：血管吻合夹（器）、血管内支架、食管支架、动脉瘤支架、其他植入人体支夹（器）
		—	植入式神经刺激器
		—	多腔心脏起搏器
		—	植入式除颤器
		—	人工电子耳蜗

358		医疗仪器设备及器械制造	
	3589	**其他医疗设备及器械制造**	
			手术台床
		—	电动、液压手术台床：电动综合手术台，综合产床，骨科手术床，烫伤翻转床，特种矫形手术台，其他电动、液压手术台床
		—	手动手术床
		—	牙科椅：液压牙科椅、电动牙科椅、机械牙科椅、其他牙科椅
		—	病床及相关医用家具：病床（带机械装置病床、电动间隙牵引床、普通病床、防褥疮床垫、其他病床）、医用特制坐具、担架、消毒及类似用途家具、装有脚轮架床、其他病用家具
		—	医用家具零件：牙科椅零件、其他医用家具零件
		—	手术台床
		—	新型病床及相关医用家具
		—	高端医用家具零件
		—	自动除颤器
		—	心肺复苏装置
		—	血管造影用导管和导丝
		—	中央静脉用导管和导丝
		—	球囊扩张用导管和导丝
		—	药物洗脱及可降解心血管支架
		—	药物洗脱及可降解脑血管支架
		—	药物洗脱及可降解大动脉支架
		—	先心病封堵器
		—	机械/生物人工心脏瓣膜
		—	人工血管（聚酯/膨体聚四氟乙烯/生物型/生物陶瓷）
		—	组织工程新型生物医学植介入体
		—	生物打印新型生物医学植介入体

358		医疗仪器设备及器械制造	
	3589	**其他医疗设备及器械制造**	
		—	3D 打印新型生物医学植介入体
		—	肌体功能训练和测评系统
		—	行为康复训练和测评系统
		—	心理康复训练和测评系统
		—	个性化医用植介入制造服务中心
	不包括:		
		—	医疗通用家具:床、柜、椅等制造,列入 21(家具制造业)相关行业类别中
		—	通用冷冻、冷藏设备(如血液冷藏箱)的制造,列入 3464(制冷、空调设备制造)
		—	残疾人用轮椅车,列入 3762(残疾人座车制造)
		—	医用卫生材料:外敷料、药物填料、骨折用绷带、肠线和其他手术缝合线,以及用于牙科医治的粘合剂的制造,列入 2770(卫生材料及医药用品制造)
		—	医疗机器人和康复机器人,列入 3964(服务消费机器人制造)

资料来源:南方医药经济研究所整理

表索引

图索引

编 后 语

一切过往，皆为序章。

开展中国医疗器械产业经济研究并发布成果报告，是一项非常令人兴奋的工作。中国医疗器械产业发展迅猛、日新月异，新时代医疗器械发展的大潮澎湃向前、风云际会，中国医疗器械产业向高质量发展迈进的步伐不可阻挡，业内业外普遍渴望能够迅速了解中国医疗器械产业经济现状及发展趋势，《中国医疗器械产业发展报告（现状及"十四五"展望）》（以下简称"本书"）应运而生。

开展中国医疗器械产业经济研究，编写本书是一项非常不容易的工作。医疗器械产业具有发展速度快、学科跨度大、门类分布广、科技含量高、合规要求严等显著特点，在生物医药领域飞速发展中一枝独秀，在很短的时间里，已经成为可以与传统药品产业并驾齐驱的发展态势。我国对医疗器械产业经济的研究，还存在着统计口径、研究标准、数据收集等方面不够完善等诸多问题。国家药品监督管理局南方医药经济研究所（以下简称"南方所"）深入了解医疗器械产业关注点，以高度的责任感和使命感，克服重重困难，组织强有力的研究力量，协调整合了业内顶级专家学者及高等院校、行业协会、国内外著名企业等研究资源，仅仅用半年多的时间，完成了这项颇具挑战性的工作。

本书的组织编撰工作得到国家药品监督管理局领导、相关司局、相关直属单位悉心指导及大力支持。国家药品监督管理局徐景和副局长从立题定向、谋篇布局到数据分析等等，多次给予重要指导，使本书得以顺利完成，在此表示衷心感谢！非常感谢国家药品监督管理局医疗器械注册司、医疗器械监管司、医疗器械技术审评中心、中国食品药品检定研究院（国家药品监督管理局医疗器械标准管理中心）、国家药品监督管理局食品药品审核查验中心、国家药品监督管理局药品评价中心、国家药品监督管理局医疗器械技术审评检查长三角分中心、国家药品监督管理局医疗器械技术审评检查大湾区分中心等医疗器械监管及技术支撑相关部门及领导和专家的专业指导及大力支持。

非常感谢本书专家顾问对编写给予的专业指导及宝贵建议。他们是（排名不分先后）：王迎军院士，中国工程院院士，华南理工大学教授、博士生导师、国家人体组织功能重建工程技术研究中心主任；卢秉恒院士，中国工程院院士，西安交通大学教授、博士生导师；张兴栋院士，中国工程院院士，中国生物材料学会名誉理事长，国际生物材料科学与工程学会联合会前主席，四川大学国家生物材料工程技术研究中心教授；葛均波院士，中国科学院院士，中国医学科学院学部委员，复旦大学附属中山医院教授、博士生导师；戴尅戎院士，中国工程院院士，中国医学科学院学部委员，上海市创伤骨科与骨关节疾病临床医学中心首席科学家；汤亮教授，复旦大学兼职教授、博士生导师，华东师范大学校董、兼职教授、博士生导师，中国民间商会副会长，中国民营经济研究会副会长；张杰教授，中国人民大学中国经济改革与发展研究院教授、产业经济学方向长江学者、博士生导师；申曙光教授，中山大学岭南学院产业经济方向二级教授、博士生导师；赵毅新会长，中国医疗器械行业协会会长；姜峰教授，中国医疗器械行业协会常务副会长，科技部国家医疗器械产业技术创新联盟理事长，浙江大学、上海理工大学客座教授；张仁寿教授，广州大学管理学院教授、博士生导师，广东华南经济发展研究会会长，大湾区华南大数据研究院院长。

非常感谢深度参与本书编写讨论及调研，并给出很多宝贵意见和建议的专家，他们是（排名不分先后）：中国医疗器械行业协会徐珊秘书长、创新服务专业委员会苏文娜副秘书长；深圳国家高性能医疗器械创新中心郑海荣主任、江洪伟副主任、赵鹏总监、孙猛法规专员、颜云项目经理；广东省医疗器械行业协会吴楚升会长；广东省医疗器械管理学会钟永强名誉会长；深圳市医疗器械行业协会蔡翘梧常务副会长、张晓华副秘书长、钟蔚副秘书长；暨南大学经济学院冯帅章院长、经济与社会研究院卢晶亮副院长、苏应俊副教授；华南理工大学材料科学与工程学院王均院长；广州众成数科公司周勇总经理、张兴强副总经理；广州医科大学卫生法治与政策研究中心曾益康主任、卫生管理学院范阳东副院长、胡杨木讲师；湘雅医学院谭重庆教授；南方医科大学肖柳珍教授、冯曦教授；上海交通大学医学院附属第九人民医院学科规划处许锋处长；广东华南经济发展研究会黄小军教授；四川大学张凯教授；深圳迈瑞生物医疗电子股份有限公司技术法规部汪新兵法规总监、谭传斌法规专家；波科医疗器械（上海）有限公司张明东副总裁、程遥博士；微创投资控股有限公司徐益民执行副总裁；乐普（北京）医疗器械股份有限公司器械注册部胡央芳注册总监、崔凯市场总监；广东凯普生物科技股份有限公司首席科学家谢龙旭教授，首席技术与质量顾问蔡应木教授；美敦力（上海）有限公司李莹总监；广州医科大学再生医学与3D打印技术转化研究中心主任张智勇教授、孟媛副教授；广东食品药品职业学院医疗器械学院徐红蕾教授。

非常感谢积极参与并给予大力支持的单位，他们是（排名不分先后）：华南理工大学材料科学与工程学院、广州医科大学卫生法治与政策研究中心、四川大学医疗器械监管科学研究院、广州医科大学再生医学转化中心、暨南大学经济学院、中国医疗器械行业协会、广东省医疗

器械行业协会、广东省医疗器械管理学会、深圳市医疗器械行业协会、深圳迈瑞生物医疗电子股份有限公司、山东新华医疗器械股份有限公司、山东威高集团有限公司、微创投资控股有限公司、乐普（北京）医疗器械股份有限公司、广州众成大数据科技有限公司、美敦力（上海）有限公司、波科医疗器械（上海）有限公司、广东食品药品职业学院医疗器械学院等企业和学术单位。

非常感谢为了对"十三五"期间规模以下医疗器械企业营业收入进行统计及摸底调查，协助提供产业数据及协调所辖区域医疗器械企业填写问卷调查表的相关省级药品监督管理局，他们是（排名不分先后）：北京市药品监督管理局、天津市药品监督管理局、河北省药品监督管理局、山西省药品监督管理局、吉林省药品监督管理局、上海市药品监督管理局、江苏省药品监督管理局、浙江省药品监督管理局、河南省药品监督管理局、湖北省药品监督管理局、湖南省药品监督管理局、广东省药品监督管理局、四川省药品监督管理局等单位。

本书是南方所聚焦新时期医疗器械产业经济开展深入研究并编撰出版的第一本成果报告。南方所将以积淀 40 多年医药产业经济研究的丰富经验，汇聚多年医疗器械相关工作经验的资深研究团队，建立专业权威的，由医疗器械领域资深院士、教授、知名企业高管及专家等组成的研究专家库和专家委员会，继续深入开展中国医疗器械产业发展相关政策法规与产业经济的研究，及时发布研究年度报告及阶段报告，为医疗器械科学监管和产业高质量发展提供专业权威的产业经济研究支持。

本书出版，可资政府相关行政管理和技术支撑部门、医疗器械产业发展部门、医疗器械临床使用机构及管理部门、高等院校、产业研究机构、行业协会（学会）、医疗器械产业园区、医疗器械研制生产流通环节相关企业单位、医疗器械产业投融资机构等作为产业发展规划、医疗器械采购选用、区域医疗器械产业发展、企业发展战略制定、产业投融资决策、政府部门科学监管及出台政策法规等工作的参考用书。

编写这样一本寄予了众多厚望的报告，限于能力和水平，书中一定存在不少错漏，希望广大读者不吝指正，我们将在今后再版或者再出新的各类研究成果报告时，一并完善！

不负时代，共襄未来。

国家药品监督管理局南方医药经济研究所

2022 年 2 月

编 委 会

总指导　徐景和

主　编　卢　忠

副主编　郭昌茂

编　委（以姓氏笔画为序）

　　　　刘正午　许宁生　苏辅芸　李丹荣　吴　捷

　　　　张　标　邵旭东

编写组　李丹荣　苏辅芸　刘正午　罗福洲　袁　博

工作组　李霭婷　郑　珂　张慈娟　朱靖楠　朱茗茵